POLEN
ÜBER DIE JAHRHUNDERTE IN DAS NEUE JAHRTAUSEND

Ich widme dieses Buch der Erinnerung an Jerzy Waldorff
Paweł Jaroszewski

POLEN
ÜBER DIE JAHRHUNDERTE IN DAS NEUE JAHRTAUSEND

Fotos

Paweł Jaroszewski

Texte

Krzysztof Burek
Paweł Huelle
P. Prof. Józef Tischner
Jerzy Waldorff
Prof. Jacek Woźniakowski

Wydawnictwo Andrzej Frukacz

Exlibris

Galeria Polskiej Książki

POLEN

Die Anfänge des Staates • 7
DER HOLM OSTRÓW LEDNICKI, GNESEN, KRUSZWICA, POSEN – Krzysztof Burek

Das Sanktuarium der Nation • 39
TSCHENSTOCHAU

Die Weichsel entlang • 46
DIE QUELLEN, DAS KAMALDULENSER-KLOSTER
KRAKAU – EINE OFFENE STADT – Prof. Jacek Woźniakowski
DIE UMGEBUNG KRAKAUS, SANDOMIERZ, KAZIMIERZ DOLNY, MAZOWSZE, DAS DORF ŻELAZOWA WOLA
WARSCHAU – Jerzy Waldorff
PŁOCK, THORN, MARIENBURG
DANZIG – Paweł Huelle

An der Ostsee • 157
DER SŁOWIŃSKI-NATIONALPARK

Schlesien • 168
BRESLAU, DAS GEBIRGE GÓRY STOŁOWE

Podhale • 189
P. Prof. Józef Tischner
PIENINY

Inmitten von Felsgipfeln • 194
DIE TATRA

Im Santal • 200
BIESZCZADY, PRZEMYŚL

Das Erbe berühmter Adelsgeschlechter • 223
ŁAŃCUT

Die Kultur der Kleinstädte • 230
LEŻAJSK

Die Renaissance des Osten • 238
ZAMOŚĆ

Am Fluß Bug • 243
KODEŃ, GRABARKA, KOSTOMŁOTY, JABŁECZNA

Das Moorgebiet des Flusses Biebrza • 256
DER BIEBRZA-NATIONALPARK

Im Land der Seen • 266
DIE SUWAŁKI-REGION

Die Anfänge des Staates

Krzysztof Burek

Die Historiker sind sich einig darüber, dass die vom Volksstamm Polanie bewohnten, im Mittelpunkt von Wielkopolska (Großpolen) gelegenen Gebiete den Kern des polnischen Staates, der in der 2. Hälfte des 10. Jh. seine historische, von schriftlichen Urkunden nachgewiesene Geschichte begonnen hat, darstellen.

Hier begannen die tiefgreifenden gesellschaftlich-politischen Umwandlungen, hier wurden Beschlüsse gefaßt, deren Folgen für den neu geborenen Staat von entscheidender Bedeutung waren. Zeuge dieser ersten Stunden der heimatlichen Geschichte war Ostrów Lednicki, die größte der vier Inseln des Lednicki-Sees, wo eine ausgebreitete Burganlage – Wohnsitz des Herrschers, Zentrum des neuen, christlichen Kultes – aufgebaut wurde.

Jeder Besucher, der auf diese ungewöhnliche Insel gelangt ist, wird von einem rührenden Anblick ergriffen: vor den Augen entfalten sich die Überreste der uralten Bebauung: die Kapelle und das Pallatium aus der Zeit des Herzogs Mieszko I. Seit anderthalb Jahrhunderten erforschen die Wissenschaftler – Archäologen und Historiker der Architektur – die auf der Insel entdeckten Relikte der Steinarchitektur. Vor über zehn Jahren haben die Archäologen zwei charakteristische, vor 966 entstandene Vertiefungen im Fußboden der altertümlichen Kapelle entdeckt: es sind Baptisterien, die mit einem kleinen Gebäude, das für den Bischofssitz (Episcopium) gehalten wird, verbunden sind.

Mieszko I. und sein Hofgefolge haben sich am Karsamstag 966, vermutlich auf dem Holm Ostrów Lednicki, taufen lassen.

Wir verbleiben im Stillschweigen angesichts jener materiellen Spuren dieses Ereignisses, das von umwälzender Bedeutung für die Geschichte Polens war. Zum ersten Mal ist das Wasser der heiligen Taufe auf den polnischen Boden gefallen. Das war der Anfang der christlichen, über ein Tausend Jahre alten Geschichte der polnischen Nation. Ihre Erben, die Bürger der III. Republik, haben über diesen heiligen Relikten eine durchbrochene Metallkonstruktion aufgestellt: das Tor des Dritten Jahrtausends, das in Form eines Fisches – des Symbols Christi – errichtet wurde. Im Juni 1997 ist über diesem Tor der Hubschrauber mit dem Heiligen Vater, Johannes Paul II. am Bord, geflogen.

Die auf Ostrów Lednicki versammelte Jugend konnte hier die Worte des Papstes hören: die Ermunterung zur Erhaltung des Erbes ihrer Väter, zum Leben im kommenden neuen Jahrtausend nach den Regeln des Glaubens, der Hoffnung und der Liebe. Sie konnte darauf mit der Erneuerung des Gelübdes der Heiligen Taufe antworten, die der erste Herrscher Polens an derselben Stelle „im Namen des Vaters und des Sohnes und des Heiligen Geistes" abgelegt hatte.

Von Ostrów Lednicki – diesem symbolischen Ort – über Gnesen und Posen – die beiden Städte, die mit der Entstehung des polnischen Staatswesens eng verbunden sind – beginnen wir unsere Wanderung zu anderen gewählten Stätten unseres Heimatlandes, in denen sich die Andenken an unsere historische und kulturelle Identität befinden – die Gabe, die von uns in das seine christliche Einheit wiederaufbauende Europa eingebracht wird.

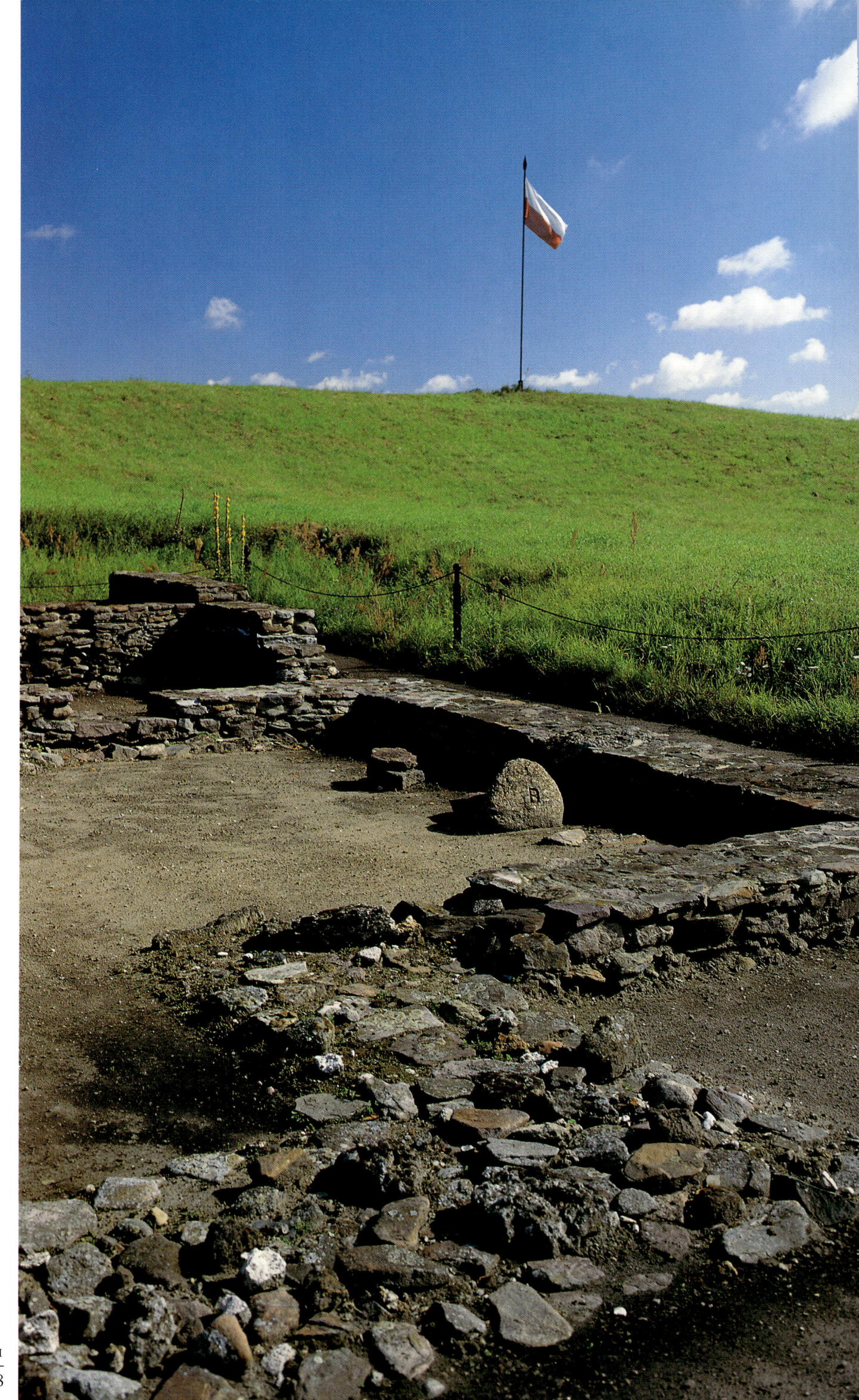

Gegen Ende des 9. Jh. wurde auf dem Holm Ostrów Lednicki eine kleine Burg gegründet – ihre Überreste bildet eine ovale Schanze. Am Fuße der Burg wurde eine Kirche erbaut, von der die Überreste der Fundamente, darunter auch zwei Steingräber, erhalten sind: in einem der Gräber ist möglicherweise einer der Söhne von König Bolesław Chrobry, entweder Otto oder Bezprym, bestattet worden. Die Fragmente der Kapelle und des Fürstenpalastes gehören zu den wertvollsten Spuren der Frühzeit des polnischen Staates. Dieses Gotteshaus erfüllte die Rolle eines Baptisteriums – der Taufkirche. Das beweisen die Taufsteine, die in den Jahren 1988–1989 entdeckt worden sind.

Die Anfänge des Staates

Krzysztof Burek

Gnezdun Civitas – dieser Name erschien auf dem um 992 geprägten Denar. Den verunstalteten Namen – *Civitas Schinegsche* – findet man in der Urkunde *Dagome iudex*, die um 990–992 entstanden ist und besagt, dass der Herzog Mieszko I. und seine Gemahlin Oda das ihnen unterworfene Land unter den Schutz des hl. Petrus, und somit den Apostolischen Stuhl, gestellt haben.

Der Name *Gnezdun Civitas* ist ein Zeugnis des geschichtlichen Wandels, der sich im 10. Jahrhundert in der Region Wielkopolska (Großpolen) vollzogen hat: es war die Entstehung des Gnesener Staates, des politischen, wirtschaftlichen, militärischen und religiösen Zentrums des Volksstammes *Polanie*; auch die Festigung der räumlichen Struktur, deren Schwerpunkte die Burgen in Gnesen, Posen, Giecz sowie auf dem Holm Ostrów Lednicki darstellten.

Auf dem Berg Lech in Gnesen – dort, wo der Dom zur Himmelfahrt der Heiligen Jungfrau Maria mit seinen schlanken Türmen, die den Eindruck verschaffen, als berührten sie den Himmel, steht, hatte der Legende nach ein weißer Adler – von jeher das Symbol Polens – sein Nest gebaut. In Wirklichkeit ist dieser Hügel zum „Horst" des Volksstammes Polanie – der Gründer des polnischen Staates – geworden.

Die im Innenraum der Kathedrale geführten archäologischen Unterusuchungen haben ergeben, dass es dort Spuren eines während eines langen Zeitraums genutzten und sorgfältig immer wieder von Neuem entzündeten Herdes gibt – vermutlich war dies eine Stätte des heidnischen Kults, dessen mutmaßliches Zentrum die Stadt Gnesen war.

Die ersten christlichen Herrscher von Gnesen – der Wiege der Piasten-Dynastie – haben ihrer Hauptstadt den Charakter eines religiösen und kirchlichen Zentrums verliehen. Gerade hier, im ersten Gotteshaus, das vom Herzog Mieszko I. gestiftet und 997 auf dem Berg Góra Lecha errichtet wurde, wurden die sterblichen Reste von Adalbert aus dem Geschlecht Sławnik, bestattet. St. Adalbert, Bischof von Prag und Freund des Kaisers Otto III., Apostel von Jesu Christi, erlitt den Märtyrertod, als er an der Weichselmündung, wo er vom Herzog Bolesław Chrobry hingeschickt wurde, Missionar war.

Im Jahre 1000 haben die päpstlichen Gesandten am Grabe des 999 heiliggesprochenen Märtyrers in Gegenwart von Kaiser Otto III. und Herzog Bolesław Chrobry dem Entschluss vom Papst Silvester II. folgend die Errichtung einer selbständigen polnischen Kirchenprovinz feierlich proklamiert; diese Provinz, die Gnesener Metropole, umfasste die Erzdiözese Gnesen sowie die neu gegründeten Bistümer in Kołobrzeg, Krakau und Breslau. Das politische Treffen, die „Gnesener Zusammenkunft" genannt, das aus Anlass der Wallfahrt des Kaisers Otto III. zum Grab des Hl. Adalbert stattfand, konzentrierte sich auf die Idee eines Universalreiches in Europa, dessen vollberechtigtes Mitglied auch Polen werden sollte.

Der erste Dom in Gniezno, 1038 während des Einfalls des tschechischen Herzogs Brzetysław geplündert und zerstört (in seinen Ruinen haben sich wilde Tiere ihre Nester gebaut), ist bald wiederaufgebaut und in den Jahren 1069 und 1097 konsekriert worden. Das wertvollste Andenken an die damalige Kathedrale ist das "Gnesener Tor", eine herrliche Tur aus Bronze. Mit dem Bau einer gotischen Kathedrale hat im 14. Jahrhundert der Erzbischof Jarosław Bogoria von Skotniki begonnen, und sein Werk wurde von seinen Nachfolgern, den Erzbischöfen Janusz Suchywilk und Bodzanta, fortgesetzt. Ein Brand, der in der Basilika im Januar 1945 infolge eines Artilleriebeschusses ausgebrochen war, hat die prachtvolle Einrichtung des letztendlich in der Barockzeit gestalteten Innenraums zerstört. Beim Wiederaufbau in der Nachkriegszeit erhielt die Kirche wieder ihre alte gotische Gestalt.

Die Gnesener Kathedrale, Kultstätte und Sanktuarium von St. Adalbert, dem Schutzpatron Polens (seit dem 13. Jahrhundert ist der Heilige Stanisław der zweite Schutzpatron des Landes), hat eine wichtige Rolle, insbesondere bis 1772, bei der Integration des polnischen nationalen und kirchlichen Lebens gespielt. Bis zum Jahr 1300 fanden hier die Krönungszeremonien der polnischen Könige statt, seit dem 14. Jahrhundert ist mit dem Erzbistum Gnesen die Würde des Primas von Polen verbunden; er verkörperte die kirchliche und nationale Einheit und nahm als Interrex die Regierungsgeschäfte, als es an dem König fehlte, wahr.

In der jüngsten Geschichte Polens haben zwei Namen Gnesener Erzbischöfe einen ruhmwürdigen Platz eingenommen: Primas von Polen Kardinal August Hlond und Primas von Polen Kardinal Stefan Wyszyński. Diese Persönlichkeiten symbolisieren das Ringen in der Nachkriegszeit um die Rechte der Kirche und der Nation im dem vom kommunistischen Regime unterworfenen Vaterland.

Die Konfession und das Mausoleum von St. Adalbert wurden im 17. Jh. gestiftet. Auf dem Deckel des restaurierten silbernen Sargs, der 1986 zerstört wurde, wird die vollplastische Gestalt des Heiligen dargestellt. Am 3. Juni 1997, während der feierlichen Heiligen Messe, die in Gniezno aus Anlass des 1000. Todesjahres des hl. Adalbert zelebriert wurde, sprach Papst Johannes Paul II. folgende Worte: „Die Saat des Blutes vom heiligen Adalbert trägt immer neue geistige Früchte. Daraus schöpfte ganz Polen sowohl bei Anbruch seines Staatswesens als auch über die nächsten Jahrhunderte hinweg. Die Gnesener Zusammenkunft machte für Polen den Weg zur Einheit in der ganzen Familie europäischer Staaten frei. An der Schwelle zum zweiten Jahrtausends erwarb die polnische Nation das Recht, am Prozess der Gestaltung des neuen Antlitzes von Europa

mitzuwirken. So wird auch der hl. Adalbert, Patron des sich damals im Namen Christi vereinigenden Kontinents zum Zeichen für die Identität und die Einheit Europas".

Das Gnesener Tor, die aus Bronze hergestellte Eingangstür der romanischen Kathedrale in Gniezno, wurde im letzten Viertel des 12. Jh. unter der Herrschaft von Herzog Mieszko III. Stary gefertigt. Es wird vermutet, dass es vom Gnesener Erzbischof Jakub von Brzezie oder seinem Nachfolger, Erzbischof Zdzisław, gestiftet worden ist. Auf der Außenseite des Tores befinden sich, über 18 Felder verteilt, Figurenreliefs; sie stellen Szenen aus dem Leben Heiligen, sein Märtyrertum, Freikauf der Leiche durch den Herzog Bolesław Chrobry sowie die überführung der Reliquien in die Kirche zur Himmelfahrt der Heiligsten Jungfrau Mariä dar. Eine prächtige Bordüre mit figürlichen, zoomorphischen sowie pflanzlichen Motiven begleitet die plastische Erzählung über hl. Adalbert – den „Patron regni". Das Gnesener Tor, dieses herrliche Kunstwerk der Romanik, voller symbolischer und teologischer Bedeutungen, ist gleichzeitig eine urhunde, die die Realität jener Epoche festhält: Waffen, Gegenstände, Porträts der Fürsten und Ritter, Abbildungen von Geistlichen oder heidnischen Preußen. Die Kunst der Meister, die das Tor gefertigt haben ist auch im Innenraum der Kirche zu bewundern. Sehenswert sind auch die Ornamente der Gittertüren an den Seitenkapellen.

Die Seitenschiffe der Kathedrale sind 18 Meter hoch und mit gotischen Kreuzrippengewölben abgeschlossen. Entlang den Schiffen gibt es 14 Kapellen, die um die Wende des 14. Jh. errichtet und dann im barocken Stil umgebaut worden sind. Die Portale der Kapellen sind mit Ziergittern, wahren Meisterstücken der Schmiedkunst abgeschlossen. Die kunstvollen Ornamente geben die Entwicklung dieses Handwerks wieder: von der Gotik, über die Renaissance bis zum Barock.

GNESEN
Die Anfänge des Staates

Die Statue von Bolesław Chrobry, dem ersten Herrscher Polens, der 1025 zum König gekrönt worden ist. Das Gedenken seiner Taten dauert seit Jahrhunderten. An die Besitztümer der Piasten schloss er einen großen Teil von Pommern, Krakau und Sandomierz, Schlesien, die Czerwienischen Städte (eine Region südöstlich von Lublin, in der heutigen Westukraine), Lausitz und Oberlausitz sowie, vorübergehend, die Slowakei an. Bolesław Chrobry führte siegreiche Kriege gegen Deutschland und Ruthenien. Er war es, der sein Schwert durch den symbolischen Hieb gegen das Kiew-Tor schartig machte. Dieses Schwert – Schartenschwert genannt – ist zum Krönungsschwert der polnischen Könige geworden.

GNESEN

Die Anfänge des Staates

Es gibt eine allgemein bekannte Legende auf die frühe Geschichte Polens bezogen: ein Herzog namens Popiel, der Herrscher von Gnesen wurde samt seiner Nachkommenschaft aus seiner Domäne verjagt und schließlich von Mäusen zu Tode gebissen. Dieser dusteren Legende mag ein konkretes Ereignis zugrunde liegen: ein örtlicher Herrscher wurde gewaltsam seiner Macht enthoben. *Kronika wielkopolska* aus dem 12. Jh. lokalisierte die Tradition über den Herzog Popiel in der Burg Kruszwica am Gopło-See (dort steht der sog. „Mäuseturm", der mit einer Burg aus der Zeit des Königs Kazimierz Wielki verbunden wird). In *Kronika polska* aus dem 12. Jh. schrieb Gallus Anonymus, dass „die Burg Kruszwica im Reichtum und Rittertum schwimmt". Der zweite König Polens, Mieszko III. (1025–1034) hatte die Burg Kruszwi-

ca besonders gern. Er hielt sich hier oft mit seinem Hof auf. Von Kruszwica aus machten sich die Krieger des Königs Bolesław Krzywousty auf Kriegszüge zur Eroberung Pommerns. Dem Gedanken an die Christianisierung Pommerns lag die Gründung eines Bistums in Kruszwica in der ersten Hälfte des 12. Jh. zugrunde (das übrigens bald nach Włocławek versetzt wurde). Die romanischen Mauern der monumentalen Kollegiatkirche – erbaut 1120–1140 von den Benediktiner-Mönchen, die aus dem wallonisch-flämisch-deutschen Grenzgebiet stammten – erinnern an die Blütezeiten von Kruszwica, dem ehemaligen wirtschaftlichen und politischen Zentrum der Region Kujawy.

Die Anfänge des Staates

Krzysztof Burek

Posener Rathaus – das Symbol der städtischen Selbstverwaltung, die Jahrhunderte lang über das Schicksal der Stadt entschied. Posen, angelegt 1253 am linken Ufer des Flusses Warta, inmitten der Großpolen-Kujawy-Tiefebene, an einer Stelle, wo sich internationale Verkehrswege kreuzen, ist bald zum Kultur- und Verwaltungszentrum der Region Wielkopolska (Großpolen) geworden. Schon im 13. Jahrhundert, unter der Herrschaft des Herzogs Przemysław I., wurde die Hauptstadt Großpolens aus Gniezno nach Poznań endgültig verlegt.

Um die Wende des 13. und 14. Jahrhunderts ist inmitten des Marktes ein Rathaus erbaut worden. Mehrmals umgebaut und verschönert bestand es jahrhundertelang in der Form, die ihm in der Renaissance (1550–1560) verliehen worden ist. Im 18. Jahrhundert wurde dem Baukörper zusätzlich ein schlanker Turm hinzugebaut.

In der Zeit der I. Republik gehörte Poznań zu den größten Städten Polens – in der Größe stand es nur Krakau und Lemberg nach. Es war die Stadt zahlreicher Tuchmacher-, Gerber- und Kürschnerwerkstätten, eines der wichtigsten Handelszentren auf der Straße von Litauen und Ruthenien nach Deutschland sowie von Krakau nach Stettin.

Es ist eine Stadt von großer historischer Bedeutung für die polnische Kultur und Wissenschaft. Schon im 13. Jahrhundert bildete sich hier ein bedeutendes Zentrum der Geschichtsschreibung heraus (u.a. entstand hier das Werk *Kronika wielkopolska*). Bekannt waren auch die 1519 gegründete Lubrański-Akademie oder die imposante Raczyński-Bibliothek (1829).

Es soll auch die Rolle der Stadt in der Zeit der polnischen Teilungen unterstrichen werden. Die Stadt war damals ein wichtiges Zentrum der Kultur, wissenschaftlicher und politischer Ideen sowie vielseitiger gesellschaftlicher Aktivitäten, die der Germanisierung einen wirksames Hindernis entgegengesetzten. Posen war die Hauptstadt der Region, in der sich der erfolgreiche Aufstand Powstanie Wielkopolskie (1918) abgespielt hatte. In der Zeit der II. Republik fand hier die Internationale Posener Messe (die auch nach dem 2. Weltkrieg fortgesetzt wird) sowie die Allgemeine Landesausstellung statt.

Posen hat sich in der Nachkriegsgeschichte einen besonderen Platz eingenommen: hier brach im Juni 1956 der erste – blutig niedergeschlagene – Massenprotest der Arbeiter aus. Ihre Parole lautete „Brot und Freiheit" – Werte, an denen es damals fehlte.

Der Markt in Posen wurde nach den Zerstörungen des 2. Weltkrieges im barocken und klassizistischen Stil wieder aufgebaut. Über den Dächern der Häuser dominiert der Turm des Rathauses, das nach 1550 erbaut wurde; es ist ein Werk des Meisters Giovanni Battista Quadro.

POSEN

Die Anfänge des Staates

Ostrów Tumski (der Domholm) ist eine Stätte von historischer Bedeutung für Poznań und Polen zugleich. Hier stand schon in der ersten Hälfte des 10. Jh. eine kleine Wehrburg, wahrscheinlich nahe einer Warthe-Überquerung.

Die erste, vorromanische Kathedrale wurde hier um 968 erbaut; nach ihrer Zerstörung wurde der Bau trotz der Katastrophen und Brände, von denen die Kirche heimmgesucht wurde, in den folgenden Jahrhunderten fortgesetzt.

Die Basilika zu den hl. Peter und Paul ist nach der Zerstörung während des 2. Weltkrieges im gotischen Stil rekonstruiert worden.

Links von der Kathedrale – die röten Backsteinmauern der spätgotischen Kirche zur Heiligsten Jungfrau Maria aus den Jahren 1431–1444. Der Tradition nach wurde die Kirche an jenem Platz erbaut, wo sich einst die erste Burgkirche befand.

POSEN

Die Anfänge des Staates

Über der Kathedrale erhebt sich eine Turmkrone: die beiden Haupttürme sind 62 Meter hoch, drei kleinere Türme sind mit Laternen abgeschlossen. Die Mauern der Kirche waren Jahrhunderte lang Zeugen besonderer Ereignisse der polnischen Geschichte: königlicher Trauungen, Krönungen und – 1966 – der Jubiläumsfeierlichkeiten aus Anlass des Jahrtausends des Christentums in Polen. Die Kathedrale ist ebenfalls eine königliche Nekropole: hier ruhen in der berühmten Goldenen Kapelle die ersten Landesherrscher – Mieszko I. und Bolesław Chrobry. In der Krypta haben sich die Mauerreste der ersten Kathedrale sowie ein Fragment des Taufbeckens erhalten.

Die Pfarrkirche, ein herrliches Werk des Barocks entwickelte sich seit der Mitte des 17. Jh. Der Innenraum ist reich mit Stuckarbeiten und Gemälden verziert, die niedrigen Seitenschiffe sind mit Säulen und Skulpturen ausgestattet.

POSEN

Die Anfänge des Staates

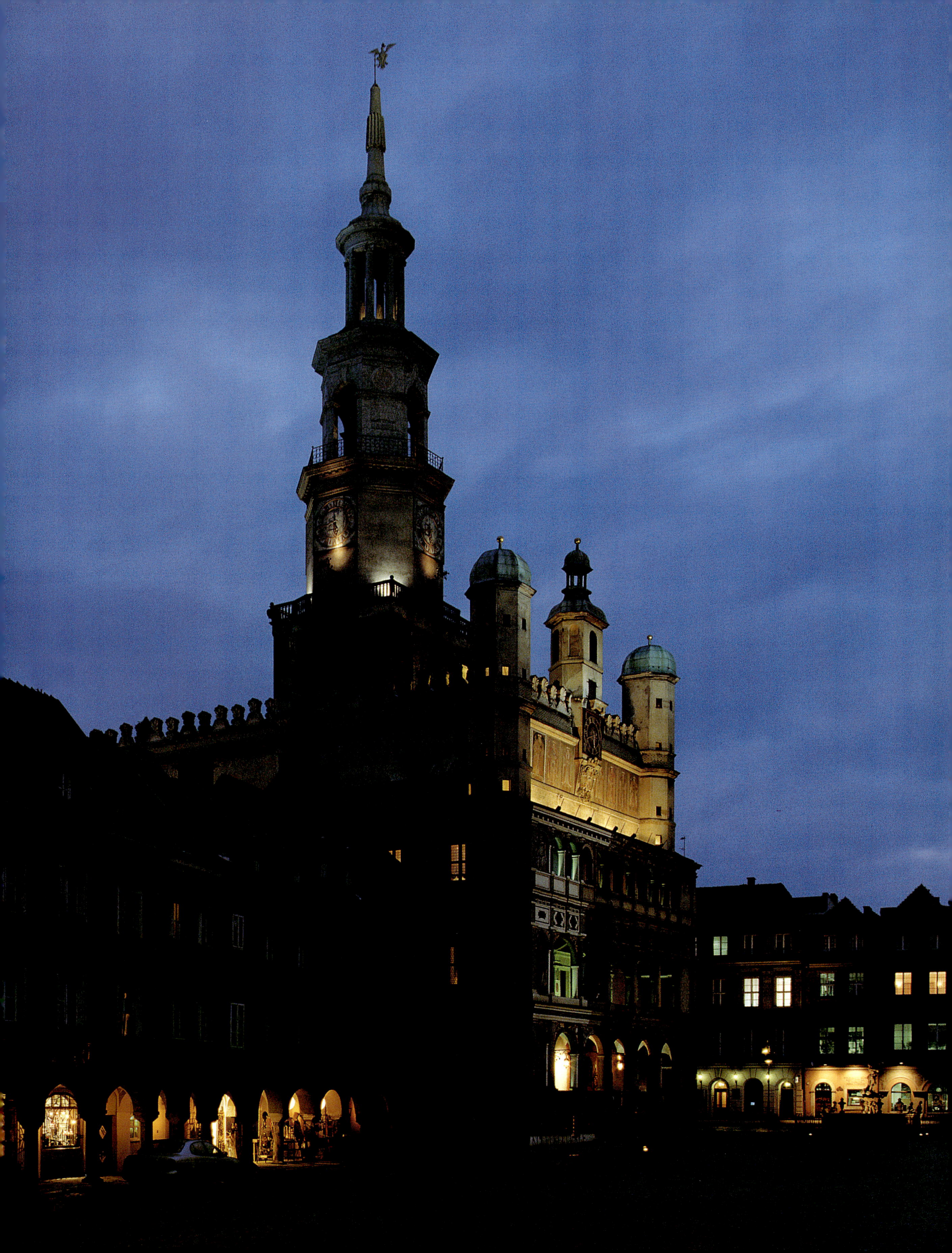

Wenn es dämmert, zeichnet sich vor dem Hintergrund abendlichen Himmels die Renaissance-Attika des Rathauses aus, gleich nebenan sieht man die Rokoko-Fontäne der Proserpina aus dem Jahre 1766 und ein Stück weiter die klassizistische Säulenfassade des Palastes Działyński.

POSEN

Die Anfänge des Staates

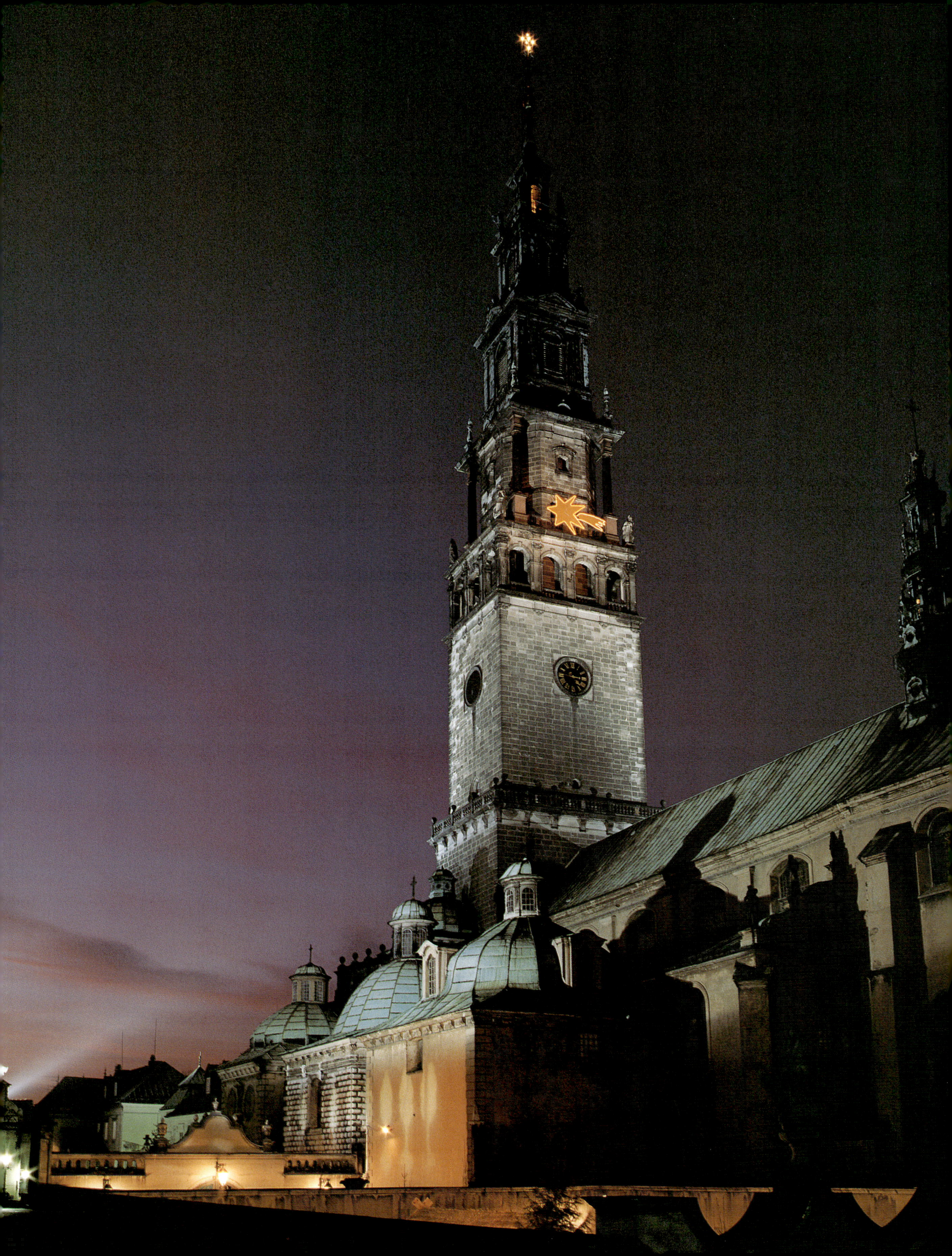

Das Sanktuarium der Nation

Krzysztof Burek

Ein Hügel in Częstochowa, einer Stadt im historischen Grenzgebiet zwischen Schlesien und Kleinpolen, ist eine der wichtigsten Orte Polens. Er heißt Jasna Góra und ist die geistliche Hauptstadt der polnischen Nation.

An der Stelle, wo heute die prachtvolle Basilika von Jasna Góra seht, stand im 14. Jh. die Holzkirche zur Heiligsten Jungfrau Maria Muttergottes. Der Herrscher dieser Gebiete, Fürst Władysław Opolczyk, übergab 1382 die Tschenstochauer Kirche den aus Ungarn angekommenen Mönchen in weißen Kutten – den Ordensbrüdern von Paul dem Ersten Eremiten, nach dem sie Paulaner genannt wurden. Zwei Jahre später, 1384, erhielten die Mönche von dem Fürsten eine ungewöhnliches Geschenk: das Bild der dunkelhäutigen Madonna, die in ihren Ärmen das Kindlein Jesus hält. Das Bild kam aus Bełz.

Im Laufe der Zeit ist Jasna Góra zum berühmtesten Wallfahrtsort des Marienkultes in Polen geworden. Das durch seine Wunder berühmt gewordene Gnadenbild der Mutter des Erlösers, mit zwei Narben auf ihrem Gesicht – dem Andenken an den Husiten-Überfall im 15. Jh. – zieht seit Jahrhunderten unzählige Menschenmengen an. Im August ziehen selbst aus den weitesten Ecken des Landes zahlreiche Pilgergruppen nach Jasna Góra. Nach den Strapazen des mehrtägigen Wanderns kommt schließlich dieser ungewöhnliche Augenblick: auf dem Horizont läßt sich der schlanke Turm der Basilika von Jasna Góra erblicken. Er verkündet die Beendigung der häufig langen Wanderung und die baldige Begegnung in der Gnadenbild-Kapelle mit der Muttergottes – der Fürsprecherin und Spenderin der Gnaden, Trösterin der Betrübten, Vermittlerin im Dialog mit Gott.

In der polnischen Tradition ist das Andenken an die Verteidigung des Klosters von Jasna Góra während des schwedischen Einfalls 1655 sehr lebendig. Gute Hundert Jahre später (1770) wehrten sich hier mit Erfolg vor dem Sturmangriff der russischen Armee die Konföderierten von Bar unter der Führung von Kazimierz Pułaski, der auch als Held des Krieges um die Unabhängigkeit der Vereinigten Staaten verehrt wird.

Jasna Góra – das Sanktuarium der Nation, ein Bollwerk des Glaubens und der Hoffnung, insbesondere dann, wenn schlechte Zeiten kamen. „Als jedes Licht für Polen bereits erloschen war – so blieb immer noch die Heilige von Tschenstochau", schrieb Hans Frank, der Nazi-Verwalter des Generalgouvernements im 2. Weltkrieg.

Auf dem riesengroßen Platz am Füße des Klosters versammeln sich anlässlich der Marien- und Nationalfeste Tausende von Gläubigen. Gerade hier, auf Jasna Góra, wurde 1954 zum ersten Mal das Gelübde der Nation abgelegt; es war ein Programm religiöser, moralischer und nationaler Erneuerung, formuliert von dem Primas des Jahrtausends, Kardinal Stefan Wyszyński, der sich zu dieser Zeit in Haft befand.

Am 3. Mai 1966, dem Feiertag von Maria Königin der Polnischen Krone, wurde hier zum Millennium der Taufe von Mieszko I. das festliche Te Deum Laudamus gesungen. Neben dem Bildnis der Madonna wurde ein leerer Sessel für den Papst Paul VI. aufgestellt, dem die polnische Staatsführung das Einreise verweigert hatte.

Im Laufe der Zeit ist der Hügel von Jasna Góra in eine Festung, „Fortalitium Marianum" verwandelt worden. Bis in unsere Zeit sind die herrlichen Denkmäler des Ingenieurwesens und der Militärarchitektur aus dem 17. und 18. Jahrhundert erhalten geblieben: ein Viereck von einer Mauer umgebener Erdvorhänge, die Eckbollwerke, ein breiter Wassergraben...

Über die ehemaligen Wehrschanzen wandern Pilger und bleiben an den Stationen des Kreuzweges sowie an der Statue von Pater Prior August Kordecki, dem heldenhaften Verteidiger des Klosters während des schwedischen Einfalls in Polen, stehen.

TSCHENSTOCHAU

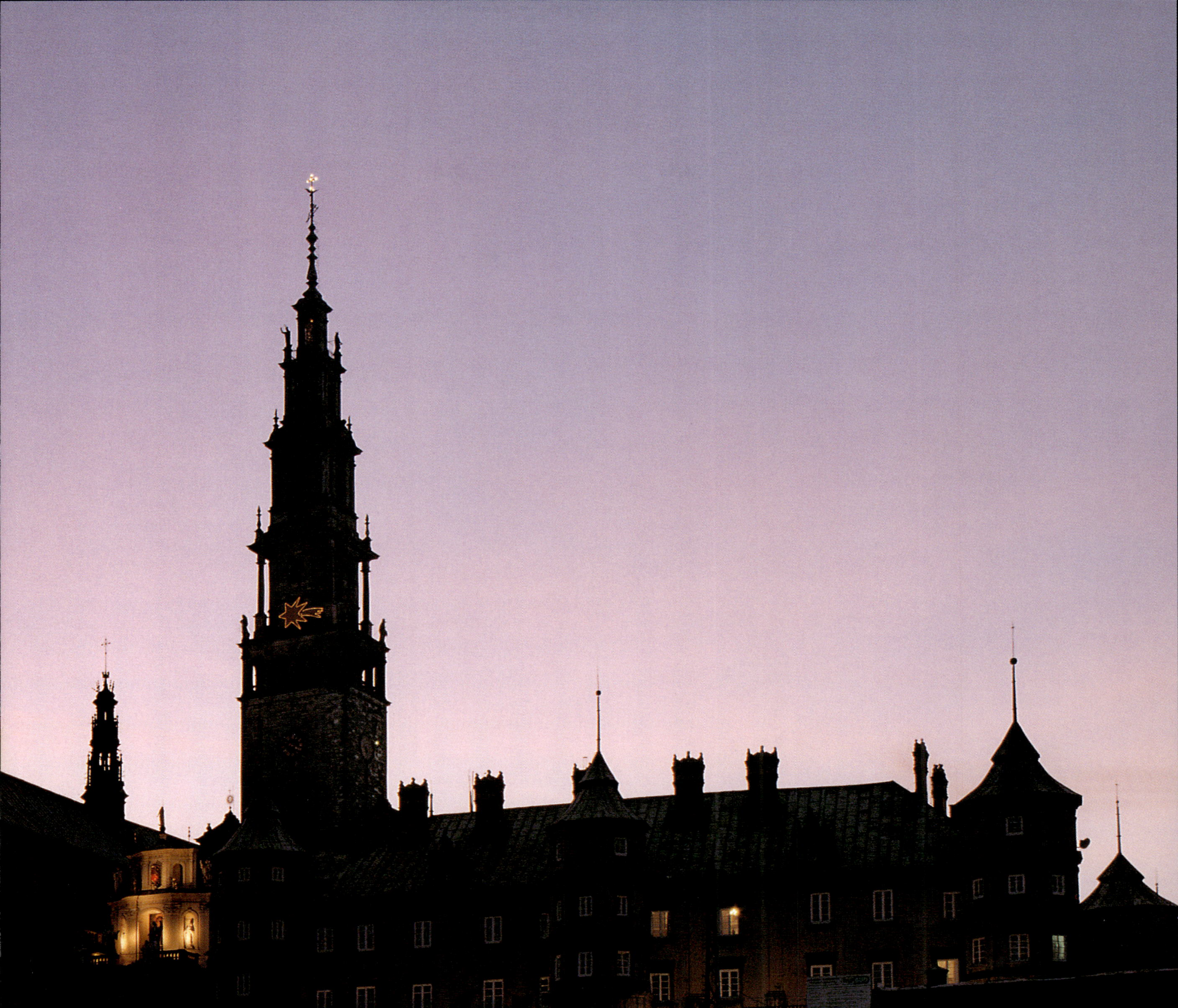

Seit dem Jahre 1650 ist das Gnadenbild von Jasna Góra in einer abgesonderten Kapelle untergebracht – sie gehört zu den herrlichsten Werken des polnischen Barocks. Der Altar aus Eichenholz mit Ebenholz-Verkleidung und silbernen Verzierungen wurde von Jerzy Ossoliński, dem Großen Kanzler der Polnischen Krone gestiftet. Der Altar wird von dem Innenraum der Kapelle durch ein Ziergitter, das von dem Primas Kardinal Maciej Łubieński gespendet wurde, abgetrennt. Die Tradition besagt, dass der Autor des Gnadenbildes von Jasna Góra Apostel Lukas war; er soll das Bild auf einem Brett vom Tisch, an den die Heilige Familie in Nazareth gesessen hat, gemalt haben.

In der Kapelle des Gnadenbildes, vor dem Angesicht der Königin der Polnischen Krone, wird ein unaufhörliches, zuversichtliches Gebet gesprochen: „Mutter, die Du uns kennst, sei mit Deinen Kindern zusammen.
Mutter, die Du uns kennst, führe uns zu Deinem Sohn…".

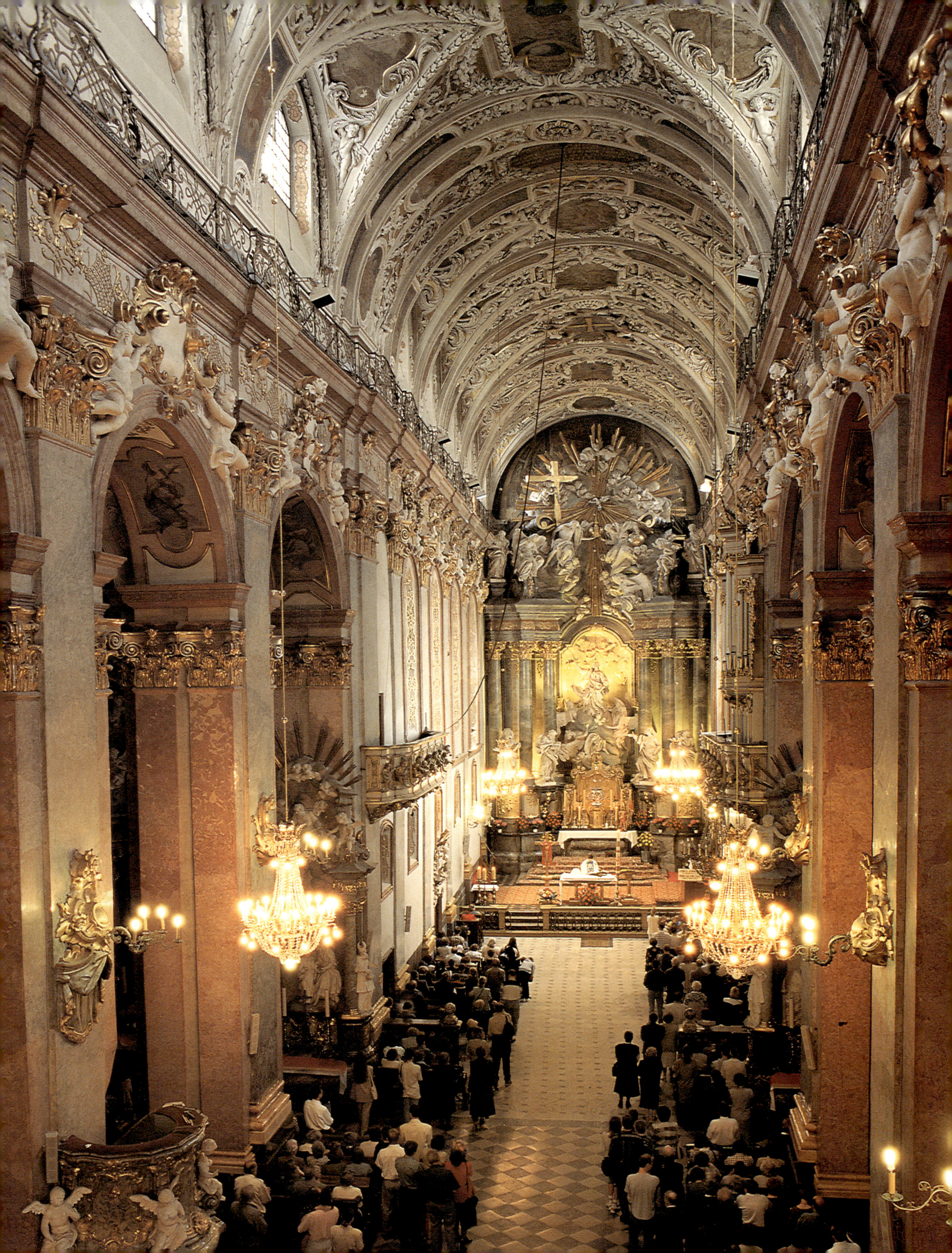

Der Innenraum der Basilika zu Maria-Himmelfahrt und Auffindung des Heiligen Kreuzes ist mit Stuck und einem Gemälde von K. Dankwart geschmückt.
Der großzügig angelegte Platz am Fuße des auf dem Berg - Jasna Góra gelegenen Klosters ist ein Pilgertreffpunkt; nachts brennen unter der einsamen Figur der Heiligen Muttergottes die Kerzen.

Die Weichsel, Königin polnischer Flüsse, beginnt ihren Lauf an den Hängen des Gebirges von Beskid Śląski, unterhalb der Fichten auf den Berghängen des Naturschutzgebietes Barania Góra. Dieser Fichtenwald gehört zu den wertvollsten in Europa und ist für die sog. Fichte von Istebna bekannt. Hier entspringen die Quellen von zwei Bächen: Czarna Wisełka und Biała Wisełka, in die etwas weiter noch die Bäche Roztoczny und Wątrobny münden. Im Ort Wisła fließen Czarna Wisełka und Biała Wisełka zusammen – von hier aus strömt das Wasser immer mächtiger und stärker dahin. Das Weichseltal bildete schon seit Jahrhunderten einen wichtigen Handelsweg, der die kleinen, am Ufer gelegenen Dörfer und Städte, vom Vorgebirge bis zur Ostsee verband.

DIE QUELLEN

In der Nähe von Sandomierz ergießt sich die Weichsel breit über das Flußtal auf der Sandomierz Hochebene. Zahlreiche alte Gewässur und mit Gebüschen bewachsene Inseln bilden eine bezaubernde Landschaft, besonders malerisch am Fuße des rostfarbenen Gebirgszuges Góry Pieprzowe.

Die Klöster an der Weichsel, jene außergewöhnliche Stätten, die dem Ablauf der Zeit nicht erlegen sind, schimmern weiß an den Hängen über dem Weichseltal. In der Nähe von Krakau bestehen seit Jahrhunderten die Abteien der Kamaldulenser in Bielany und der Benediktiner in Tyniec. Das Kamaldulenserkloster in Bielany, am südlichen Rande von Krakau gelegen, ist dank den Bestrebungen des Großen Kronenmarschalls, Mikołaj Wolski, aus dem Geschlecht Półkozic gegründet worden. Seit fast vier hundert Jahren (1604) leben hier die geistigen Söhne des hl. Romuald (+1027) als Eremiten, die der benediktinischen Maxime: „Ora et labora" – bete und arbeite – treu sind. Der riesengroße architektonische Komplex, insbesondere der mächtige Kirchenbau, gehört nach Meinung der Fachleute zu den schönsten Perlen des Spätbarock, nicht nur in Kraków. Zwei bedeutende architektonische Lösungen, durch den Eremiten-Lebensstil aufgezwungen, unterscheiden deutlich den Alltag der Kamaldulenser von jenem der Benediktiner, deren altertümliche Abtei Tyniec jenseits der Weichsel gelegen ist.

Den ersten Unterschied bilden die kleinen Einsiedlerhäuser – aus dem Griechischen *Ereme* genannt – wo die Eremiten wohnen – Menschen, die über die besondere Gabe verfügen, Gott zu lieben, indem sie in Einsamkeit leben – getrennt wohnen.

Den zweiten Unterschied bildet die sog. Klostermauer, die das elf Hektar große Gelände des Klosters „Srebrna Góra" umringt. Diese besondere Art der Separation, die sog. „Päpstliche Klausel", die den Zugang von Frauen ins Gebiet der Einsamkeit sowie dessen willkürliches Verlassen ausschließt, bildet ein günstiges Klima für ein fruchtbares Einsiedlerleben innerhalb der Klostergemeinschaft. Das Kamaldulenser Kloster, eines der 8 in der Welt, ragt am Hang von Srebrna Góra in Bielany empor.

Die Benediktiner Abtei erhebt sich am steilen Kalkfelsen, 40 Meter über dem Wasserspiegel der Weichsel. Sie wurde wahrscheinlich im Jahre 1044 vom Kazimierz Odnowiciel gestiftet. Die Barocktürme der St. Peter – und Paul-Kirche aus den Jahren 1618–1622 befinden sich jetzt an der Stelle des früheren romanischen, und später gotischen Gotteshauses. Es ist ein außergewöhnlicher Ort, wie ein Wachtturm über der Weichselschleife. Im Sommer versammeln sich hier während der Orgelkonzerte Scharen von Zuhörern.

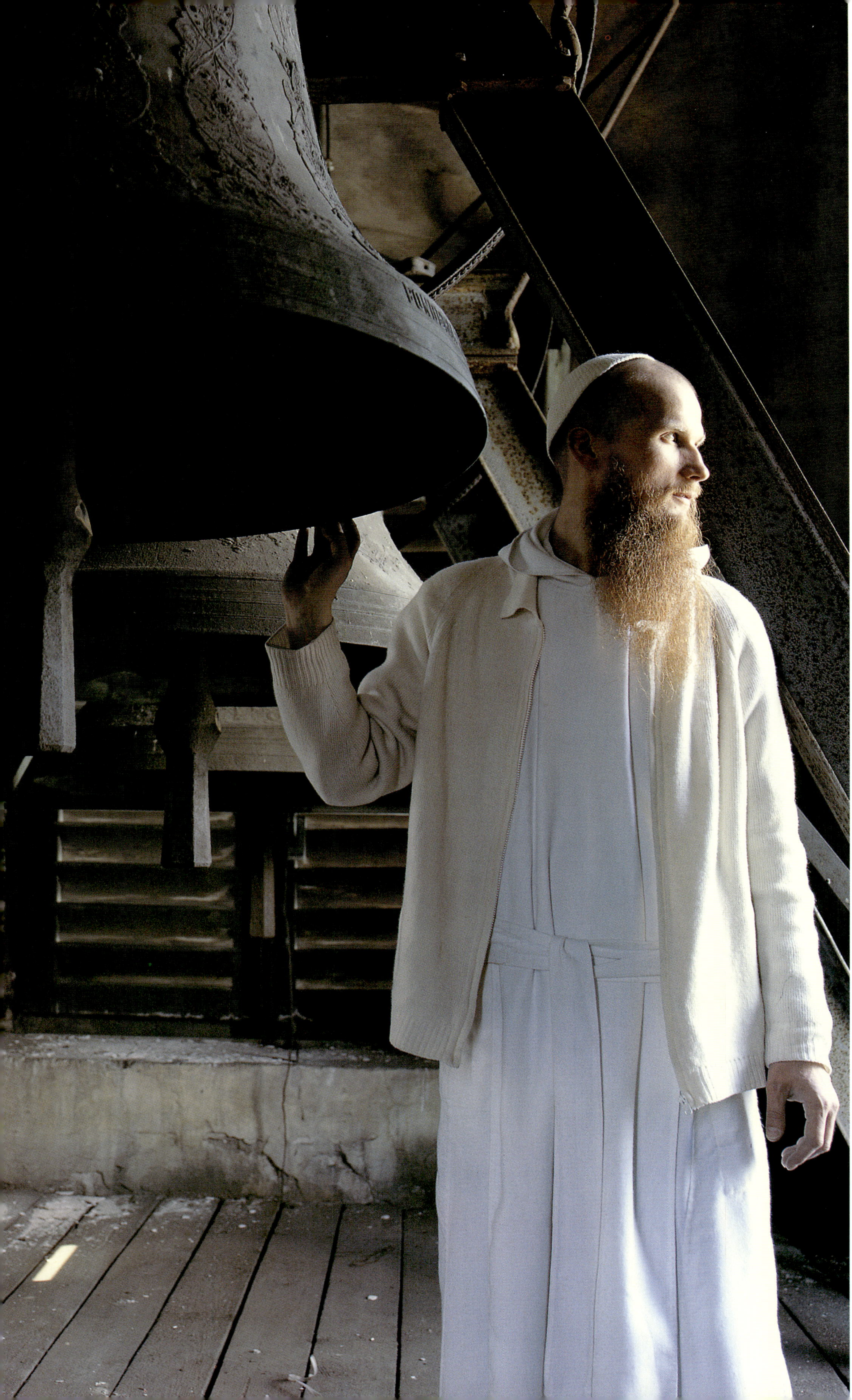

Im Grunde genommen ist alles, was ein Eremit jenseits der Klostermauer tut, so organisiert, dass es zu Ehren Gottes getan wird. Der gesamte Tagesablauf richtet sich nach der berühmten Benediktiner-Maxime: „Bete und arbeite!" und beruht auf der Jahrhunderte langen Tradition. Er bildet eine besondere Art der Kamaldulenser-Askese, die von den Mönchen mit dem sprichwörtlichen *Erdboden* verglichen wird, der – wenn bearbeitet – die Früchte zu tragen hat. Die Einsamkeit des Lebens hat es an sich, dass die Wagehälse manchmal sehr lange auf die Früchte warten müssen.

DAS KAMALDULENSER-KLOSTER

51 *Die Weichsel entlang*

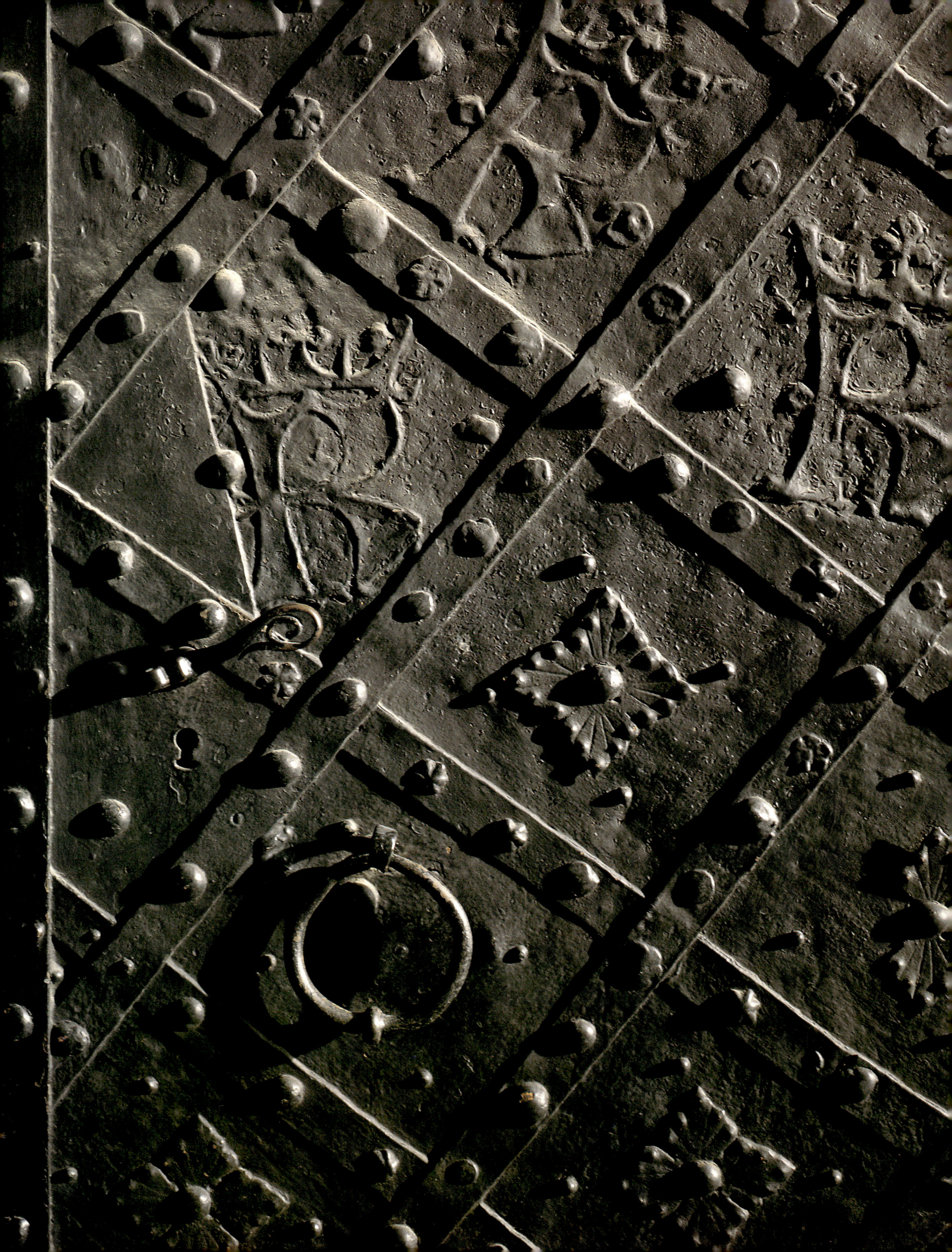

Krakau – eine offene Stadt

Jacek Woźniakowski

Wie jede alte Stadt kann sich das wie durch ein Wunder von Zerstörungen verschont gebliebene Krakau einiger Brennpunkte rühmen, an denen sich seit Jahrhunderten die wichtigsten Funktionen des städtischen Lebens realisieren und die gleichzeitig Symbole sind, die dieser Stadt ihren unverwechselbaren Charakter geben. Werfen wir zunächst einen Blick auf den Hauptmarktplatz und die Universität.

Der Hauptmarkt war seit der zweiten Hälfte des 13. Jh., als man diesen bis heute durch seine Größe und Anlage beeindruckenden Platz anlegte, ein Ort, an dem sich durch Jahrhunderte hindurch wichtige Handelswege – die Nord-Süd- und die Ost-West-Route – kreuzten. Die Historiker heben hervor, dass Breslau und Krakau die am weitesten nach Süden vorgeschobenen Orte der Hanse waren, dieses nordeuropäischen Bundes von Kaufmannsstädten, und sie listen die wichtigsten Waren auf, die im Wechsel der Zeiten diese Routen passierten: Zunächst Salz aus dem Westen, Wein, Tuch, Wolle aus dem Osten. Aus eigener Produktion kamen Holz, Getreide und Leder; aus dem Norden: Fisch und Bernstein; später aus dem Süden und dem Nahen Osten, aber auch aus den Niederlanden: Waffen, diverse Stoffe und Kleidung, Ausrüstung verschiedener Art, Druckschriften, Zeichnungen... Stellen wir uns einen Markt vor, ein Jahrhundert nach dem anderen, immer neue Ankömmlinge aus der weiten Welt, Farbenpracht und Stimmengewirr in vielen Sprachen – und all dies verschönert durch die würdige Präsenz der Krakauer Kaufleute, die auf die Welt neugierig, vielleicht schon mit dieser Welt vertraut sind, und schließlich all die Schaulustigen – und so gewinnt eines der Krakauer Wahrzeichen Gestalt, ein Symbol für die unvergängliche Rolle der Stadt Krakau.

Das zweite Symbol der internationalen Öffnung ist das älteste Gebäude der Krakauer Akademie, die dann Jagiellonen-Universität genannt wurde und hundert Jahre jünger als der Hauptmarktplatz ist. Es handelt sich hierbei um das Collegium Maius. In einer seiner Räumlichkeiten können wir astronomische Instrumente bewundern, deren sich zur Zeit seines Studiums Kopernikus bedient haben soll (übrigens stammen sie aus viel früherer Zeit). Gleich daneben können wir den ersten Globus betrachten, auf dem ein kleiner Teil der östlichen Ufer Amerikas verzeichnet wurde – einige Jahrzehnte nach seiner Entdeckung. Und schließlich sehen wir ein Foto der Mondoberfläche: Es trägt die Unterschrift Armstrongs, des ersten Menschen, der den Mond betreten hat...

Im Zeitalter des Internet scheint die erste Reise zum Mond für die vielen Krakauer Studenten ein Ereignis zu sein, das sich in altersgrauer Zeit ereignet hat. Für eine Stadt, die fast eine Million Einwohner zählt – darunter viele Angehörige der älteren Generation: Gelehrte, Schriftsteller, Maler, Musiker, Theaterleute – sind hunderttausend Studenten ein großer Anteil junger Menschen. Die Jugend wird Zeuge und Mitgestalter der unerwarteten Wendungen einer immer rascher verlaufenden geschichtlichen Entwicklung sein... Und ebenso Zeuge der Geschichte jener Stadt, über der der „Wawel" thront und die Kuppeln so vieler Kirchen glänzen – darunter die bunten Türme der berühmten Marienkirche auf dem Hauptmarkt, in der sich das in Holz geschnitzte Polyptychon und das in Stein gemeißelte Kreuz des Veit Stoß befinden; mitten auf dem Hauptmarkt blüht auch der Handel mit Souvenirs, in den Tuchhallen aus dem 16. Jh., und die Marktfrauen breiten unter dem wolkenverhangenen Himmel ihre Blumenstände aus, kaum anders, als sie es *ab urbe condita* getan haben.

Betrachten wir die engen Verbindungen, die Kulturen und Epochen, die in das heutige Stadtbild Krakaus eingegangen sind, so krampft sich uns das Herz zusammen, sooft wir an den Stadtteil Kazimierz (Kasimir) denken, an seine Gassen, in denen einst das Leben pulsierte, an Synagogen, die nun, nachdem sie durch die Nazis auf barbarische Weise zerstört wurden, wieder aufgebaut werden, an seine bunten, gotischen Kirchen, die das Grün ihrer Umgebung überragen, an die legendäre „Kirche auf dem Felsen", wo Barock und Rokoko aus mittelalterlichen Fundamenten emporsteigen.

Wenn man vom Marktplatz aus in Richtung Wawel hinuntergeht, sollte man sich Zeit nehmen und keinesfalls an der gotischen Franziskanerkirche vorbeigehen, ohne sich die atemberaubenden Glasmalereien von Stanisław Wyspiański anzuschauen, der die Kirchenfenster im Jugendstil bemalte. Auch die Kanonicza-Straße (Kanonikerstraße) hält etwas Besonderes für das Auge bereit: Etwa auf halber Strecke erweitert sie sich zum kleinen Hl. Maria-Magdalena-Platz. Von hier aus sieht man die mächtige St. Peter- und Paulus-Kirche, die nach dem Vorbild der Jesuitenkirche Gesù errichtet wurde, sowie die benachbarte romanische St. Andreas-Kirche, deren weiße Wehrtürme die Durchfahrt zwischen der Innenstadt und dem Zentrum der königlichen Macht auf dem Wawel bewachten. Zur Linken steht an der Ecke ein aus Ziegelsteinen erbautes gotisches Bürgerhaus, dem ein Renaissancebau – das Collegium juridicum – mit einem bezaubernden, winzigen Hof benachbart ist. Dahinter sieht man ein klassizistisches Gebäude, das sich in eine Reihe von aus dem Mittelalter und der Renaissance stammenden Kanonikerhäusern, mit ihren diskret verborgenen Kreuzgängen und kunstvoll angelegten Gärten, einfügt; hier wohnte einige Jahrzehnte lang in sehr bescheiden Verhältnissen Karol Wojtyła.

Schließlich gelangt man zur Burg auf dem Wawel-Hügel, mit ihrem berühmten, ganz vom italienischen Vorbild geprägten Arkadenhof (die Säulen sollen rot, ihre Knäufe goldgelb gewesen sein!), und vor allem zur Kathedrale, in der zwei Heilige, Stanislaus aus Szczepanów und Königin Jadwiga (Hedwig), und andere Könige, Nationalhelden und Dichter ruhen und wo sich alle Zeitalter unserer Geschichte gleichsam organisch aufgeschichtet haben. Ein steiler Aufgang führt von der Westseite in den Dom hinein, der von zwei in ganz unterschiedlichen Stilen erbauten Türmen bewacht wird. Der gewissen Unruhe einer allgegenwärtigen Mannigfaltigkeit der Stilrichtungen versuchte man mit der ausgedehnten Westfassade der Kathedrale zu begegnen, indem man an deren Seiten symmetrisch zwei Kapellen anlegte – aber auch diese Symmetrie verwischt sich glücklicherweise, denn die Kuppel der einen Kapelle ist aus Kupfer gefertigt, während die der anderen mit Gold bedeckt wurde. Eine der beiden Kapellen wurde für das Haus der Jagiellonen, die zu uns aus Litauen gekommen waren, und die zweite für Wasa, das aus Skandinavien stammende Königsgeschlecht, erbaut; die Kathedrale selbst ist vor allem durch die Piasten geprägt. Anzumerken wäre noch, dass wir vom Wawel aus über den Fluss schauend am anderen Ufer die den Wellen der Weichsel ähnelnden, fließenden Umrisse des Zentrums für Japanische Kunst sehen können. Könnte man noch bessere Symbole für eine weltoffene Stadt nennen?

Der Krakauer Marktplatz entzückt durch die verzierten Fassaden seiner Bürgerhäuser und Palais, seiner Gassen, Kirchtürme und die Renaissancedetails der Tuchhallen. Einer der größten städtischen Plätze Europas ist in ein regelmäßiges Schachbrett der Straßen hineinkomponiert, die einzig schräg verlaufende Straße führt zum Wawelhügel. Über der südlichen Ecke des Marktplatzes dominieren die Spitztürme der Marienkirche und auf der gegenüberliegenden Seite, das gotische Rathaus. Geht man von der Grodzka--Straße Richtung Marktplatz, so erblickt man die kleine romanische St. Adalbert-Kirche die den Markplatz schließt und schon vor Jahrhunderten an dieser Stelle an der Kreuzung der Handelsrouten stand.

→

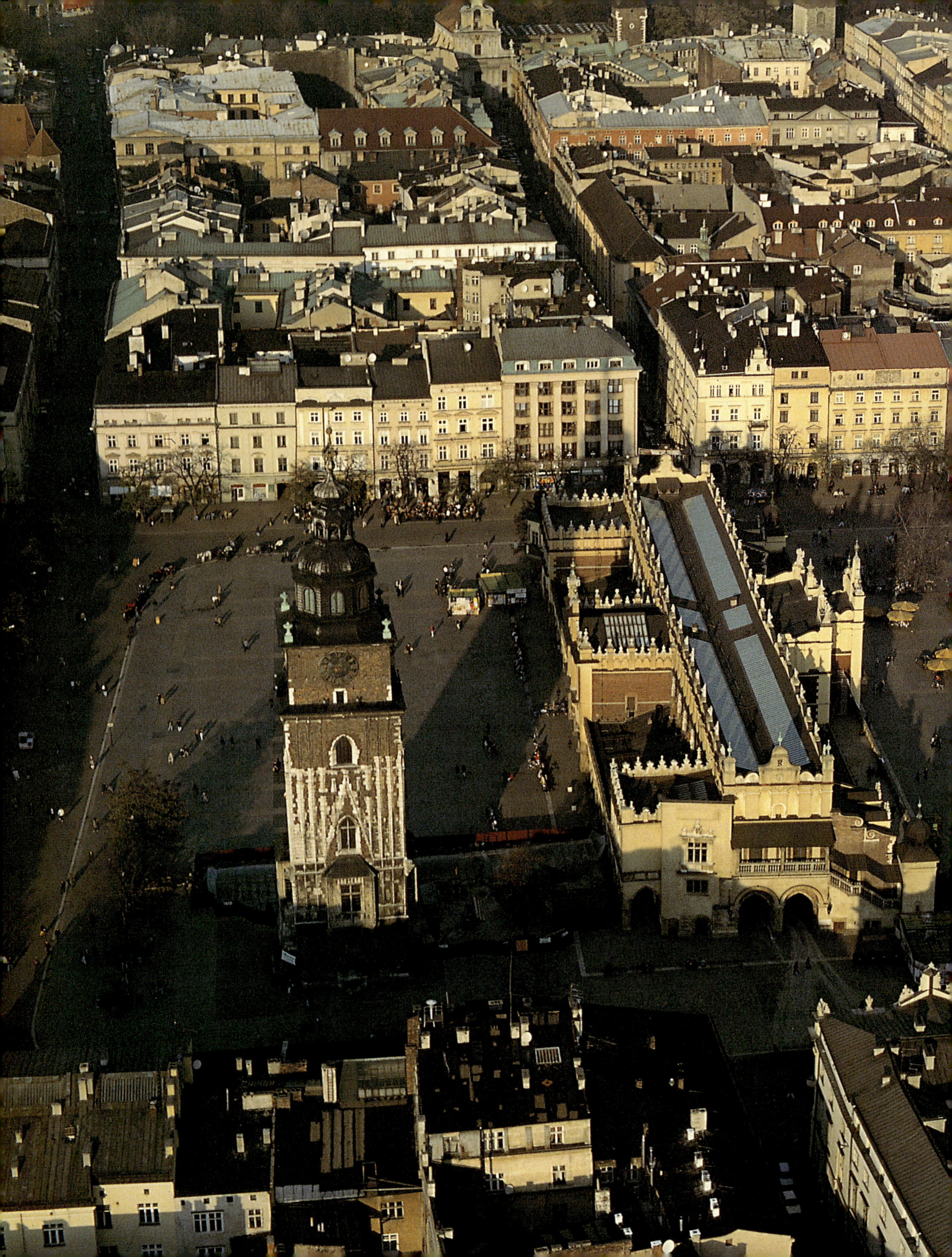

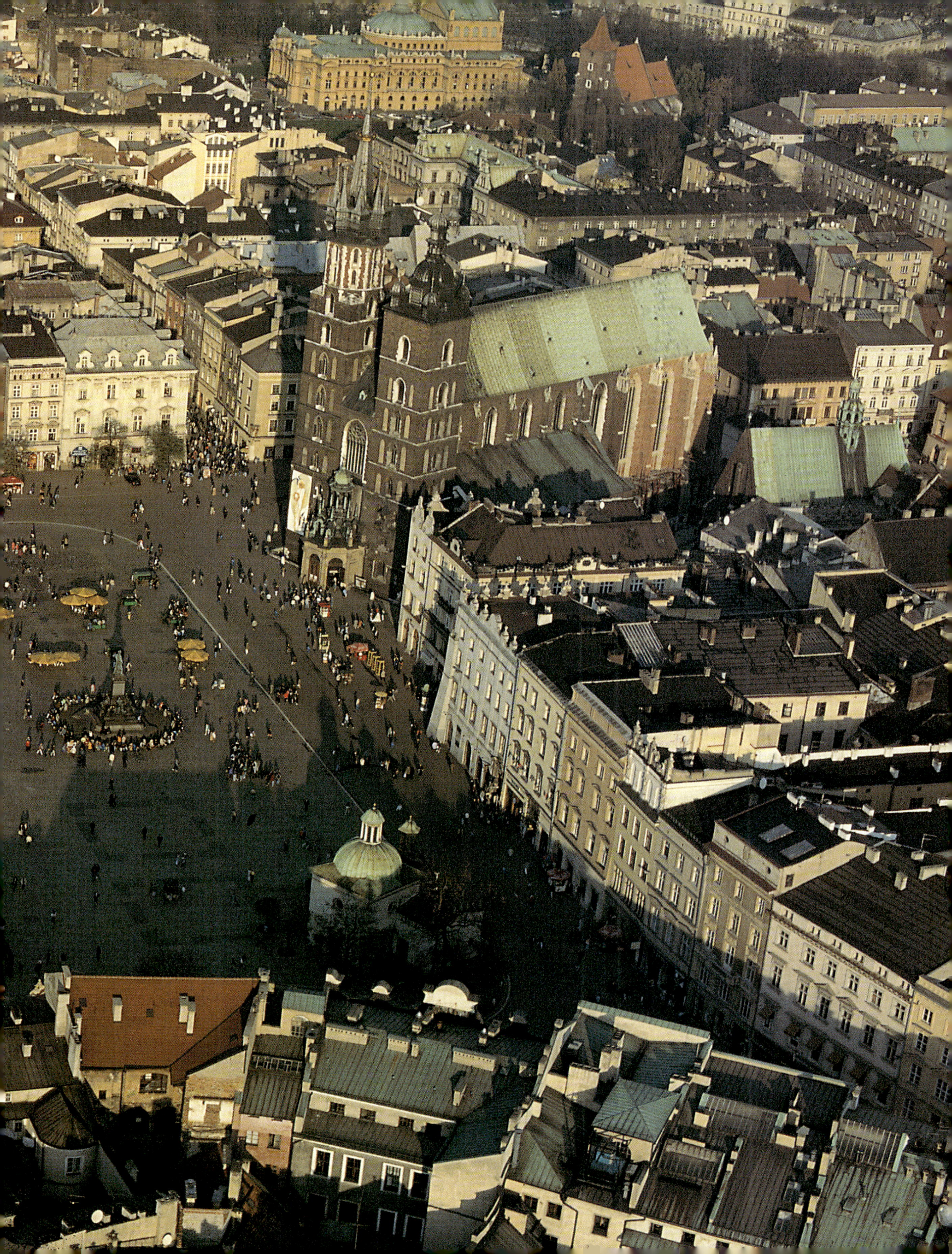

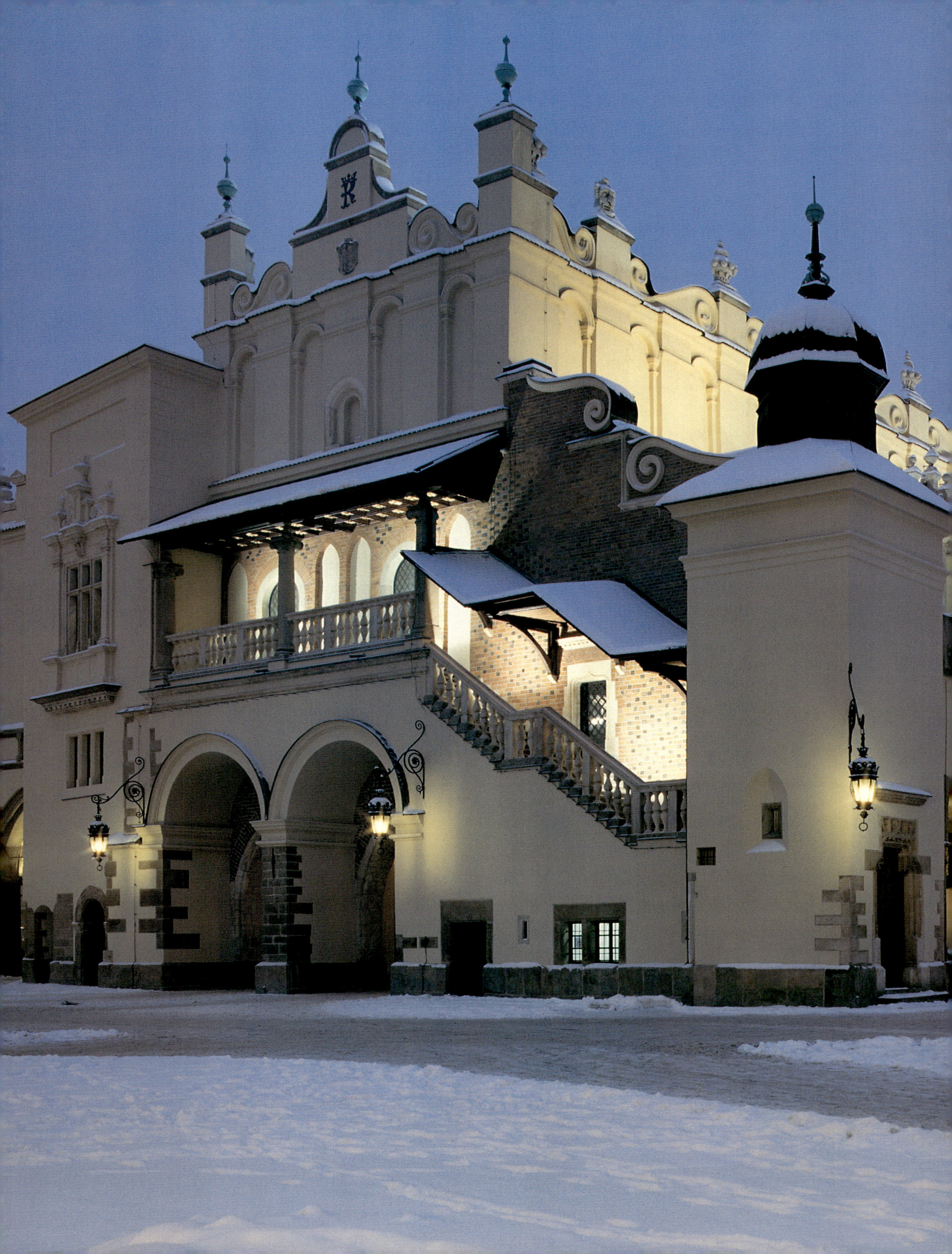

Die Tuchhallen reichen mit ihrer Geschichte bis ins 13. Jh., als Bolesław Wstydliwy aufgrund des örtlichen Privilegs der Stadt Krakau im Jahre 1257 den Bau der städtischen Kramläden angekündigt hatte.

Einige Jahre später hat Władysław Łokietek der Stadt das Privileg Warenlager zu führen verliehen, die Wanderkaufleute waren verpflichtet in Kraków Halt zu machen und ihre Waren unter Vermittlung der hiesigen Kaufleute zu verkaufen.

Die Krakauer Tuchhallen sind in den Jahren 1380–1400 aus den ausgebauten Kramläden entstanden. Nach dem Brand im Jahre 1555 wurden sie von dem italienischen Architekten Johannes Maria Padovano im Renaissancestil wiederaufgebaut. Den letzten Schliff verlieh dem Bauwerk der Architekt Tomasz Pryliński, der Ende des 19. Jh. Sanierungsarbeiten durchführte. Wie vor Jahrhunderten trotzen die Tuchhallen auch heute noch von Lebenskraft und dienen sowohl den Krakauern als auch den Touristen als Läden.

Wenn jedoch die Dämmerung kommt, tritt die Ruhe des Abends ein, in der Dunkelheit werden die zierlichen Rundbögen sichtbar, die sanften Details der Renaissancekunst und es scheint, als ob die alten Mauern Geschichten über die Kaufleuten vor Jahrhunderten erzählen...

Die mit Grünspan bedeckten Türme des Waweldoms und die golden glänzende Kuppel der Siegismund Kapelle bilden die charakteristischen Elemente des Krakauer Stadtpanoramas.

Die Marienkirche steigt in ihrer prächtigen gotischen Form empor, als ob sie aus der Höhe die Ruhe der königlichen Stadt bewachte. Seit dem 14. Jahrhundert diente der höhere Turm als Stadtwache und von dort haben die städtischen Trompeter die Stadt beschützt. Der niedrigere Turm war der Glockenturm, in dem 5 Glocken aufgehängt wurden; die größte von ihnen wird „Półzygmunt" (Halb-Sigismundglocke) genannt. Die heutige Form einer dreischiffigen Basilika mit Transept erhielt die Kirche Anfang des 14. Jh., als sie an der Stelle eines um 1241 von den Tataren zerstörten romanischen Gotteshauses erbaut wurde.

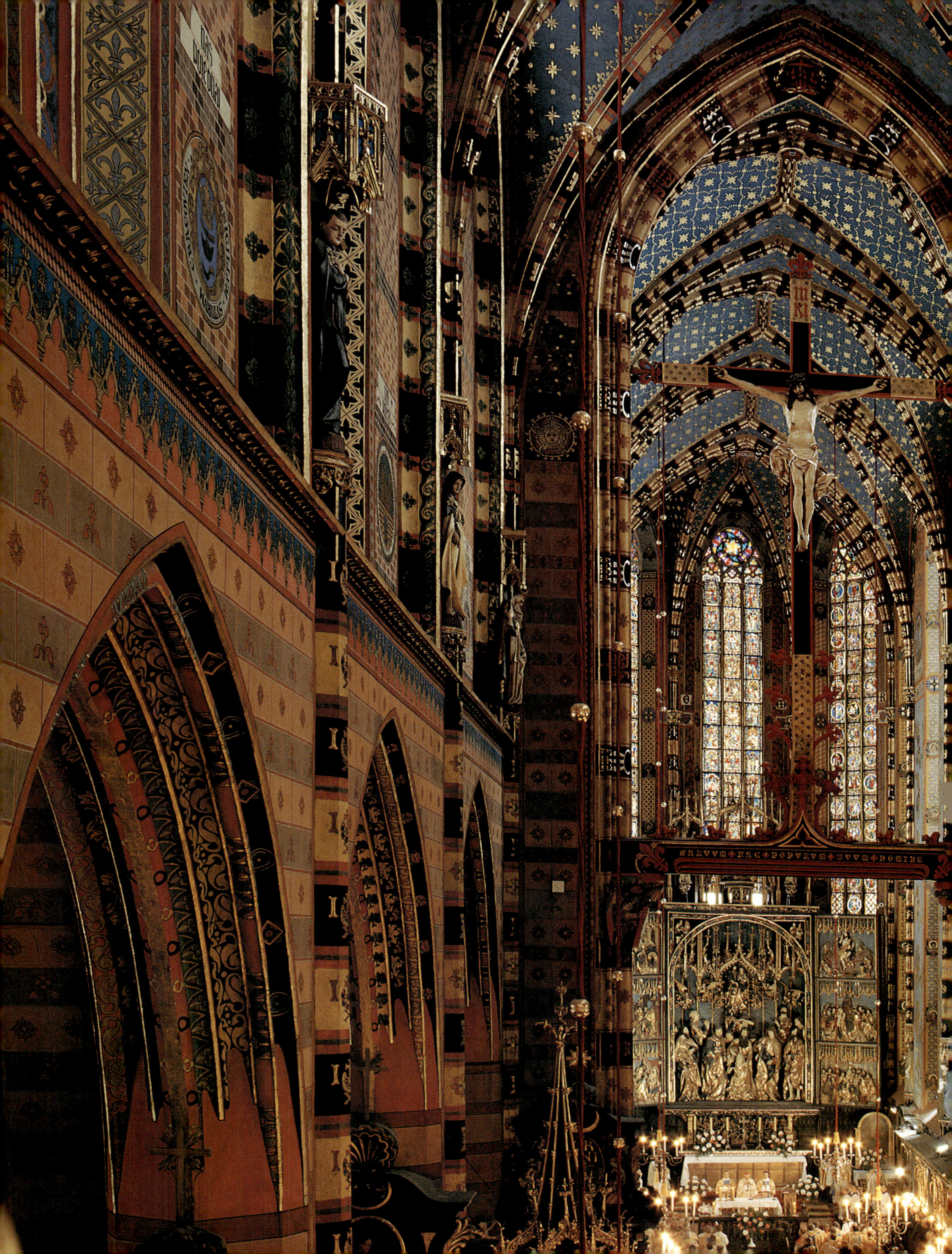
SALVUM FAC POPULUM TUUM DOMINE

Der Innenraum der Marienbasilika hat seinen jetzigen Glanz einer gründlichen Restaurierung der Kirche zu verdanken, die in den letzten 10 Jahren durchgeführt worden ist.
Die bunten Wandmalereien schuf Jan Matejko, der im 19. Jh. zusammen mit seinen Schülern, Stanisław Wyspiański und Józef Mehofer, die neuen Wandgemälde des Raumes entworfen hat. Zu dieser Zeit hat der Architekt Tadeusz Stryjeński den alten gotischen Charakter des Kircheninnenraumes wiederhergestellt, wobei er jedoch die im Laufe der Jahrhunderte angesammelten Kunstwerke bewahrte.
Die Bögen der Seitenkapellen verleihen dem Raum einen Rhythmus und lenken die Aufmerksamkeit auf den Chorraum. Unter dem blauen Gewölbe, das mit goldenen Sternen verziert ist, hängt im Regenbogen ein Kruzifix. Das Licht reflektiert die Farben der bunten Glasmalereien in den Fenstern, die den Chorraum aus dem 14. Jh. abschließen.
Die zentrale Stelle nimmt ein unschätzbares Werk der Schnitzereikunst ein: der Altar des Meisters Veit Stoß. Sein Werk gehört zu den größten Pentaptychen in Europa und ist der Lebensgeschichte der Schutzpatronin der Kirche, Maria, gewidmet. Die plastische Erzählung beginnt mit der Darstellung des Stammbaums und endet mit der Krönung Mariä. Der monumentale Altar ist in den Jahren 1477–1489 entstanden und hat den Namen seines Schöpfers, Veit Stoß, für immer mit Krakau verbunden.

KRAKAU

Die Weichsel entlang

Die Rundbögen sind die Zierde des Collegium Maius, des ältesten Teils der Krakauer Jagiellonen Universität. Königin Jadwiga, mit ihrem Herzen einer großen Sache – der Erneuerung der Almamater – ergeben, der Hochschule, die zur Zeit des Kazimierz Wielki im Jahre 1364 ins Leben gerufen wurde, hatte der Universität ihr Privatvermögen, Juwelen und Kleider, hinterlassen. Das Jahr 1400 ist der Anfang der Blütezeit der Hochschule – ihre Schwelle hatten Nikolaus Kopernikus, Jan Kochanowski, König Jan II Sobieski und zahlreiche Generationen von Humanisten und Gelehrten betreten. Die Universität wurde allmählich ausgebaut – es wurde u.a. das Collegium Novum, ein neugotisches Gebäude nach dem Entwurf von Feliks Księżarski, errichtet.

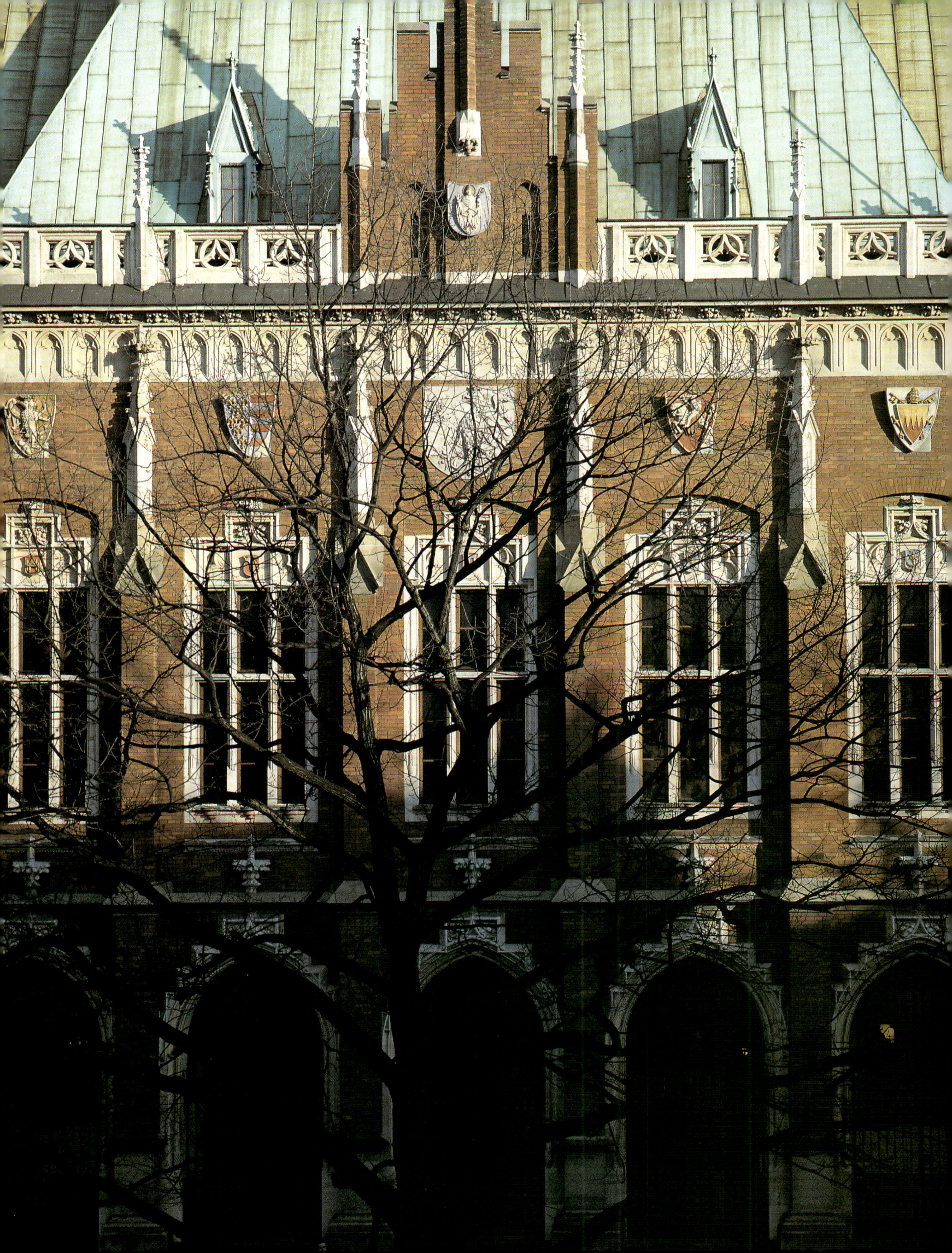

Auf Kalkfelsen wurde im Laufe der Jahrhunderte der Sitz polnischer Könige erbaut – Wawel. Die Anfänge der Bebauung des Wawelhügels gehen ins 10. Jh. und die Herrschaft von Bolesław Chrobry zurück. Unterirdisch sind Überreste von frühromanischen Bauten erhalten – Rotunde zu den Hl. Felix und Adauctus. Über dem Königsschloß ragen die Türme des Doms empor, die Bauten dahinter umgeben den Renaissancehof; das ganze wird von Wehrmauern umringt. Die Geschichte verbindet Wawel mit dem nahegelegenen Paulanerkloster „Na Skałce" (auf dem Felsen). Die in die Klostermauern am Weichselufer hineinkomponierte St. Michael-Kirche ist nach Überlieferungen der Ort, an dem der

Die Weichsel entlang   66

KRAKAU

Krakauer Bischof Stanisław Szczepański auf Befehl des Königs Bolesław Śmiały umgebracht worden ist. Dieser tragische Epilog eines Konfiktes der königlichen mit der kirchlichen Macht initiierte den Stanisław-Kult; sein Denkmal des Heiligen steht im Teich vor der Kirche.

NON·NOBIS·DOMINE·NON

Im Jahre 1000 wurde in Krakau das Bistum gegründet, das der Gnesener Metropole untergeordnet war. Die Kathedrale auf dem Wawel-Hügel wurde zum Mittelpunkt religiöser und staatlicher Ereignisse vom hohen Rang. An der Stelle, wo einst eine vorromanische Kirche gestanden hat, ist eine gotische Kirche mit drei Türmen, die über die Schlossmauern ragen, erbaut worden. Die Kathedrale war die Krönungsstätte polnischer Könige und ihre größte Nekropole zugleich. Hier befinden sich zahlreiche Kunstwerke der vergangenen Jahrhunderte – Grabmäler der Herrscher mit Skulpturen und Baldachinen, Altäre, Wandmalereien und Schnitzereien. Inmitten der Kathedrale befindet sich das Mausoleum des hl. Stanisław – das Grabmal und Reliquiar des Bischofs und Märtyrers.

Zu den besonderen Gedenkstätten von Kraków gehören der Rakowicki-Friedhof und das frühere jüdische Stadtviertel Kazimierz. Rakowice bilden neben dem Warschauer Friedhof Powązki eine der größten polnischen Nekropolen, wo man namhaften Personen, die sich der Kultur, Kunst und Literatur verdient machten, wie auch den Nationalhelden gedenkt. Es ist zugleich eine beachtenswerte Sammlung kunstvoll gestalteter Grabstätten der berühmten Bildhauer – F. Mączyński, A. Madejski oder K. Laszczka. Zu Allerheiligen leuchten hier Tausende Kerzen, zu Alltag herrscht hier Stille und Nachdenklichkeit. Es gibt in Kraków auch eine andere Stätte, die durch die Geschichte mit der Stille gekennzeichnet ist – den Stadtteil Kazimierz mit alten Synagogen, Straßen, auf denen das frühere Stimmengewirr verstummt ist, und Friedhöfen, die wie durch ein Wunder vom Kriegsbrand verschont geblieben sind. Die Synagoge Remuh hat Ende des 16. Jh. Izrael Isserles für seinen Sohn Rabi Mosze Isserles erbaut. Er ging in die Geschichte ein als ein bedeutender Philosoph und Rektor der Talmud-Schule, nach seinem Tode wurde er am Remuh-Friedhof, an der Mauer der Synagoge, beerdigt. Trotz der Kriegszerstörungen haben sich einige Hunderte von herrlichen Renaissance-Masseben erhalten. Heute besuchen die Gläubigen aus der ganzen Welt wieder die Synagoge und den Friedhof, um dort zu beten und auf dem Grab des Rabbiners ein Zettelchen mit ihren Bitten zu legen.

Am Rande des heutigen Krakau, einige Zehn Meter unterhalb der Stadt Wieliczka, entfaltet sich eine eigenartige unterirdische Welt – ein Labyrinth von Gängen und Schächten einer Salzgrube. Schon in der Jungsteinzeit wurde man in dieser Gegend Salz gewonnen; im frühen Mittelalter war die Grube Bestandteil der königlichen Güter. Das hier geförderte Steinsalz war ein besonders wertvoller Bodenschatz und galt als eine wichtige Einnahmenquelle für den Königsschatz. Auf mehreren Ebenen entfaltet sich unter der Erde ein wahres Labyrinth von Gängen, Hohlräumen und unterirdischen Seen, die mit Salzsole gefüllt sind, voll von materiellen Spuren der jahrhundertelangen Arbeit der

Bergleute von Wieliczka. Hier ist die Schönheit in ungewöhnlichen Formen erstarrt: es gibt Salz-Tropfsteine, flimmernde Kristalle und weiß beschlagene Bergbauwerkzeuge aus dem Mittelalter. In den für Touristen zugänglichen Grubenbereichen sind monumentale, einige hundert Jahre alte Bergbauvorrichtungen zu sehen, wie etwa die riesige Seilwinde in der Kammer „Modena".

Die weißschimmernden Felsen zwischen den mit Wald bedeckten Hügeln, die schattigen Täler der Bäche, die felsartigen Kluften und Höhlen bilden die liebliche Landschaft der Jura Krakowsko--Częstochowska.
Auf den Gipfeln der Hügel haben sich in natürlichen Nestern des Widerstandes Burgen gebildet, die Adlerhorste genannt werden.
Auf dem Gebiet des Ojcowski-Nationalparks dominiert eine im 13. Jh. errichtete Burg, die von Kazimierz Wielki ausgebaut wurde.

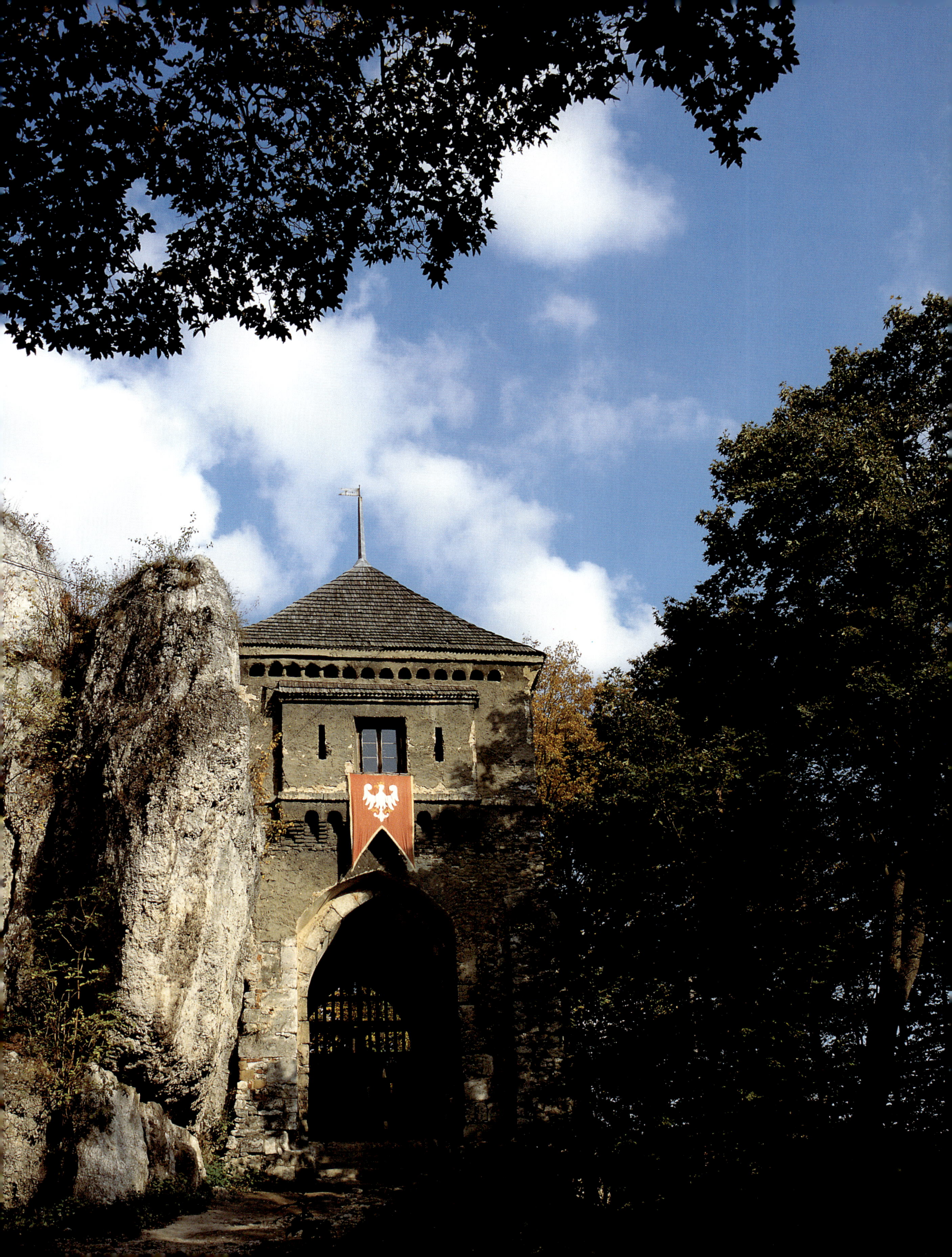

Ogrodzieniec, eine kleine Ortschaft am Rande der Tschenstochau-Höhe rühmt sich mit den Ruinen einer Burg im gotischen und Renaissancestil, die im 14. Jh. errichtet wurde. Auf dem für diese Gegend charakteristischen Kalkfelsen stehen die Mauern und Wehrtürme einer Festung, die im Laufe der Jahrhunderte mehrmals den Besitzer wechselte. Hier herrschten die Familien Sulimczyk, Boner im 16. Jh. die Familien Firlej, Warszycki und gegen Ende ihrer Blütezeit herrschte – die Familie Męciński.

Die Geschichte hat das wundervolle Bauwerk nicht verschont – die Burg wurde von österreichischen Truppen erobert und geplündert und später von den Schweden in Brand gesteckt.

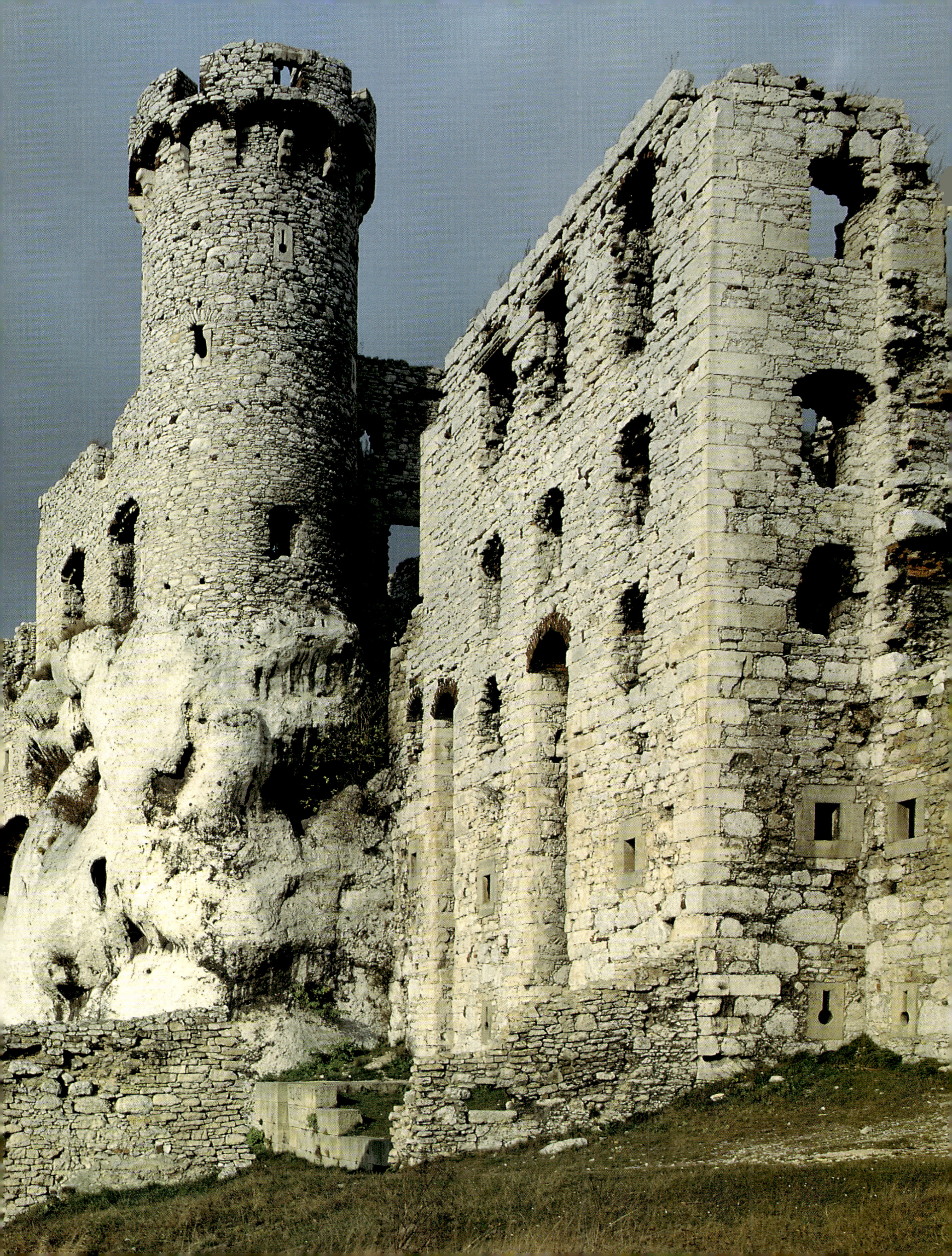

Dolina Prądnicka, ein Tal das von einem kleinen Fluß durchflossen wird, verläuft zwischen den mit Wald bedeckten Hügeln des Ojcowski-Nationalparks. Im Winter wird der Bach von Eis und die Bäume werden vom weißen Rauh bedeckt. Über den gefrorenen Flußgebiet ragt eine im gotischen und Renaissancestil erbaute Burg empor, die vor Jahrhunderten sicherlich die Rolle einer Wehrburg auf der Wanderroute, die im Tal verläuft, erfüllte. Die Burg entstand im 14. Jh. und ihre gotischen Formen änderten sich dank den Umbauten ihrer Besitzer. Heute vereint das Bauwerk auf wundervolle Art und Weise Elemente der Frühgotik mit der Renaissanceausstattung.

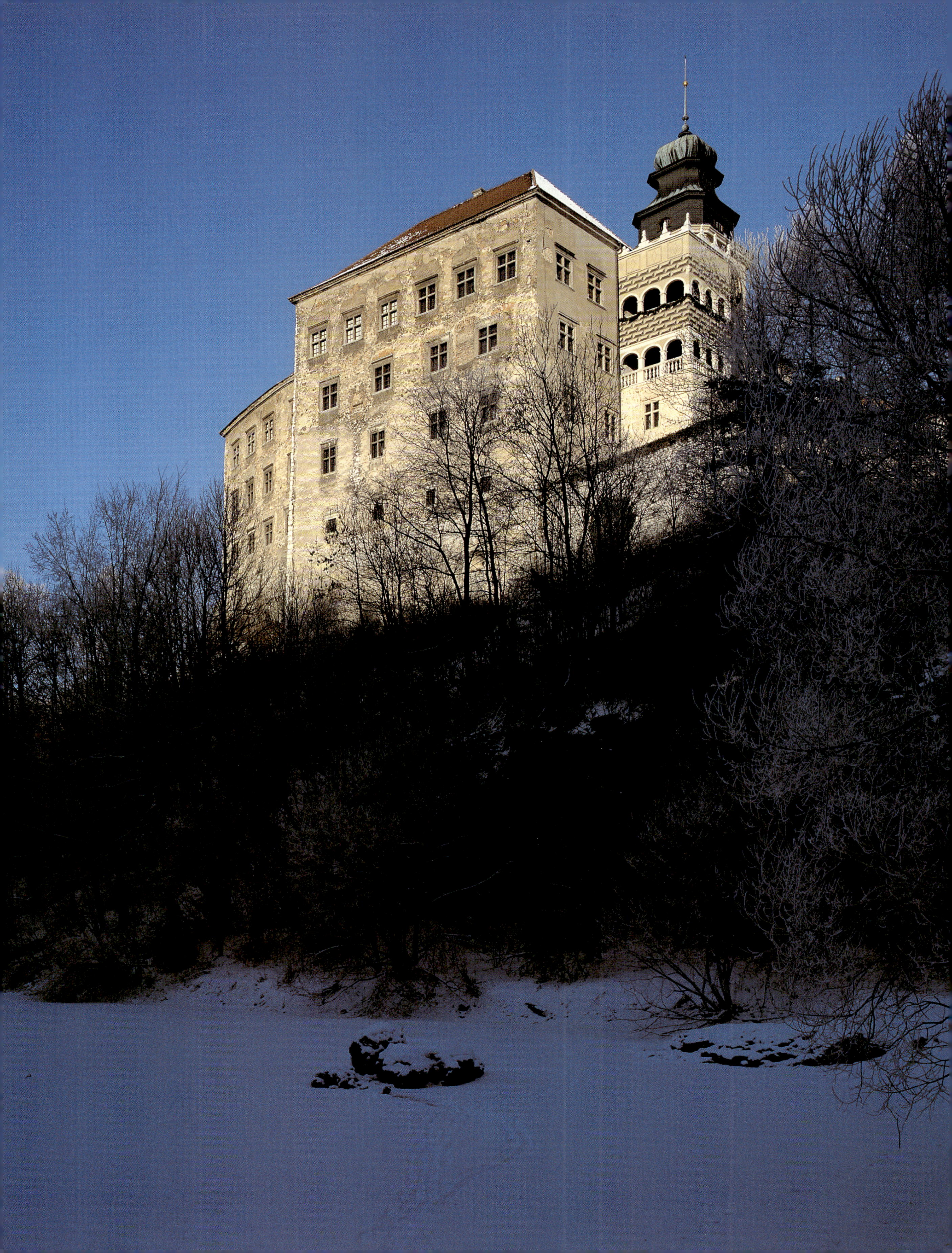

Sandomierz ist eine auf sieben Hügeln, über dem Weichsel-Tal gelegene Stadt. Sie spielte seit zehn Jahrhunderten in der Geschichte des Staates, des Volkes und der Kirche eine wichtige Rolle und stellte den Mittelpunkt der Sandomierz-Provinz, die noch in der Zeit der Volksstämme entstanden ist und sich deutlich von dem Krakauer Teil der Region (Kleinpolen) abhebt, dar. In der Zeit der ersten Piasten war Sandomierz eine der Hauptstädte des Königreiches (*sedes regni principales*), in der Zeit, als Polen in einzelne Landesteile geteilt war, war sie die Hauptstadt des Herzogtums und – noch später – einer ausgedehnten Woiwodschaft; ein bedeutsames Zentrum religiösen Lebens, eine Stadt zahlreicher

Kirchen und Klöster, seit 1818 die Hauptstadt der Diözese. Es gibt in Polen nicht sehr viele Orte, wo sich auf einem relativ geschlossenen Raum so viele Architektur- und Kunstdenkmäler befinden: von der Romanik bis hin zum Konstruktivismus der 30er Jahre des 20. Jahrhunderts. Auf dem Gebiet der Kultur, der Wissenschaft und auch des Geisteslebens ist das Erbe Polens im bedeutenden Maße von Menschen geschaffen worden, die mit ihrem Leben und Schaffen auf allerlei Weise mit Sandomierz verbunden waren. „Denn es steckt in dieser Stadt – so Papst Johannes Paul II. – eine merkwürdige Kraft, deren Quellen in der christlichen Tradition verankert sind".

Inmitten fruchtbarer Obstgärten, zwischen uralten Linden, schimmern die roten Mauern der St. Jakob-Kirche. Die dem Apostel Jakob gewidmete Kirche wurde von dem Krakauer Bischof Iwo Odrowąż gestiftet und gehört zu den ältesten Backsteinkirchen in Polen (erste Hälfte des 12. Jahrhunderts). Unweit von hier befindet sich die Burg: die ältesten Mauerteile gehen noch auf Kazimierz Wielki zurück. Nach der Mitte des 10. Jh., als Sandomierz Großpolen – dem Staat der Piasten – angeschlossen wurde, ist an dieser Stelle eine Burg erbaut worden. Mag sein, dass sich gerade von hier aus Herzog Henryk, der Sohn des Königs Bolesław Krzywousty und der erste Herrscher des im Jahre 1138 selbständig gewordenen Herzogtums Sandomierz, auf seinen weiten Kreuzzug machte.

Das Schiff der Kathedrale zu Sandomierz ist sehr hell erleuchtet; das Licht kommt durch die hohen, schmalen Fenster in den gotischen Mauern herein. Die lebhaften Putten sowie allegorischen Frauenfiguren – Elemente von Zieraltären, das Werk von Maciej Polejowski, dem Meister des polnischen Rokoko ziehen unsere Aufmerksamkeit an. Im dunklen Chorraum stellen byzantische Fresken aus der Zeit des Königs Władysław Jagiełło die Szenen aus dem Leben Christi und seiner Mutter dar. Den Namen Muttergottes trägt auch die herrliche Kirche, die von König Kazimierz Wielki gestiftet wurde; seinerzeit war es „die wichtigste – nach dem Dom zu Wawel" – unter den Kollegiatkirchen der Krakauer Diözese; seit 1818 die Bischofskathedrale, Schatzkammer der Kunstwerke und Sukzessorin der während der Tataren Raubzüge zerstörten romanischen Kollegiatkirche, die aus hellen Quadersteinen erbaut war. Inmitten des nur in eine Richtung geneigten Marktplatzes steht das Rathaus – das Symbol der städtischen Selbstverwaltung. Es wurde im 14. Jh. unter Kazimierz Wielki erbaut; in der Zeit der Renaissance wurde der Baukörper mit einer Attika geschmückt und im 18. Jh. ein Turm dazugebaut. Das Rathaus begleitete die Blütezeit der Stadt (16. bis Anfang des 18. Jahrhunderts), als Sandomierz die Rolle eines weiten Tores zur Welt spielte: auf dem Weichselweg wurden die Erträge des fruchtbaren Bodens der Region Sandomierz befördert.

SANDOMIERZ

Die Weichsel entlang

Am rechten Ufer der Weichsel ragen abseits vom Hügel die malerischen Bauten von Kazimierz Dolny empor. Die Stadt wurde höchstwahrscheinlich von König Kazimierz III. Wielki gegründet und hat 1365 das Stadtrecht erhalten. Seine dynamische Entwicklung im 16. und 17. Jh. verdankt Kazimierz Dolny seiner Lage an der Weichselhandelsroute. Es war eine der wichtigsten Städte für den Getreidehandel in Polen. Aus dieser Zeit sind einige gemauerte Speicher mit charakteristischen, verzierten Fassaden erhalten. Auf dem Marktplatz machen die Bürgerhäuser der Familie Przybyła aus der Spätrenaissance auf sich aufmerksam. Der Marktplatz wird von der Johannes-der-Täufer-Kirche dominiert.

KAZIMIERZ DOLNY

Die Weichsel entlang

Masovien war schon in der Zeit der Gründung des polnischen Staatswesens den historisch gestalteten Teil Polens; es hat jedoch eine lange Zeit danach ihre Eigentümlichkeit bewahrt. Dies war die Folge der Zersplitterung des Landes in einzelne Provinzen Anfang der zwanziger Jahre des 12. Jh. Erst im 16. Jh. (1526) wurde Masovien in die Staatsstruktur der Republik Polen auf die Dauer eingegliedert. In demselben Jahrhundert begann auch die große Karriere der in Masovien gelegenen Stadt Warszawa. Es war Sitz des jeweiligen Herrschers (das altertümliche Kraków wurde dadurch in den Schatten gestellt), ein Ort, wo die Tagungen des Sejm von Polen und dem Großen Herzogtum Litauen abgehalten wurden, und wo der König Polens und Litauens durch Wahlen einberufen wurde. Seit dieser Zeit entwickelte sich die Provinz sehr rasch, was auch eine sprunghafte Vermehrung der Bevölkerung zur Folge hatte.

Wenn man durch Masovien wandert, wird man auch heute, an der Wende des 20. Jh., von der Monotonie der Landschaft überrascht. Es ist ein flaches Gebiet, in dessen eintönige Landschaft nur die Wälder Abwechslung bieten (von den ursprünglichen großen Urwaldflächen hat sich nur der weite Urwald Kampinos, unweit vom Ort Żelazowa Wola erhalten). Von den hiesigen Bäumen haben die Weiden, welche die einst sandigen, und jetzt mit Asphalt bedeckten Straßen entlang oder an den Ufern kleiner Flüsse wachsen, den größten Ruhm erlangt.

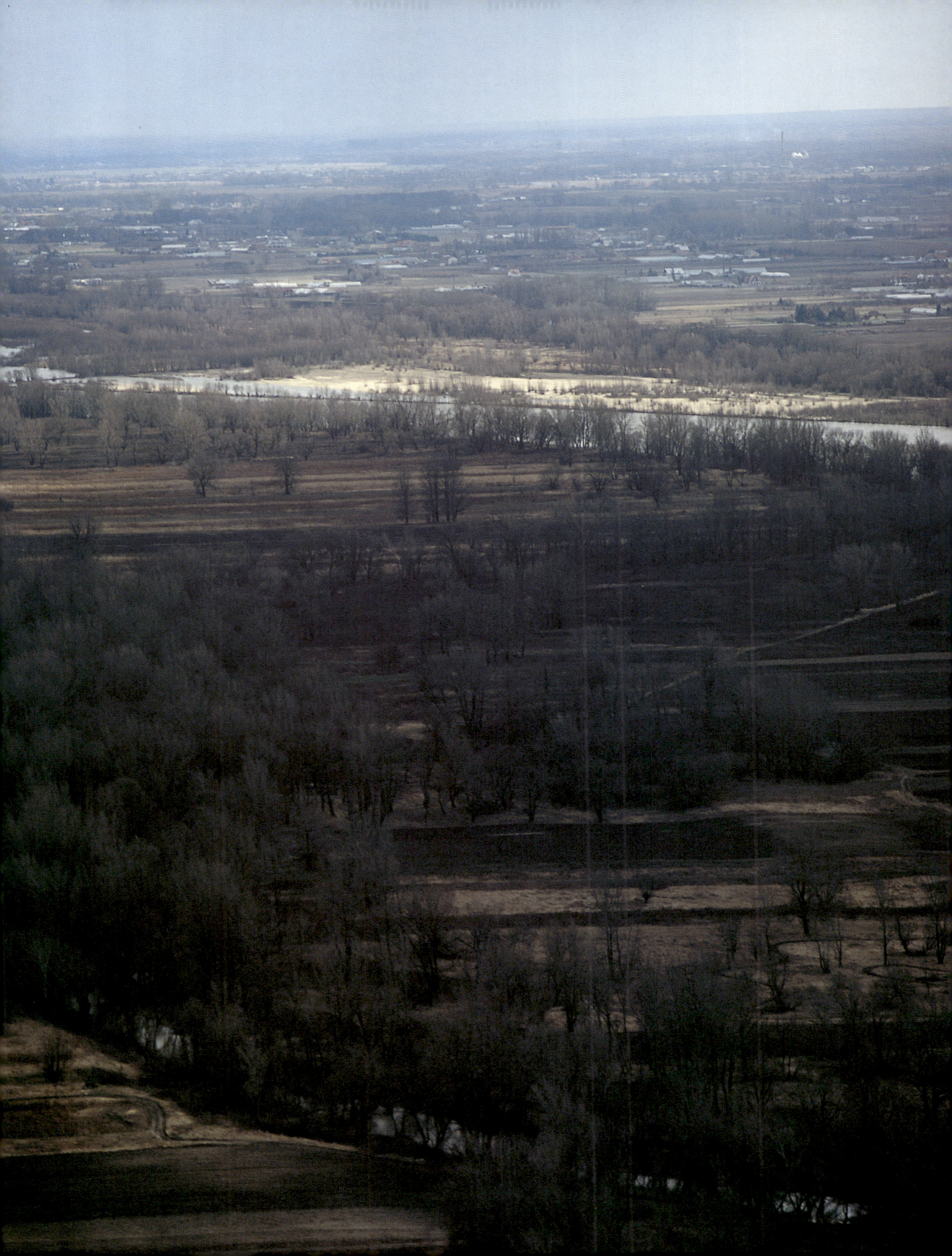

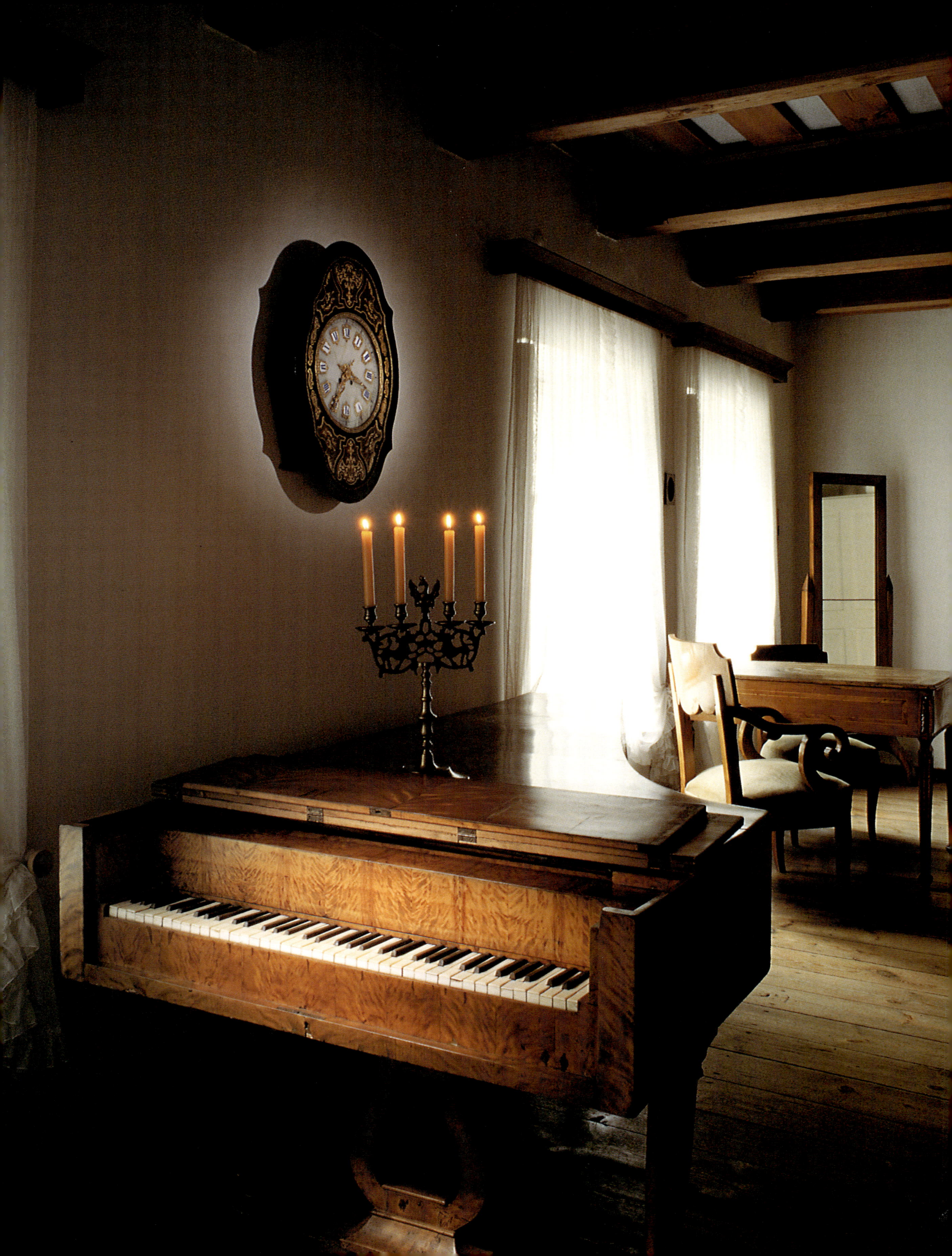

Außer den Weiden waren für Mazowsze die Landhäuser des polnischen Adels kennzeichnend – eines von ihnen stand in Żelazowa Wola, in der Nähe von Sochaczew. Im Jahre 1802 kam nach Żelazowa Wola Nikolas Chopin, ein gebürtiger Franzose aus der Familie der Weingärtner und Stellmacher, die aus Marainville im Südosten Frankreichs stammte. Er bekam in Żelazowa Wola die Stelle des Gouverneurs, der vier Kinder des Grafen Skarbek erziehen sollte. Der Zufall wollte, daß im Haus des Grafen auch seine Verwandte, Justyna Krzyżanowska, wohnte. Am 2. Juni 1806 fand in der Pfarrkirche im nah gelegenen Brochów die Trauung von Justyna und Nikolas statt. Knapp ein Jahr später, am 6. April 1807, kam die erstgeborene Tochter, Ludwika, auf die Welt, und drei Jahre später, am 22. Februar 1810, ihr Sohn Fryderyk. Kurz danach zog die Familie Chopin nach Warschau.

DAS DORF ŻELAZOWA WOLA

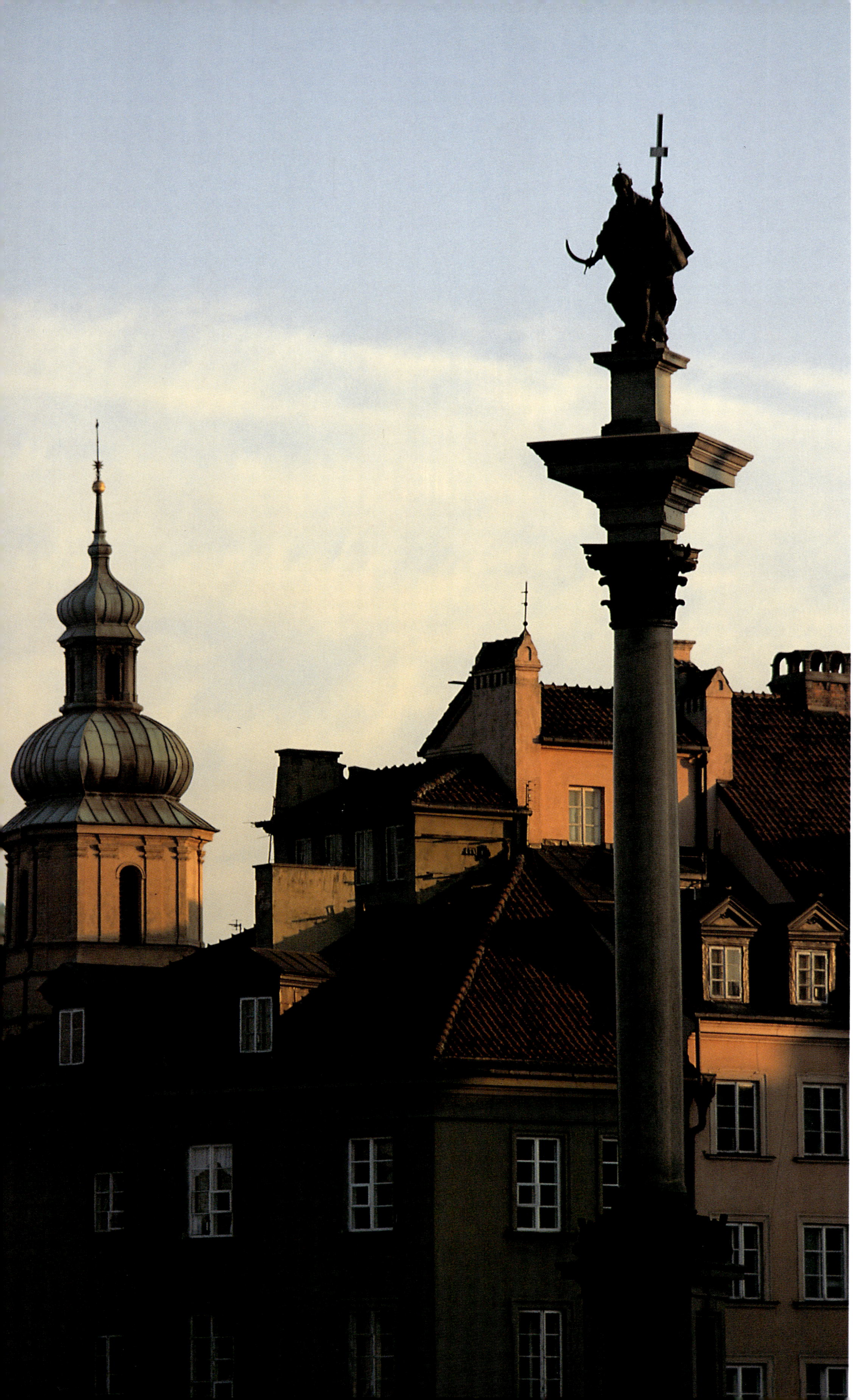

Warschau

Jerzy Waldorff

Wer sich als Forscher gewissenhaft mit den Hauptstädten Mitteleuropas – von Bukarest über Budapest und Prag bis Kopenhagen – beschäftigt, wird das Schicksal Warschaus nicht ohne Schrecken, Anteilnahme und schließlich Bewunderung betrachten können. An einer internationalen Weggabelung gelegen, war unsere Hauptstadt ein schwer zu verteidigendes Wirtshaus: Über Jahrhunderte wurde sie von marschierenden Armeen in Brand gesteckt, geplündert und war den wechselnden Eroberern ausgeliefert. Es begann mit der „Sintflut", als die Schweden mehrmals die Stadt von allem, was man nur mitnehmen konnte, leer gefegt hatten. Das russische Zarenreich tat dies langsamer, es konnte sich Zeit nehmen und das Raubgut um so sorgsamer eintreiben. Die Bibliothek des Königs Stanisław August fand sich samt der Bücherschränke in Kiew wieder. Wandteppiche von unschätzbarem Wert, die König Zygmunt August testamentarisch Polen vermacht hatte, wurden außer Landes gebracht; einst gaben sie der Krönung von Stanisław August ihr festliches Gepräge und wurden dann in den Palast der Republik gebracht. Von hier aus wanderten sie Richtung Norden, um die Residenzen der Zaren zu schmücken. Auch die erste sehr umfangreiche öffentliche Bibliothek Warschaus, die von den Gebrüdern Załuski gestiftet wurde, mußte bereits nach der dritten Teilung Polens ihren Weg nach Petersburg antreten. Das gleiche geschah nach 1831 mit der Bibliothek und den Sammlungen der Warschauer Gesellschaft der Freunde der Wissenschaften. Der Statthalter Fürst Paskiewicz raubte die Gemälde von Canaletto, und als der für seine Diebstähle bekannte General Hurko Warschau von seiner Person befreite, ließ er aus dem Königsschloß sogar den wertvollen Holzboden entfernen, um ihn mit sich zu nehmen.

Schließlich kamen die Deutschen und das Jahr 1944...

Dennoch ist Warschau mit der Verzweiflung eines zum Tode Verurteilten, der sich bis zum letzten Augenblick an das Leben klammert, nach allen Katastrophen wieder aufgebaut worden. Sogar nach dem zweiten Weltkrieg konnte die Stadt auferstehen, und wer als Tourist nach Warschau kommt, kann wieder durch die Gemächer des Königsschlosses, in Łazienki und Wilanów spazieren gehen. Doch würden sie viele für die Geschichte der Stadt wichtige Zeugnisse nicht mehr wiederfinden, gäbe es nicht den alten Friedhof Powązki. Hier ruhen viele Generationen von Bewohnern der Stadt. Man muss sich die Einzigartigkeit dieses Ortes vor Augen halten: Jeder städtische Friedhof ist eine Fortsetzung des Lebens, das gleich nebenan weiter läuft, durch die Straßen schlendert, als wäre es hier – zwischen den Gräbern – nur aufgehalten und ruhiger geworden. Wie es Kamil Cyprian Norwid sagte: „Gestern ist heute, nur ist es von uns in die Vergangenheit verschoben". Der Friedhof Powązki hingegen ist der Überrest einer Stadt, die nebenan zu existieren aufhörte, nachdem sie ermordet und von den Nazis in eine Ruine verwandelt worden war. Sicher, wir können heute wieder in einem ganzen Komplex von Gebäuden, Straßen und Plätzen wohnen, die die Hauptstadt des Landes bilden, und dieser Komplex heißt weiterhin „Warschau", und die meisten seiner Straßen tragen dieselben Namen wie damals. Aber das ist nicht mehr Warschau, wie wir es aus der Vorkriegszeit kannten, die Stadt Warschau des 18. und 19. Jahrhunderts, von der nur noch Abbildungen und die Erinnerung der immer kleiner werdenden Anzahl der älteren Einwohner übriggeblieben sind; die einzige vollständige, allseitige Aufzeichnung ihres Alltags hat sich auf dem Friedhof Powązki erhalten. Übrigens erfuhr alles hier einen raschen und umfangreichen Wandel: Die Mauern wurden von den Fundamenten an wiederaufgebaut, sind moderner, manchmal vielleicht auch schöner, aber im Innern der angehäuften Tradition beraubt. Jener Tradition, die in alten Möbeln, Unterlagen und Bildnissen der Menschen aufscheint, denen dies alles ihr Leben bedeutete. Längst haben die Besitzer gewechselt, eine ganz andere Bevölkerung lebt hier, die von außerhalb hergekommen ist, um sich nach anderen Rechten zu richten, in einem anderen politischen System, anderen Sitten und einer anderen Art von Respekt für die neuen Schlagworte.

Wie sahen die Plätze, Häuser und Straßen aus? Was gab dieser Stadt ihre besondere Atmosphäre, nicht nur die, welche man mit Niederschlagsmengen und anderen Daten über das Wetter beschreibt?... Es ist eine sehr eigenartige Hauptstadt, die durch Dekrete aus der Besatzungszeit ihres Willens beraubt wurde, sich von 1862 bis 1915 im Kriegszustand befand und infolgedessen nicht imstande war, sich normal zu entwickeln.

Wenn Ausländer früher aus irgendwelchen Gründen dem alten Warschau schmeicheln und sich beliebt machen wollten, so nannten sie es das „Paris des Nordens". Solch ein Bild hat auch der junge Artur Rubinstein in seiner Erinnerung bewahrt, als er im fortgeschrittenen Alter seine Tagebücher zu schreiben begann. Was für eine Eleganz der Kutschen, die durch die Ujazdowskie-Allee gleiten, die Schönheit und die Reize der Damen, welch auserlesene Speisen im Bristol, und die Palais der Bankiers und des Adels!...

All das ist Wahrheit gewesen, eine Wahrheit jedoch, die nur in einem schmalen Streifen, zwischen den Straßen Nowy Swiat und Marschałkowska, vom Schlossplatz bis zum Belvedere galt. Hinter der Senatorska-Straße drängten sich Leute in fremder Kleidung und fremder Religion, hörte man fremde Sprachen, nahm man gar den Geruch eines Ghettos wahr; die Flussböschung entlang zog sich der armselige Stadtteil Podwiśle hin, von der Marszałkowska--Straße aus drohte das Arbeiterviertel Wola mit Streiks, und vom Platz Unii Lubelskiej hinaus erstreckte sich bereits das Landgut des im Zeitalter des Positivismus reich gewordenen Druckereibesitzers und späteren Barons Franciszek Szuster.

Wenn ich an Warschau denke, wo ich in der Lehre war, bevor ich mein selbstständiges Leben begann, und dann – entgegen meiner Hoffnung – statt das Leben dieser Stadt zu begleiten, Zeuge ihrer Agonie, ihres Todes sein musste; wenn ich mir die Straßen in Erinnerung rufe, ihr geschäftiges Treiben, in jeder Straße dominieren andere Farben, haben die Schaufenster eine andere Form, gibt es sogar spezifische Gerüche, denen Kenner mit geschlossenen Augen in ihre Lieblingsrestaurants und – kneipen folgen konnten – und plötzlich war alles, was viele Generationen in einem langen Reifeprozess der Gesellschaft hervorgebracht hatten, verschwunden, hatte einfach aufgehört zu existieren – dann glaube ich, ich würde im Traum irre reden, denn jene Stadt konnte sich doch nicht an dem Ort befinden, an dem heute Warschau weiterlebt. Wie auch immer, wenn man auf den Stadtplan sieht, gibt es immer noch die Straßen Podwawelska, Piekarska, Piwna, Rycerska (Wawel-, Bäcker-, Bier-, Ritterstraße) und den Marktplatz der Altstadt.

Die älteren Warschauer, die die Stadt noch aus der Zeit vor dem Überfall durch die Nazis kennen, erinnern sich sicher noch an die zahlreichen schmiede- und gusseisernen Zeugnisse des Kunsthandwerks, die an vielen Orten die Stadt schmückten. Die hervorragendsten Beispiele waren die Treppen im Rathaus, in der Oper und der Philharmonie mit ihren Geländern, die mit Kränzen und Girlanden aus eisernen Blumen und Blättern verziert waren, und auf den Podesten, die von metallenen Leuchtern erhellt wurden, konnte man zuweilen Figuren entdecken, die in eiserne Chitone gehüllte Göttinnen darstellten. Handwerker, die sich mit der Eisenschmiedekunst beschäftigten, waren einst in Warschau die Crème de la crème all der Meister, die das Kulturniveau des Handwerks bestimmten. Doch starben sie, ohne ihre Kunst an die nächste Generation weitergeben zu können – bereits nach dem zweiten Weltkrieg wurden ihre Werkstätten durch gegen die "Privatintiative" gerichtete steuerliche Maßnahmen vernichtet. Auch sind die von ihnen hinterlassenen Werke in einem bedauernswerten Zustand: Wunderschön geschmiedete Balkongeländer, die die Bombenangriffe überdauert hatten, sind vom Rost angefressen, Statuen sind umgeworfen, Treppen eingestürzt. Seltenheitswert haben jetzt in der Stadt mit dieser Handwerkstradition verbundene Werke wie die Laternenständer und die aus Eisen geschmiedete Umzäunung des Mickiewicz-Denkmals an der Straße Krakowskie Przedmieście.

Jerzy Waldorff

WARSCHAU

Die Weichsel entlang

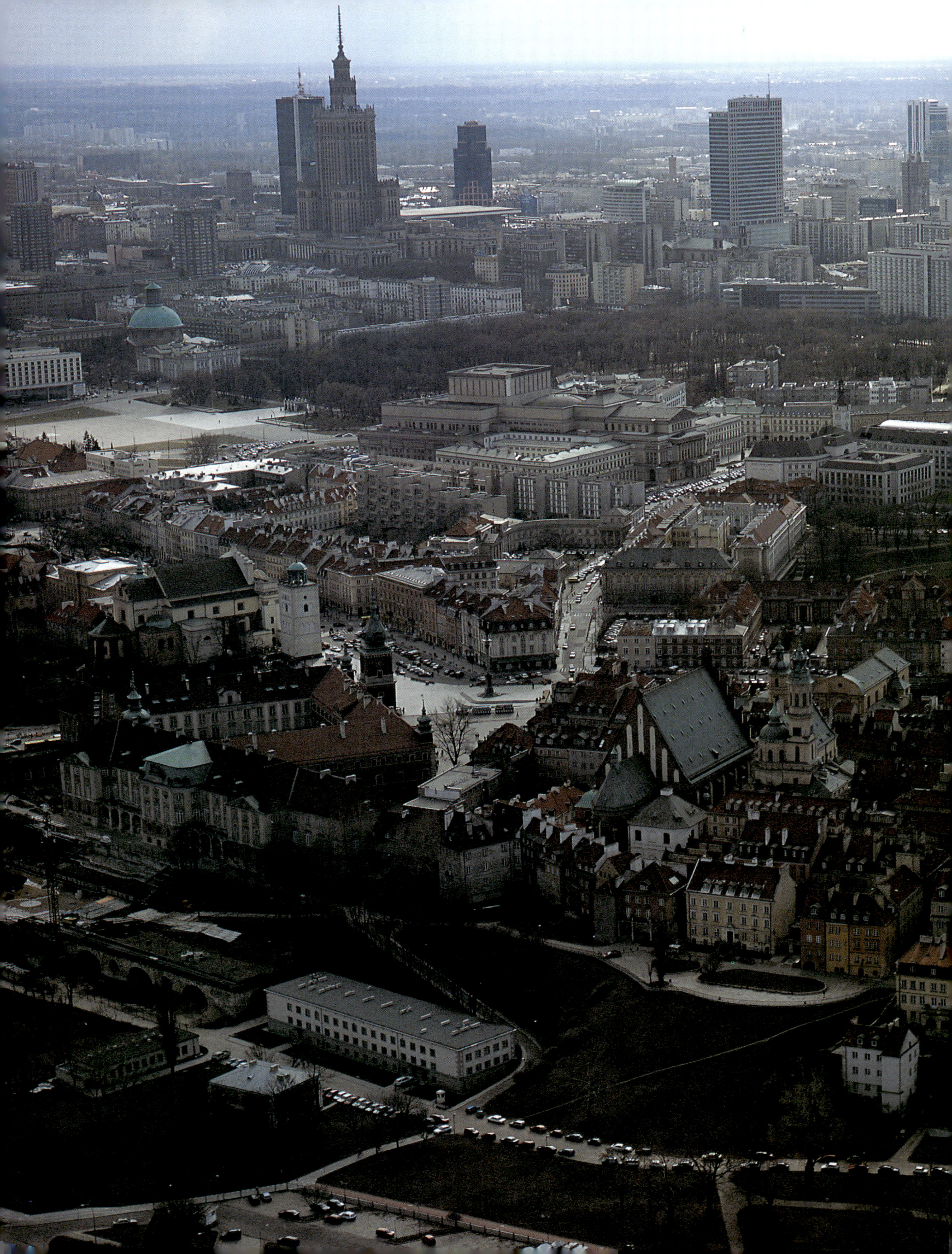

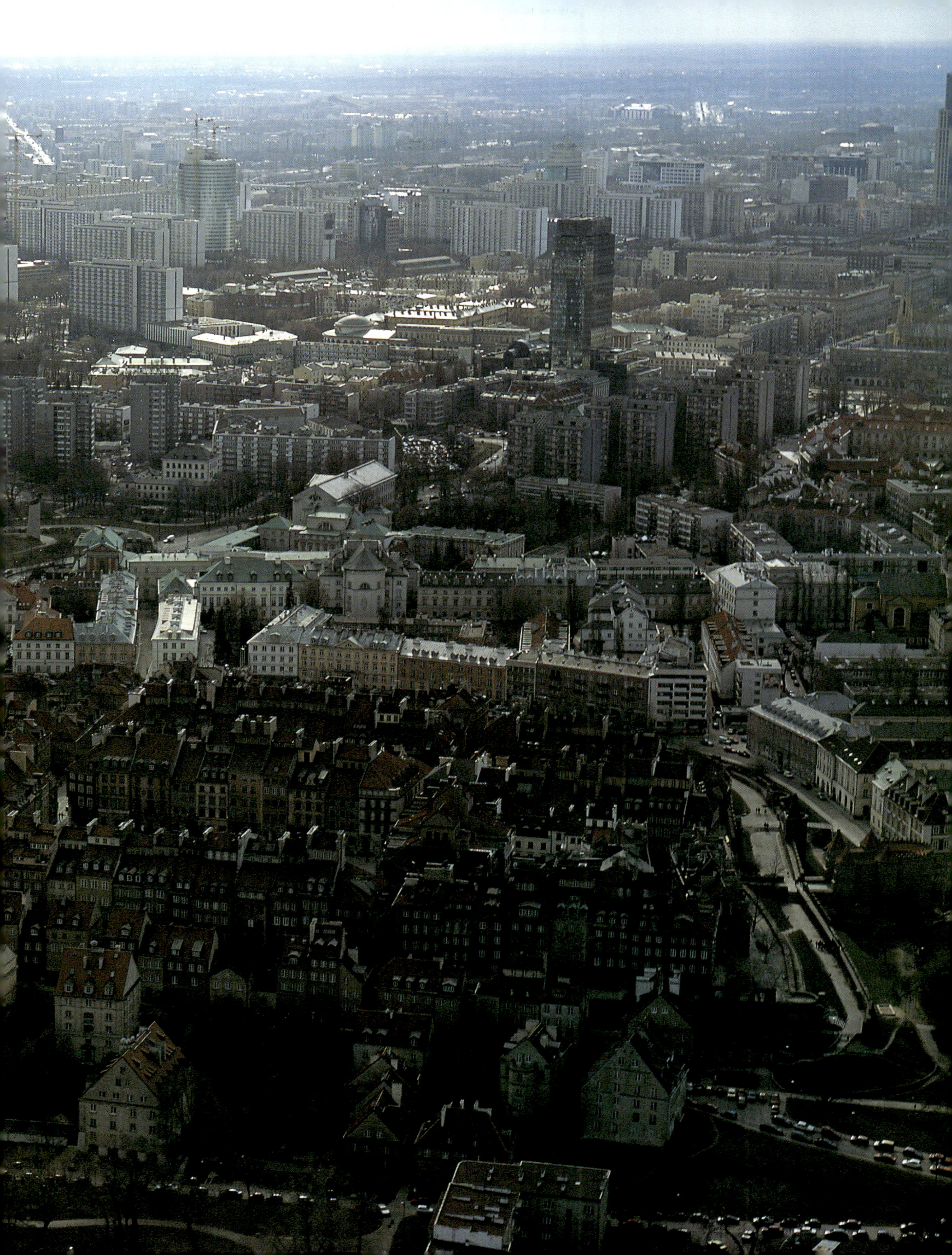

Die Warschauer Altstadt von der ehemaligen Stadtmauer umringt: eng aneinander gedrängte Bürgerhäuser entlang der vor Jahrhunderten entstandenen Straßen, über den roten Dächern emporragende Kirchtürme, das Königsschloß und auf einer hohen Säule die Gestalt eines Königs, der die Stadt im Mazowsze zur Hauptstadt der Republik gemacht hatte. Noch vor nicht allzu langer Zeit hatten hier Kerzen auf den Grabmälern der im Warschauer Aufstand Gefallenen gebrannt und die aus dem Krieg zurückkehrenden „Warchauer Robinsons" irrten zwischen den Trümmern umher. Wer sich daran nicht erinnern möchte, möge einen Augenblick vor dem Dom des Johannes-des-Täufers stehen bleiben, um jene Worte von Kardinal Stefan Wyszyński zu lesen, die auf der Gedenktafel an 400 Jahre Warschau als Hauptstadt eingraviert sind: „Ein Volk ohne Geschichte, ohne Vergangenheit, wird zum obdachlosen Volk, zum Volk ohne Zukunft".

Der Wiederaufbau des im 2. Weltkrieg völlig zerstörten Königsschlosses und die Wiederherstellung seiner Innenräume dauerte viele Jahre. Nun ist es wieder zum Sinnbild für die polnische Identität und Kultur geworden. An das Schloß grenzt die Altstadt – im Jahre 1944 die Schanze der Aufständischen, nach dem Krieg sorgfältig aus den Trümmern wiederaufgebaut; für die Warschauer und Besucher ein attraktiver Ort mit seinen Restaurants, Cafés, Galerien und Souvenierläden... Nur in der Abenddämmerung im Winter herrscht Stille in den leeren Gassen.

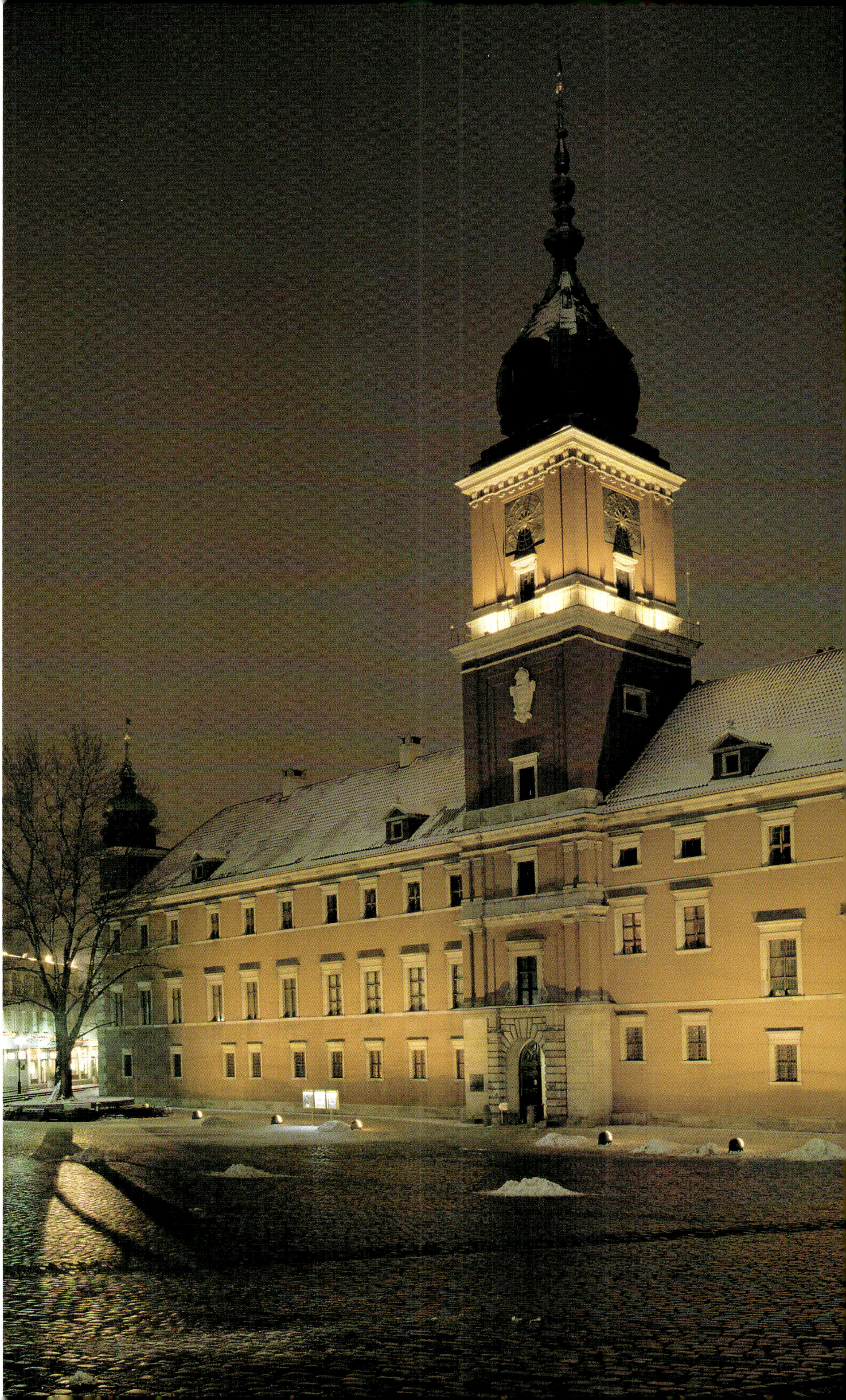

Die Königliche Parkanlage Łazienki – eine großzügig geplante, noble Park- und Palastanlage. Ein Landschaftspark – englischer und französischer Garten, schattige Alleen, Ziersträucher, die die antiken Skulpturen und die leichten Pavillons verdecken – darunter eine Orangerie – romantische Brücken über dem Kanal, ein großer Teich und an ihm der Palast auf der Insel und das nach dem Vorbild des altgriechischen Herkulanum erbaute Amphitheater... – eines der originellsten Raumordnungskonzepte europaweit, errichtet auf Wunsch des letzten polnischen Königs, Stanisław August Poniatowski, eines rafinierten Kenners der Ästhetik, der die seiner Zeit hervorragendsten Architekten und Gärtner herbeigerufen hat, damit sie ihre Begabung in den Dienst des Schönen stellen. Łazienki sind ein Ort, ein Symbol, das in die polnische kulturelle und literarische Tradition hineingewachsen ist – auch in die Geschichte der aufständischen Bewegungen. In der Kadettenakademie, die sich in den 20-er Jahren des 19. Jh. im Gebäude der ehemaligen königlichen Küchenräume befand, wurden die Fäden der Verschwörung gegen den Kaiser gezogen. An einem Novemberabend des Jahres 1830 ist von hier aus die bewaffnete Militärjugend unter Führung von Piotr Wysocki losgezogen, die den Aufstand initiierte. In der Parkanlage Łazienki befindet sich ein Denkmal von Fryderyk Chopin und im Ujazdowski-Garten eine Statue des Komponisten Ignacy Paderewski.

Wilanów – das Andenken an den großen König, Jan III. Sobieski, auf dessen Befehl in den Jahren 1681–1696 ein ansehnlicher Palast, die königliche Sommerresidenz errichtet wurde. Die weiteren Besitzer von Wilanów, die Familien: Sieniawski, Lubomirski, Potocki, Branicki hatten den Palast umgebaut, erweitert und verschönert, sie hatten die seine Innenräume füllenden Sammlungen vermehrt, den Park und den italienischen Garten mit zwei Ebenen, einem Buchsbaumspalier und geometrischen Rasenflächen gepflegt. Die Barockverzierungen der Frontfassade erinnern an den triumphalen Einzug des Königs in Wilanów und seinen Sieg über die Türken. „Venimus, vidimus. Deus vicit"/Wir kamen, sahen und

Gott siegte./Hatte der König nach der siegreichen Schlacht bei Wien im Jahre 1683 gesagt.

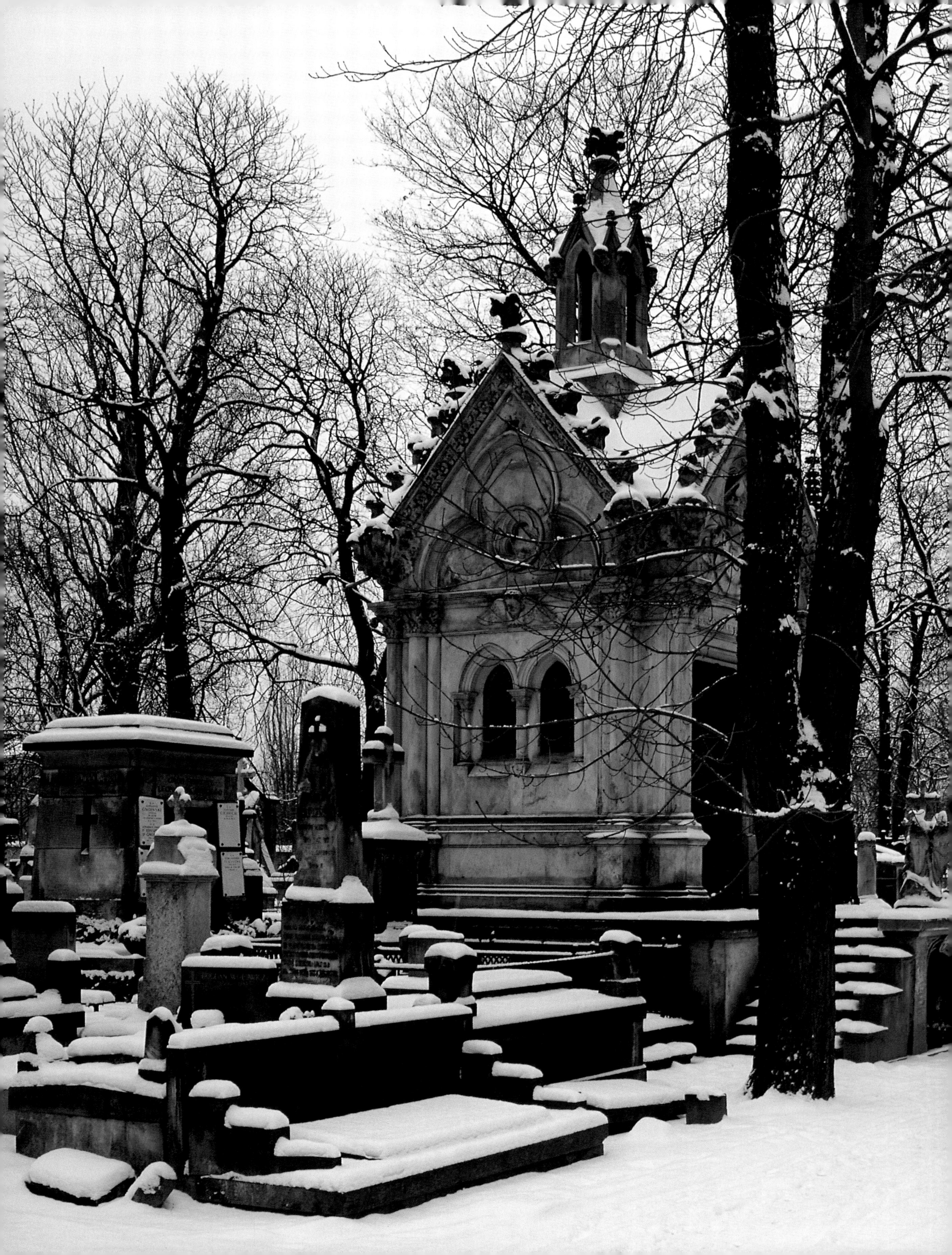

Der Alte Warschauer Friedhof ist ein so dickes Buch, das in vielen Kapiteln – mit Seiten über wichtige und weniger belangvolle, öffentliche und private Angelegenheiten – die zweihundertjährige Geschichte dieser so fatal an der Weggabelung gelegenen Hauptstadt beschreibt, ihres schwer erkämpften Ruhms und ihrer Ehre. Wenn wir von Grab zu Grab gehen, als ob man in diesem dicken Buches vor- und wieder zurückblätterte, treffen wir auf merkwürdige Ereignisse und begegnen völlig unerwartet den Namen Verstorbener, über deren Leben wir Bescheid wissen, und mitunter sehen wir mit Verwunderung ihre Bildnisse, die so ganz anders sind als wir sie uns vorgestellt haben.

Zwei Jahrhunderte seit der Gründung des Friedhofs Powązki reichten aus, hier Vertreter vieler Generationen zu versammeln, Vertreter unterschiedlicher Berufe und mit unterschiedlicher Berufung, die Berühmten und die kaum Bekannten, die jedoch die mit ihren Grabsteinen Spuren in unseren Augen hinterließen. Die Bilder ihrer Epoche werden mit notwendigen Elementen ergänzt, wie in Bilderrätseln: Ein Stein, oder ein Buchstabe machen es erst möglich, das Ganze zu entschlüsseln. Geht man durch die Alleen des Friedhofs, so entsteht der Eindruck, man hätte es nicht mit einem horizontalen – wie es meistens im Leben ist – Zeitverlauf zu tun, der allen gemeinsam ist, sondern mit einem vertikalen: Am Ort ihrer letzten Ruhestätte kreuzen unsere Vorfahren alle auf einmal unseren Weg, von jenen aus alten Zeiten, dem 18. Jahrhundert, als noch König Stanislaw herrschte, bis zu jenen, die dem unabhängigen Polen zwischen den beiden Weltkriegen seine Gestalt verliehen hatten. Wer auch immer hierher kommt, hinter das Tor der Großen Stille, wird hier die Spuren aller Kreise der Gesellschaft, der Fähigkeiten und Überzeugungen unserer Vorfahren wiederfinden, und von den Grabinschriften – in Kurzform eines Epigramms – ablesen, wodurch sie sich ausgezeichnet und wie sie ihrem Land gedient hatten, bevor sie für immer von uns gegangen sind.

Jerzy Waldorff

WARSCHAU

Auf dem Friedhof Powązki hingegen sind bis heute – trotz aller Widrigkeiten, die er miterlebt hat und die auch an ihm nicht spurlos vorübergegangen sind – hunderte von künstlerisch gestalteten Grabgittern, reich verzierten Metallkreuzen, Lampen und anderen Gegenstände erhalten, die an die Vergangenheit der Warschauer Schmiedekunst erinnern. Es genügt vielleicht, nur auf einige der schönsten hinzuweisen, um den Besucher zu weiteren Entdeckungen zwischen den Gräbern zu ermutigen. Der Friedhof Powązki vereint die Schönheit des an Grün und hochgewachsenen Bäumen reichen Parks mit einer Ausstellung von Architektur- und Grabsteinkunst zu einen melancholischen und romantischen Ganzen. Eine andere Eigenart des Warschauer Friedhofs ist es, dass entsprechend den katholischen Glaubensrichtlinien jene Erde, die unter den Gräbern ausgehoben wurde, nicht vom Friedhof entfernt wurde, sondern neben den Gräbern verblieb, da es sich auch hierbei um geweihte Erde handelte. Auf diese Weise hat sich im Laufe der Jahrhunderte das Bodenniveau so erhöht, dass schließlich viele Gräber von den aufgeschütteten Erdschichten verdeckt wurden. So hält das Gelände für die Denkmalschützer von heute interessante Entdeckungen bereit.

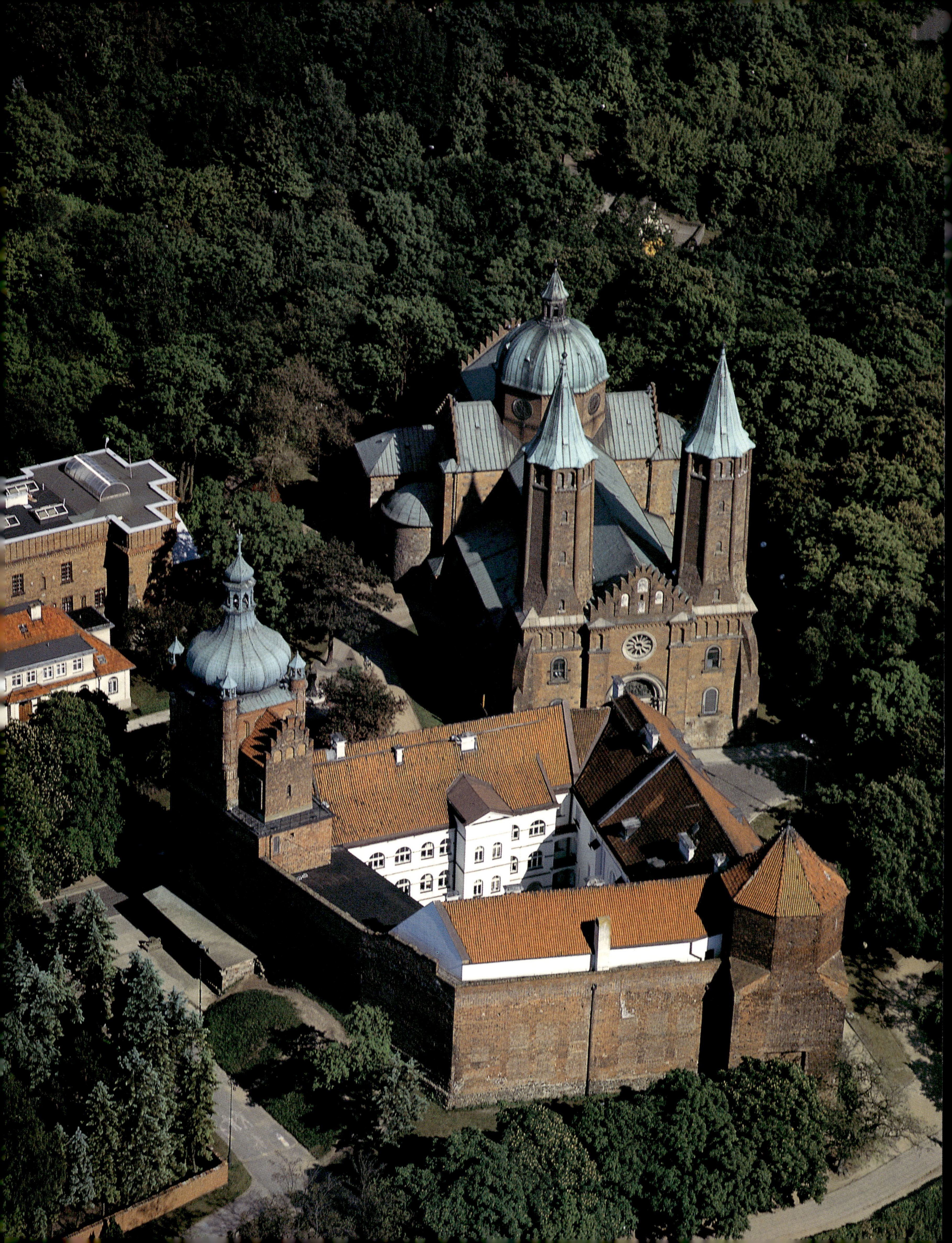

Wzgórze Tumskie (Der Domhügel) heißt der älteste, üppig begrünte Teil von Płock, ganz hoch an der Weichselböschung gelegen. Płock war die erste Hauptstadt Masoviens, später – in der Zeit territorialer Zergliederung Polens – eines selbstständigen Herzogtums und schließlich – nachdem Masowien 1495 zurück der polnischen Krone eingegliedert wurde – einer gut bevölkerten Woiwodschaft. Die Piastenburg aus der Zeit des Herzogs Mieszko I. und die Stadt, deren Lokation 1237 stattfand, sind an einer Weichsel-Überquerung gewachsen, wo sich wichtige Straßen kreuzten: von Großpolen und Pommern nach Ruthenien sowie vom Süden nach Preußen.

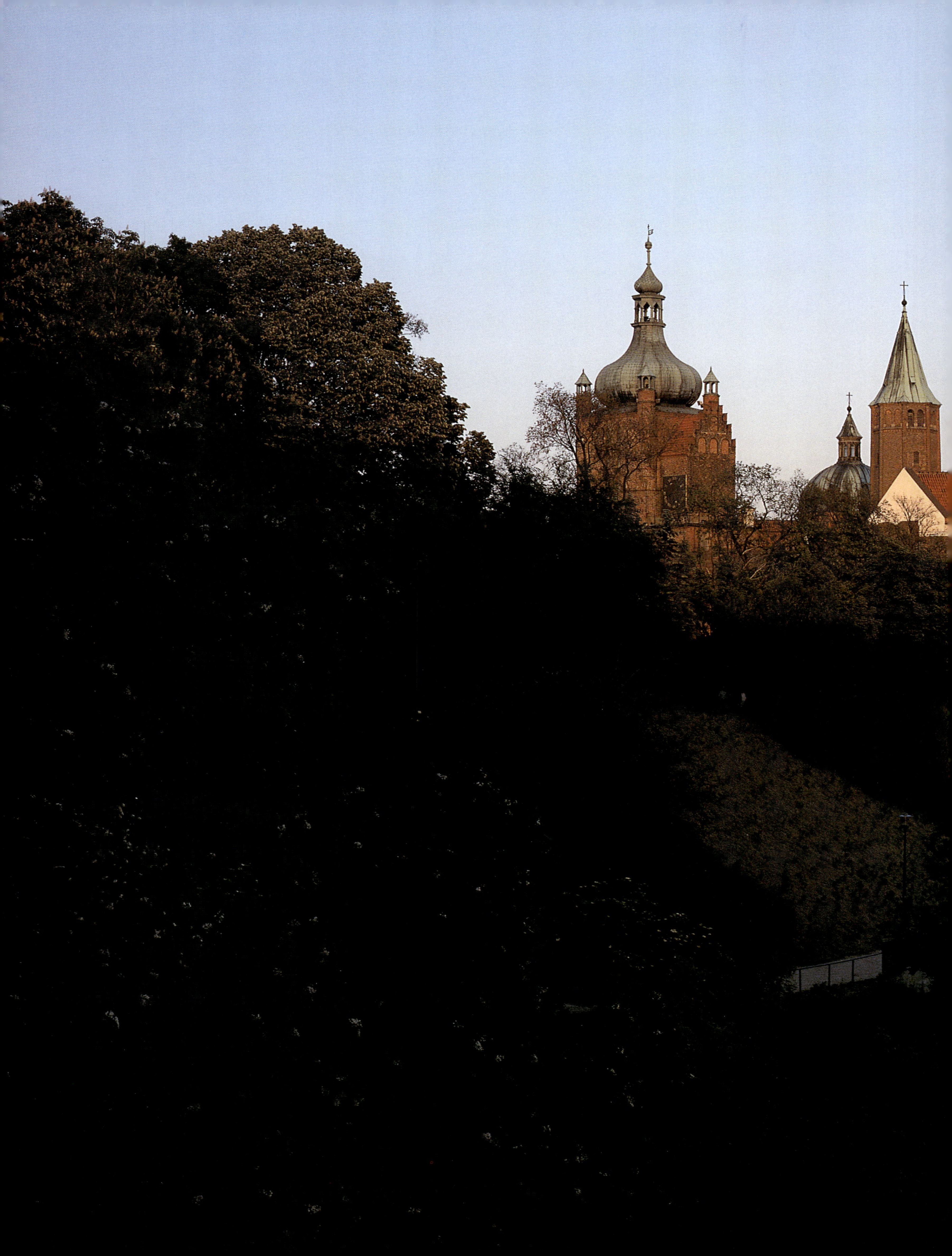

Zeuge der historischen Entwicklung von Płock ist die über den Hügel Wzgórze Tumskie überragende Kirche zur Himmelfahrt der Heiligsten Jungfrau Mariä, der Königin von Masovien. Diese um 1075 erbaute Kirche ist die Domkirche einer der ältesten polnischen Diözesen. In der Krypta der Kathedrale ruhen unter den Gräbern masovischer Piasten zwei „Herren und Erben" der polnischen Gebiete: Władysław Herman (1079–1102) und sein Sohn Bolesław Krzywousty (1085–1138). Płock war zu ihren Zeiten die Hauptstadt Polens.

In der weit entfernten Stadt Nowogród Wielki, in der Westfassade orthodoxer Kathedrale der Weisheit Gottes begeistert die Besucher das aus Bronze gefertigte Tor von Płock, eines der führenden Werke europäischer Gießereikunst des 12. Jh. Es wurde in den Jahren 1129–1156 für die Kathedrale in Płock von Aleksander von Malone, dem Bischof von Płock und Erbauer der romanischen Kathedrale sowie Kunstmäzen, gestiftet und den Magdeburger Meistern in Auftrag gegeben. Ein Jahrhundert später wurde das Rotgußtor von den Aggressoren aus dem Nordosten, den Litauern, aus Płock als Kriegsbeute weggebracht.

Gegen Ende des 16. Jh. begann der Untergang von Płock als der führenden Stadt Masoviens. Die Führung übernahm die neue, an seiner Seite gewachsene Stadt – Warszawa. Zeugen der ruhmreichen Geschichte von Płock, heute eines wichtigen Industriezentrums (Erdölchemie), sind zahlreiche erhaltengebliebene geistliche und weltliche Bauwerke sowie viele Kultur- und Kunstdenkmäler im Diözesanmuseum.

Die Kathedrale von Płock, die auf der Weichsel-Böschung nach 1075 gebaut wurde war, war ursprünglich eine bescheidene Holzkirche, die später im romanischen Stil umgebaut wurde. Die Krönung der Kirchenfassade bilden zwei spätgotische Türme aus dem 15. Jh.

PŁOCK

Die Weichsel entlang

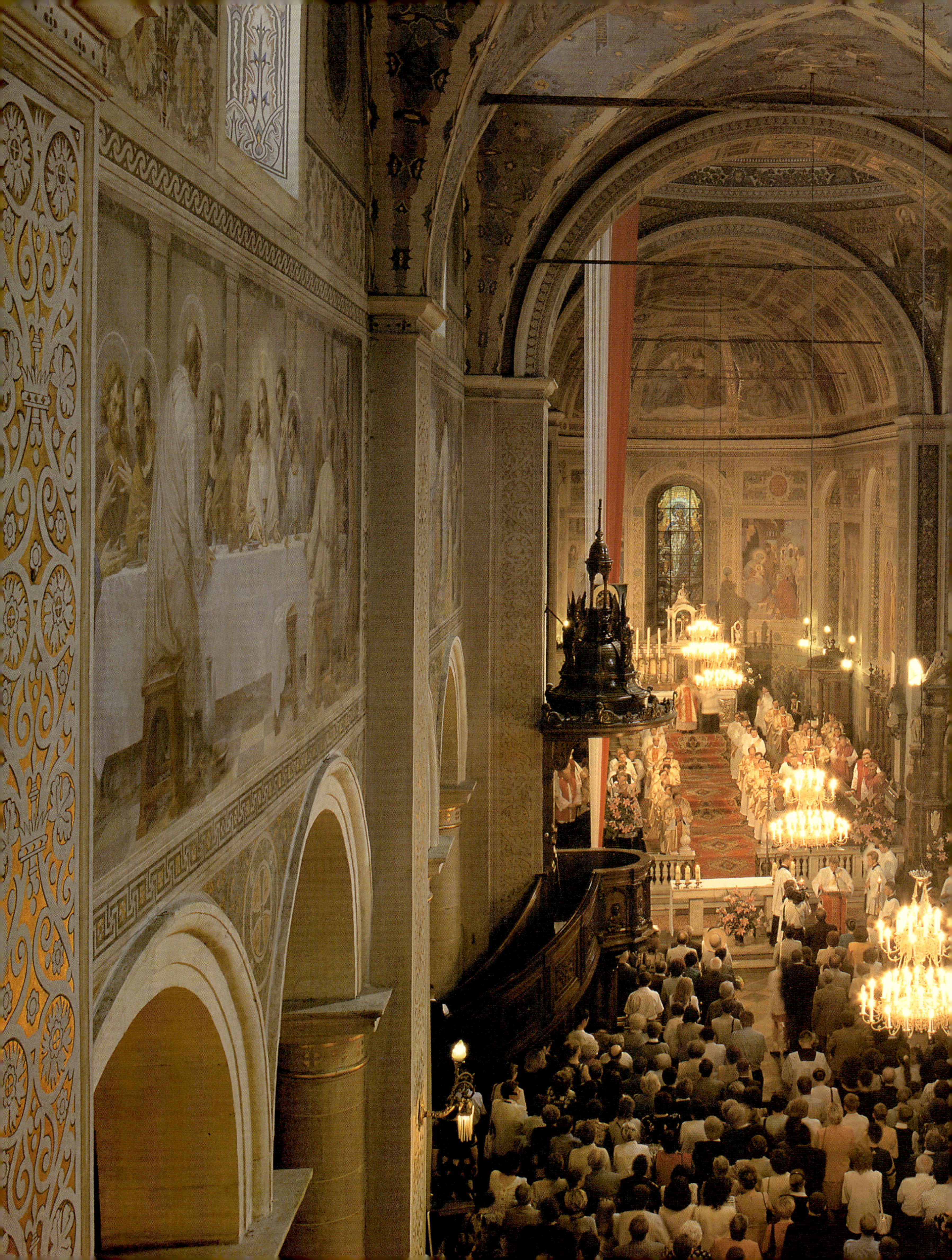

Der Innenraum der Kathedrale, erleuchtet während der Feierlichkeiten der Priesterweihe 1999. Die Wände sind reichlich mit einer neoromanischen Polychromie von Władysław Drapiewski aus den Jahren 1904–1914 verziert.

Toruń grüßt den Ankömmling mit den Türmen seines mittelalterlichen Rathauses und den Backsteinmauern der Wehrburg des Deutschen Ordens.

Die Stadt entstand an der Stelle einer alten Siedlung in der Nähe einer Weichsel-Überquerung, an den Handelswegen aus Ungarn und Ruthenien nach Westeuropa. Seit der 1. Hälfte des 13. Jh. regierte hier der Deutsche Orden. Die Stadt gehörte zum Hansa-Bund und verfügte seit 1403 über das Lagerrecht – sie bildete somit Konkurrenz für die Städte Gdańsk und Kraków. 1454 brach in Thorn ein Aufstand gegen die Ordensbrüder auf und nach der Beendigung des Dreizehnjährigen Krieges wurde die Stadt kraft des Thorner Friedens Polen angeschlossen. Toruń erweckt Begeisterung mit seinem schönen architektonischen Plan aus dem Mittelalter, mit seinen erhaltenen alten Kirchen, Straßen sowie dem Reichtum am Kulturerbe.

THORN

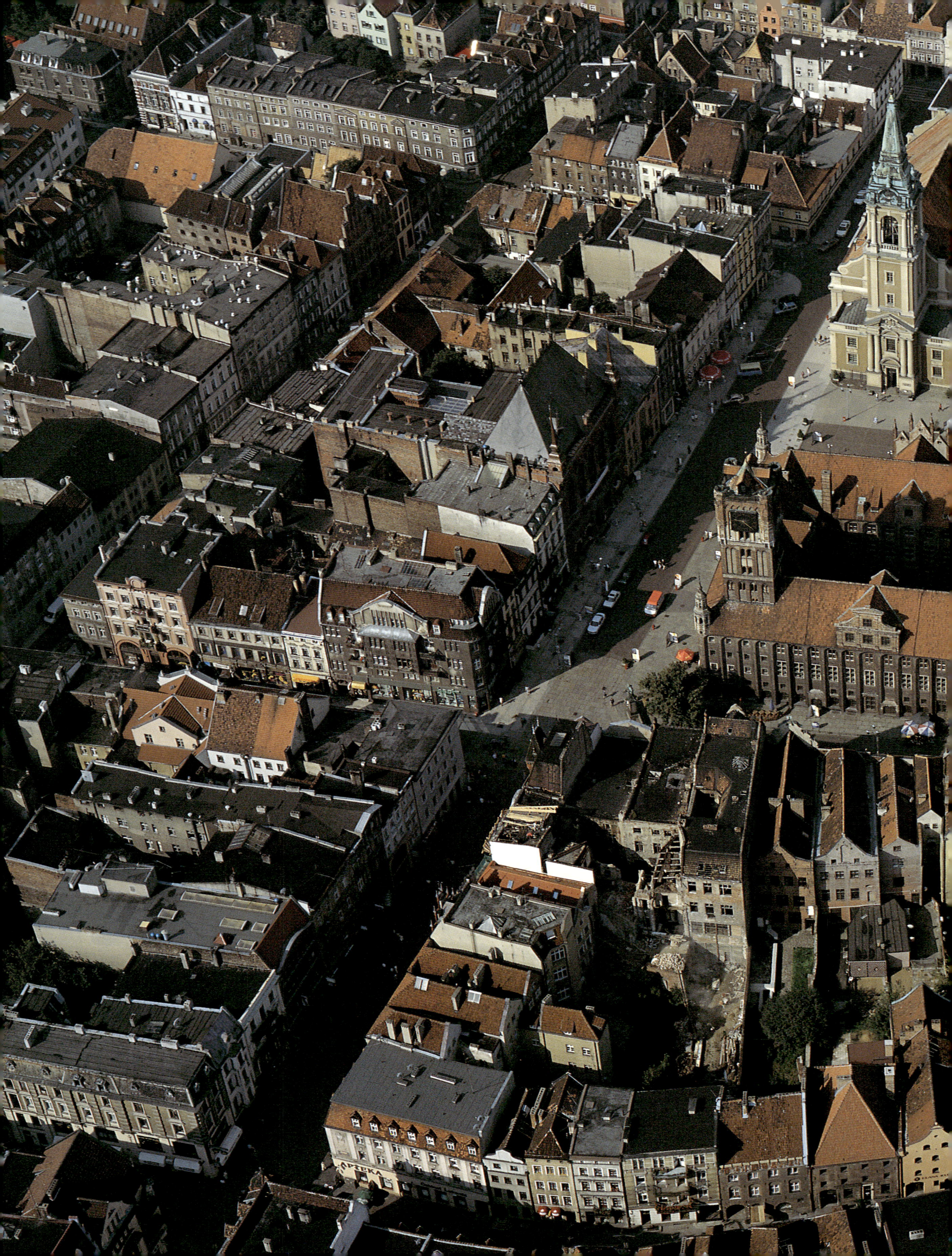

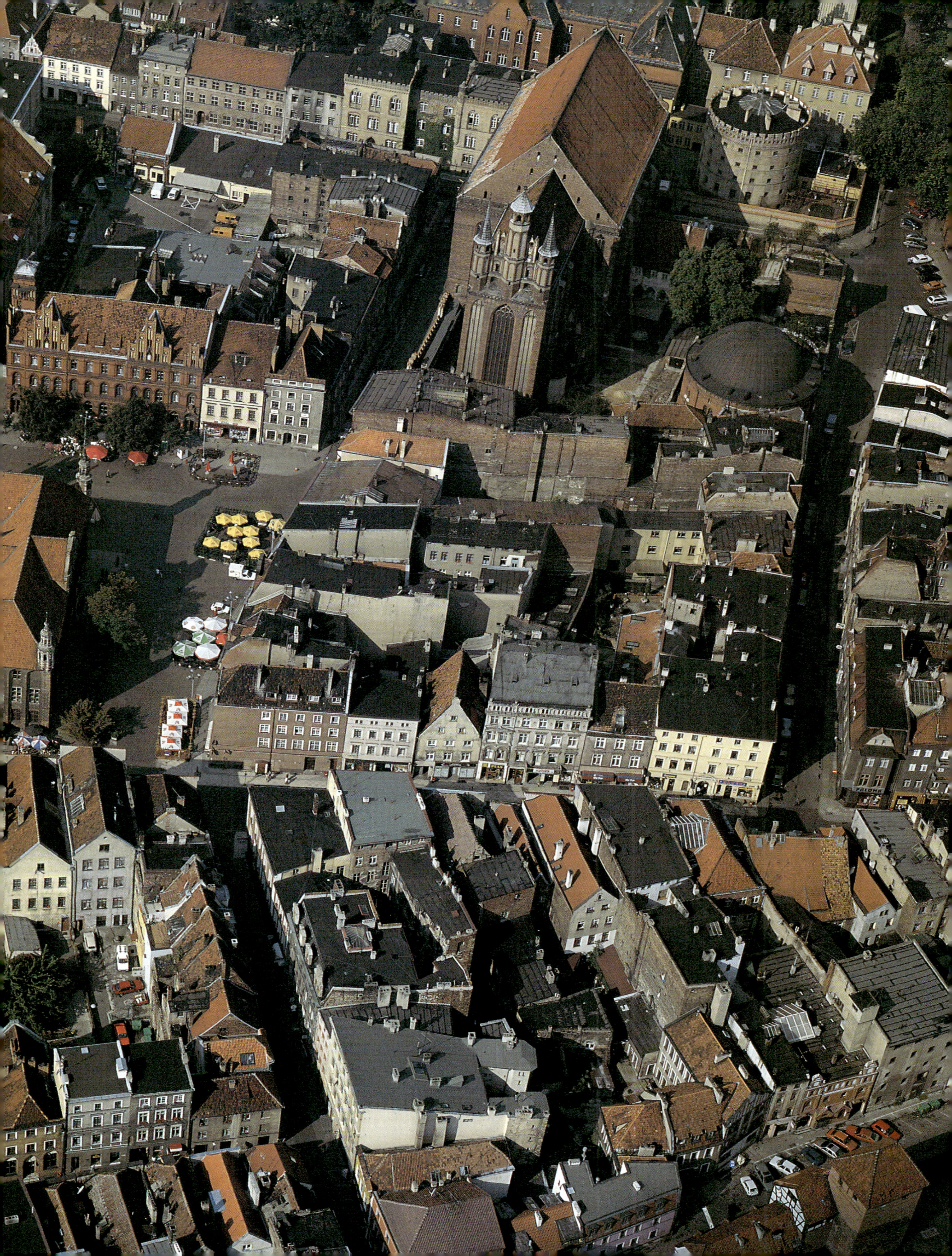

Das Rathaus von Thorn, gotisch, eines der schönsten Rathäuser Polens, nimmt den zentralen Teil des Marktplatzes ein. Es entstand auf dem Plan eines Vierecks aus den verbundenen Tuchhallen und Brotbänken, dem Turm und der städtischen Waage. Im Laufe der folgenden Modernisierungsarbeiten wurden ein Turm, Stockwerke, die Spitze und Ecktürme dazu gebaut. In den Gassen von Toruń kann man den Reiz der mittelalterlichen, spätgotischen Bebauung entdecken, der zahlreichen Bürgerhäuser, Speicher, Mauerreste und Basteien.

THORN

Die Weichsel entlang

Thorn ist die Geburtsstätte von Nikolaus Kopernikus (1473). Sein Denkmal nimmt eine ehrenhafte Stelle am Marktplatz, in der Nähe des Rathauses, ein. Es hat sich das Kopernikus-Haus mit einer malerischen Dekoration seiner Fassade erhalten.

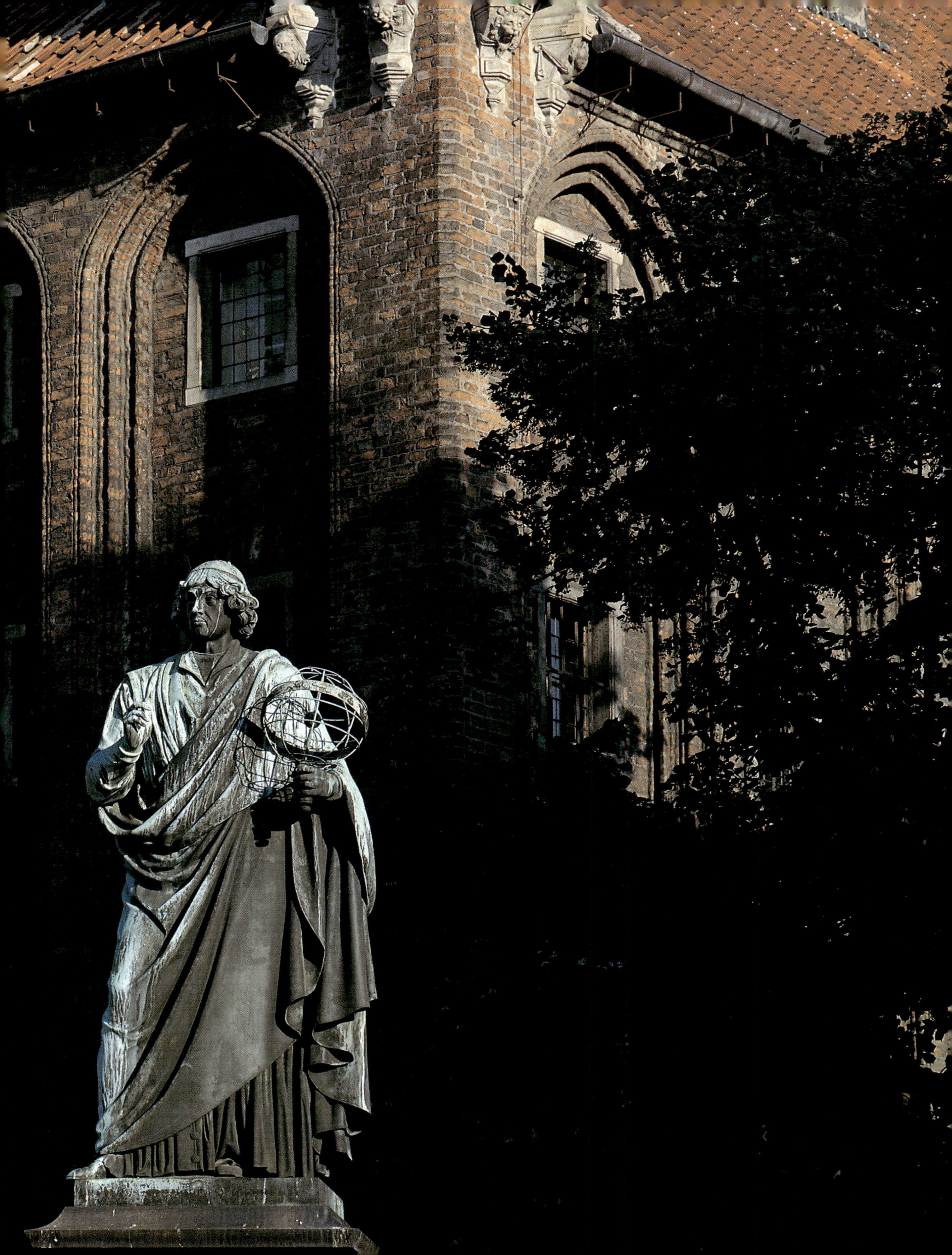

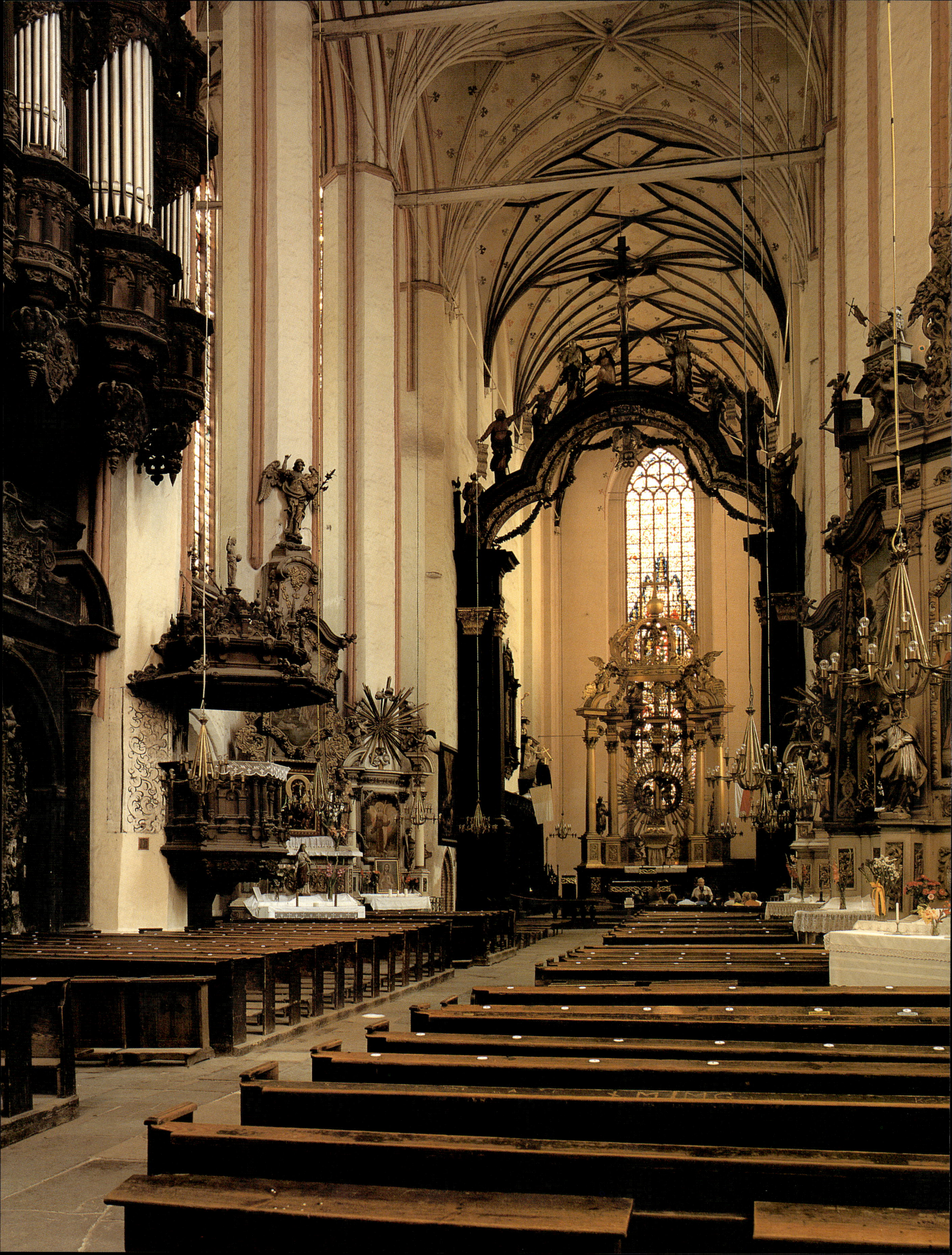

Über die Westecke des Marktplatzes dominieren die Kirche der Himmelfahrt der Heiligsten Jungfrau Maria und das frühere Franziskanerkloster. Der Innenraum ist mit spätgotischen Polychromien aus dem Ende des 14.Jh. prunkvoll geschmückt. Es haben sich dort auch das Gestühl aus dem 15. Jh. und ein spätgotisches Kruzifix erhalen.

Über einem steilen Abhang des Weichselufers erhebt sich der Dwór Mieszczański, der sog. Bürgerhof der im Jahre 1489 als Sitz der Bruderschaft St. Georg erbaut wurde. Über dem Bürgerhof ragt ein Wachturm aus dem 13. Jh., das älteste Bauwerk der Stadt, empor.

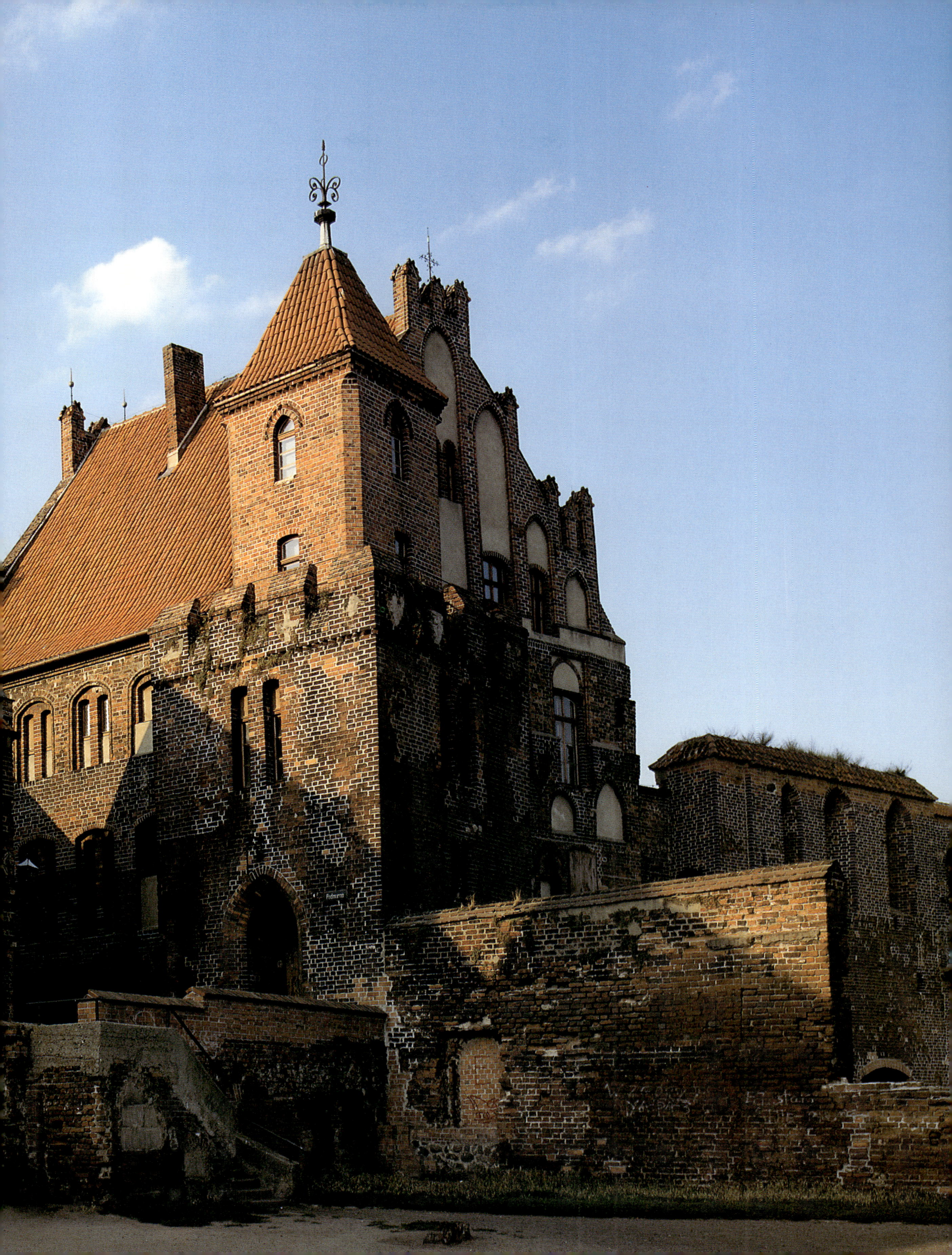

Im mittelalterlichen Thorn gehörte die Dombasilika zum Hl. Johannes dem Täufer und Hl. Johannes Evangelist zu den prachtvollsten Gotteshäusern der Stadt. Mit dem

Bau dieser Kirche hat man nach dem Jahre 1270 angefangen, die folgenden Ergänzungen und Ausbauten fanden im 14. und 15. Jh. statt. Heute ist es eine dreischiffige Basilika mit einer Reihe von Seitenkapellen. Über die engen Gassen ragt der monumentale, 52 Meter hohe Turm, mit einem vergoldeten Zifferblatt heraus. Die Kirche ist von üppigen Bäumen umgeben. Ein Turm, dessen Aussenwände 4 Meter dick sind, beherbergt in seinem Innern die berühmte mittelalterliche Glocke „Tuba Dei", die im Jahre 1500 gegossen wurde. Der Innenraum wird durch farbige Lichtstrahlen die durch die Glasfenster über dem Hochaltar fallen, erleuchtet. Der Altar ist ein spätgotisches Triptychon, das dem Hl. Wolfgang gewidmet und datiert um das Jahr 1502 datiert ist.

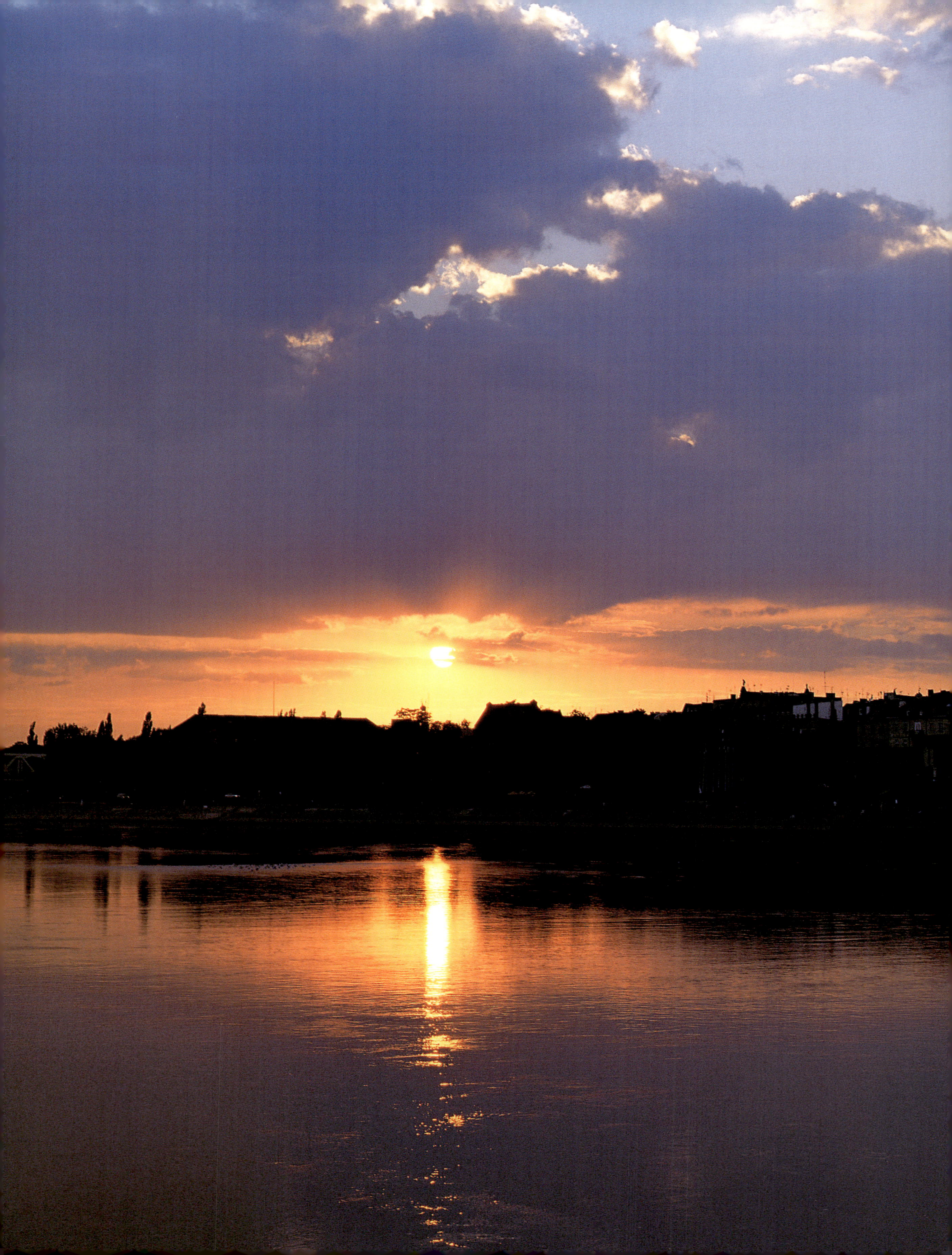

Das Panorama von Thorn beim Sonnenuntergang, von der Weichsel aus gesehen. Der letzte Blick auf die Stadt vor der nächsten Station auf unserer Wanderung durch das Weichseltal – dem Schloß des Deutschen Ordens – Malbork.

THORN

Die Weichsel entlang

Marienburg (Malbork); das berühmte Schloß des Deutschen Ordens, das am Ufer des Nogat gelegen ist, zählt zu den imposantesten Wehr-Bauwerken des mittelalterlichen Europa. Es wurde zum wichtigsten Sitz des Deutschen Ordens auf seinem Weg zur Gründung eines selbstständigen Ordensstaates.

Mit dem Bau des Schlosses wurde um 1278 begonnen – sie war als der neue Sitz des Komturs konzipiert – zu dieser Zeit verließ der Orden eine nicht weit weg gelegene Ortschaft Zantyr.

Das riesige Bauwerk wurde auf einer Halbinsel errichtet, umgeben vom überschwemmten Marschland (Żuławy) und dem Nogat; unter den hohen Mauern verlief ein breiter Graben, der Zugang zu den Toren war nur durch die Klappbrücken möglich.

In der Architektur des Schlosses zeichnet sich die obere Burg mit der Kirche zur Heiligsten Jungfrau Maria und einem mit Kreuzgängen umgebenen Innenhof sowie die mittlere Burg mit dem Palast Großer Ordensmeister und einem prächtigen Refektorium aus.

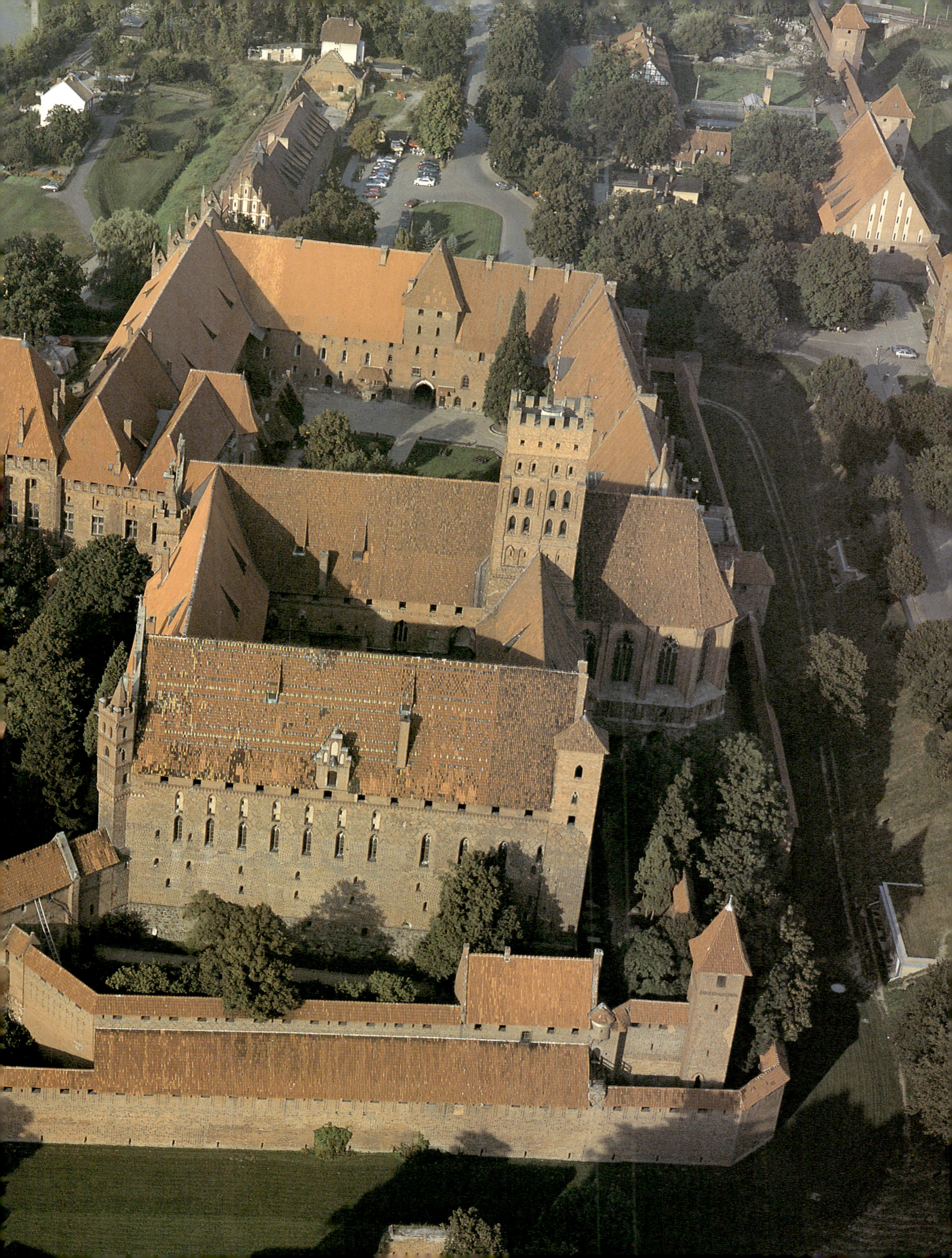

Der Innenhof der oberen Burg ist mit zweigeschössigen Kreuzgängen geschmückt. In der Mitte des Hofes steht ein überdachter Brunnen, und seine Architektur knüpft an die Bebauung eines klassischen Virindariums an. An Herrman von Salza, den Großen Ordensmeister und Initiator der Expansion des Ordens nach dem Osten, erinnert seine in Gedanken versunkene Gestalt, die die Mauern der Marienburg schützt. Die Traditionen mittelalterlichen Rittertums werden heute in Polen durch zahlreiche Rittervereine fortgesetzt. Sie messen sich miteinander unter Verwendung traditioneller Waffen in Ritterturnieren, die auf den Burgen in Malbork, Gniew und vielen anderen Orten stattfinden.

MARIENBURG

Die Weichsel entlang

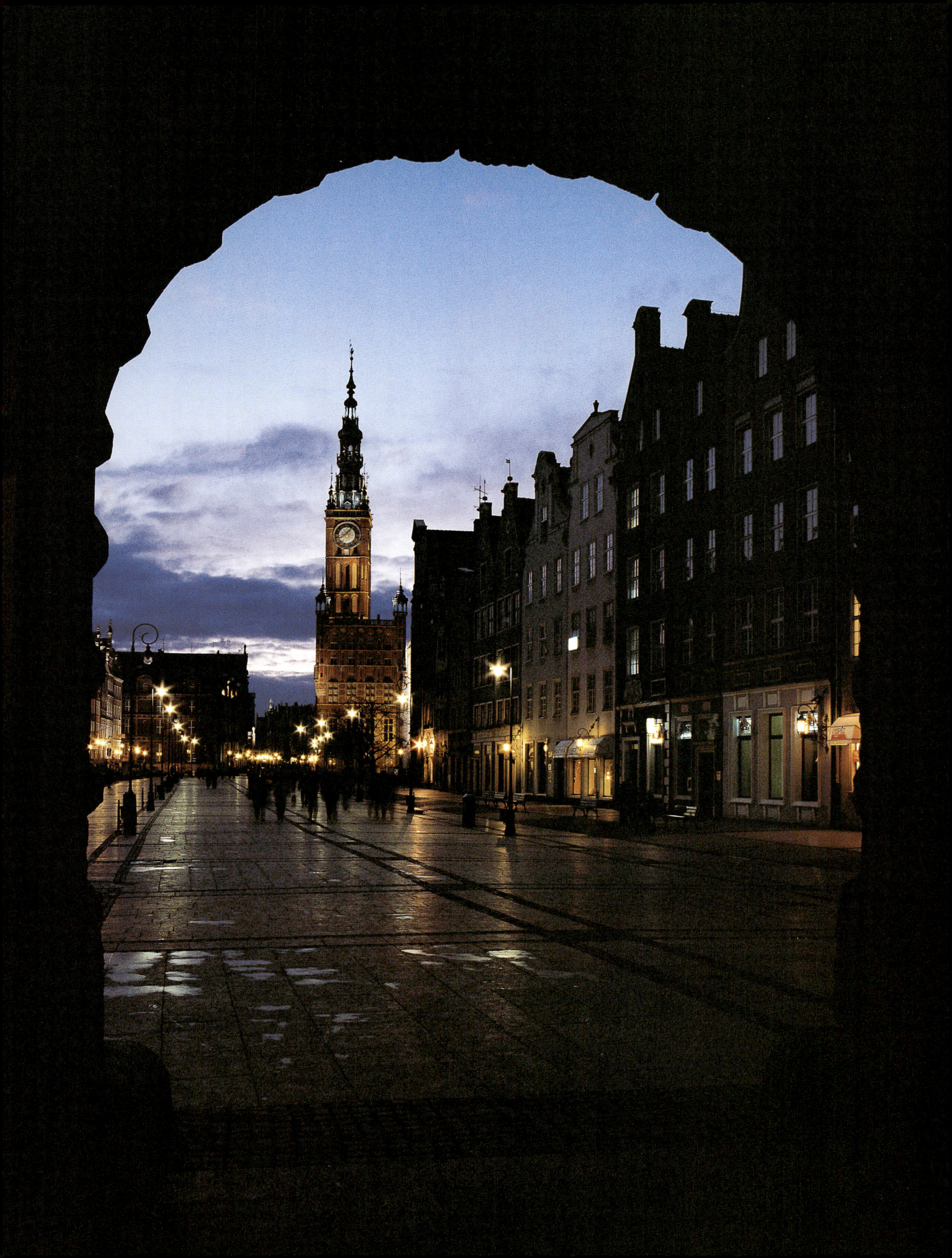

Danzig, eine andere Stadt

Paweł Huelle

Wer waren die Danziger? Waren sie zunächst Kaschuben? Oder waren sie dann Polen, und später noch Deutsche, die hierher kamen und aus dem Deutschen dank ihrer zivilisatorischen Überlegenheit, kaufmännischen Beziehungen und ungewöhnlicher Vorsorglichkeit de facto die in Danzig bereits im Mittelalter vorherrschende Sprache machten? Man könnte auch ohne Übertreibung die Holländer, Schotten, Engländer oder Franzosen nennen – diese Ankömmlinge schlossen sich jedoch schnell der Danziger Elite, die eindeutig deutschsprachig war, an.

Man sollte vielleicht nur darauf hinweisen, dass sie alle hier zusammen, einmal mit-, ein anderes Mal nebeneinander, lebten. Und die im Laufe der Jahrhunderte immer wieder hinter die Stadttore verjagten Maroniten oder Juden? Hat ihre – in erster Linie religiöse – Identifizierung der Stadt ein besonderes Danziger Gepräge verliehen?

Ähnliche Fragen werden gestellt, wenn man die Vergangenheit solcher Städte wie Wilno oder Lwów betrachtet. Ursprünglich war keine von ihnen polnisch – in dem Sinne wie Gnesen oder Krakau. Die polnische Kultur und Sprache gewannen dort allmählich an Überlegenheit, wobei jedoch die litauischen bzw. ruthenischen Elemente niemals ganz verdrängt wurden. Erst in der Zeit der erwachenden Nationalismen und des Strebens nach der Gründung von Nationalstaaten stand die Sache auf des Messers Schneide. Die Polen gaben sich mit dem jagiellonischen Status quo zufrieden: sie hatten das Recht, in Wilno oder Lwów zu Hause zu sein und wären empört gewesen, wenn sie jemand hätte zwingen wollen, in diesen Städten ruthenisch oder litauisch zu sprechen. Eine ähnliche Situation gab es in Danzig: seit der Herrschaft von Subisław (es war der erste, urkundlich erwähnte Fürst von Pommern und Danzig) ist die polnische Sprache bis zum Jahr 1916 niemals aus den Danziger Straßen verschwunden.

Als jedoch der Fall Danzig in Versailles gesetzt wurde, durfte nicht übersehen werden, dass sich die entschiedene Mehrheit seiner Bewohner (75–80%) mit dem deutschen Sprachgebiet identifizierte. Ähnlich wie die Litauer in Vilnius und die Ukrainer in Lemberg, waren auch Polen in Danzig in der Minderheit. Man sollte auch offen gestehen, dass sie – außer wenigen Ausnahmen – nicht den höheren Schichten dieser Stadt angehörten. Diese Tatsache war offensichtlich unter anderem durch die Teilungen Polens und die preußische Politik der Germanisierung bedingt; man sollte jedoch unterstreichen, dass zur Zeit des Fürsten Mastwin, somit Ende des 13. Jh., kurz vor der Besetzung der Stadt durch den deutschen Orden, die Sprache der Eigentümer von Lagern, Läden, Sägemühlen, Schiffen, Wassermühlen, Werften, Seilereien, Brauereien, Fleischereien und Bäckereien Deutsch war.

(...) Die Nationalität ist im 19. Jh. zu einer Art genetischen Fatalismus geworden. Bloß ein Danziger zu sein reichte nicht mehr aus. Zuerst mußte man als Deutscher oder Pole identifiziert werden, erst in der nächsten Folge war man Bürger der Freien Stadt Danzig. Die noch im 18. Jh. mögliche über die Nationalität hinausgehende Angehörigkeit einer Stadt, die als Heimat betrachtet wird, erwies sich nur als eine dunkle Erinnerung aus der Vergangenheit...

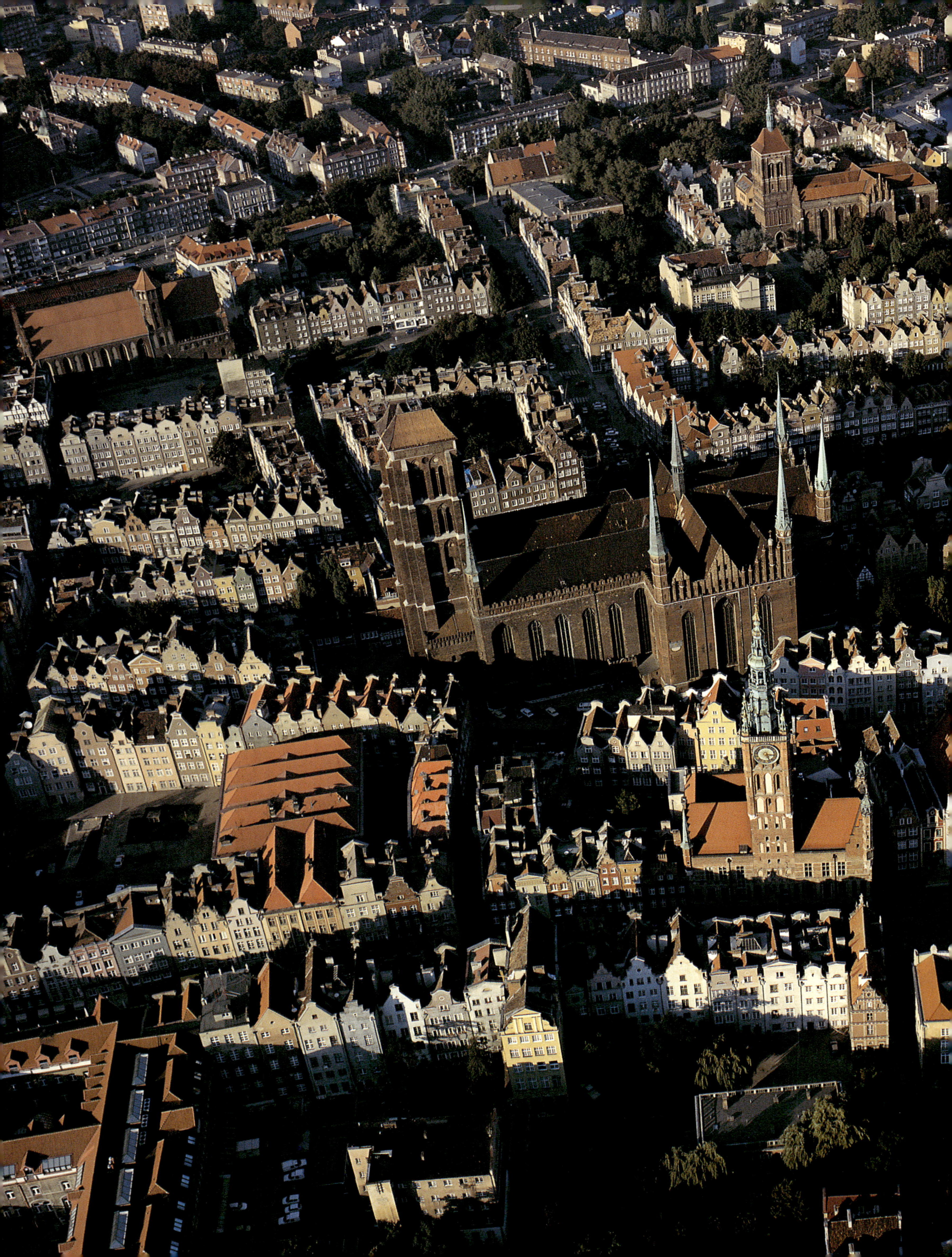

Kennzeichnend ist in diesem Zusammenhang die Tatsache, dass Danzig als eine Hafenstadt keinen Fischmarkt hat. Es gibt zwar einen so bezeichneten Platz, der dem Fluß Motława anliegt, aber er hat jetzt außer dem historischen Namen nichts Gemeinsames mit Fischen. Ihren Geruch findet man an dieser Stelle seit dem Krieg nicht mehr, Kutter, Fischerboote und Marktbuden sind aus der Danziger Landschaft für immer verschwunden. Diejenigen, die mit der Nachkriegsgeschichte der Reeder und Fischer vertraut sind, könnten darüber nur melancholisch lächeln.

Die Behauptung, dass gerade ein Fischmarkt für die Identität der Stadt maßgebend ist, ist vielleicht nicht begründet. Wenn man jedoch Helsinki, Amsterdam oder zahlreiche andere Hafenstädte in Erinnerung ruft, wo gerade der Einzelhandel in der Nähe des Hafens mit Seefrüchten als Brauch, Tradition und Attraktion für Touristen wahrgenommen wird, merkt man erst, wie ein folgendes Element des einst üppigen Stadtlebens unwiederbringlich verloren gegangen ist. Die Summe von scheinbar unwichtigen Dingen, nicht bedeutenden Details und kleinen Einzelheiten läßt jedoch ein vollständiges Bild entstehen: zwar ist ein großer Teil des ehemaligen Gdańsk, die Mauern der Bürgerhäuser und Kirchen, wieder aufgebaut worden, zwar sind die Häfen, Werften und Eisenbahnknotenpunkte wieder in Betrieb genommen, zwar hat sich die Stadt innerhalb der darauffolgenden Jahre dynamisch entwickelt, aber ihre geistige und materielle Gestalt, die wir immer noch in Erinnerung haben, ist vollkommen umgestaltet worden...

Paweł Huelle

DANZIG

Die Weichsel entlang

Über den Dächern von Danzig, gekrönt mit kleinen Nadeltürmen, ragt der mächtige Glockenturm der Marienkirche heraus.
Die Marienbasilika ist die größte gotische Kirche Polens und das größte gotische Goteshaus aus Backstein in Europa – sie kann 25 Tausend Menschen fassen.
Die dreischiffige Basilika aus dem Jahre 1343 ist von 1372 bis 1502 in eine riesige, geräumige Halle mit hohen, Licht spendenden Fenstern umgebaut worden. Den Hauptaltar schmückt das Werk des Meisters Michael von Augsburg „Die Krönung Mariä" aus dem Jahre 1517 und der Regenbogen-Balken über dem Chorraum wird mit der Skulpturengruppe „Die Kreuzigung" aus dem Jahre 1517 geschlossen.
Die Marienkirche war von 1507 bis zum Ende des 2. Weltkrieges im Besitz der Protestanten, 1992 wurde sie zur Konkathedrale der Danziger Metropole.

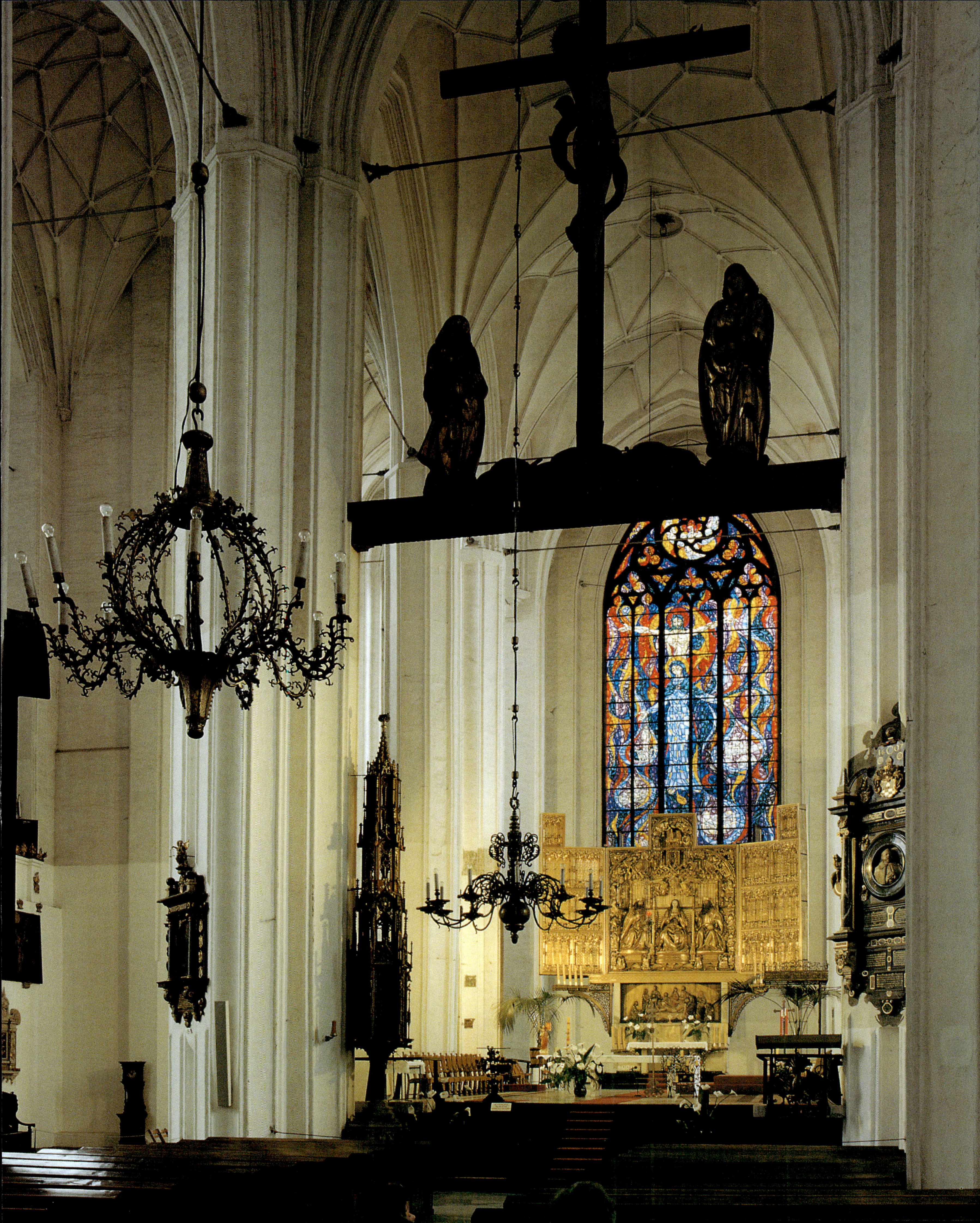

LUDWIG WEISSCHN
VORSTEHER DES
LINDEN ETK 3 BEN
ANNO 1955

CHRISTUS IST MEIN LEBEN
PHILIPPER 1 V. 21

FAITCH KOMME BALD
AMEN
IA KOM HERR IESU
APOCAL XXII V 20

Der Fußboden der Marienkirche ist reichlich mit den Epitaphientafeln der Danziger Bürger geschmückt. Das Gewölbe im Hauptschiff und in den Seitenschiffen, das Stern- und Kristallgewölbe, wird auf 27 schlanke Säulen gestützt. Dem Haupteingang gegenüber befindet sich das Baptisterium mit einem barocken Taufbecken aus dem Jahre 1682.

Die zentrale Stelle vom alten Danzig, den Langen Markt, schließt vom Osten das Grüne Tor – ein prächtiger Palast aus dem Jahre 1568. Er wurde von Jan Kremer gebaut, der auf diese Weise dem Willen des Stadtrates nachgegangen war – es war der Ausdruck der Dankbarkeit der Danziger Bürger für den König Kazimierz Jagiellończyk, der die Stadt von der Vorherrschaft des Deutschen Ordens befreit hatte.

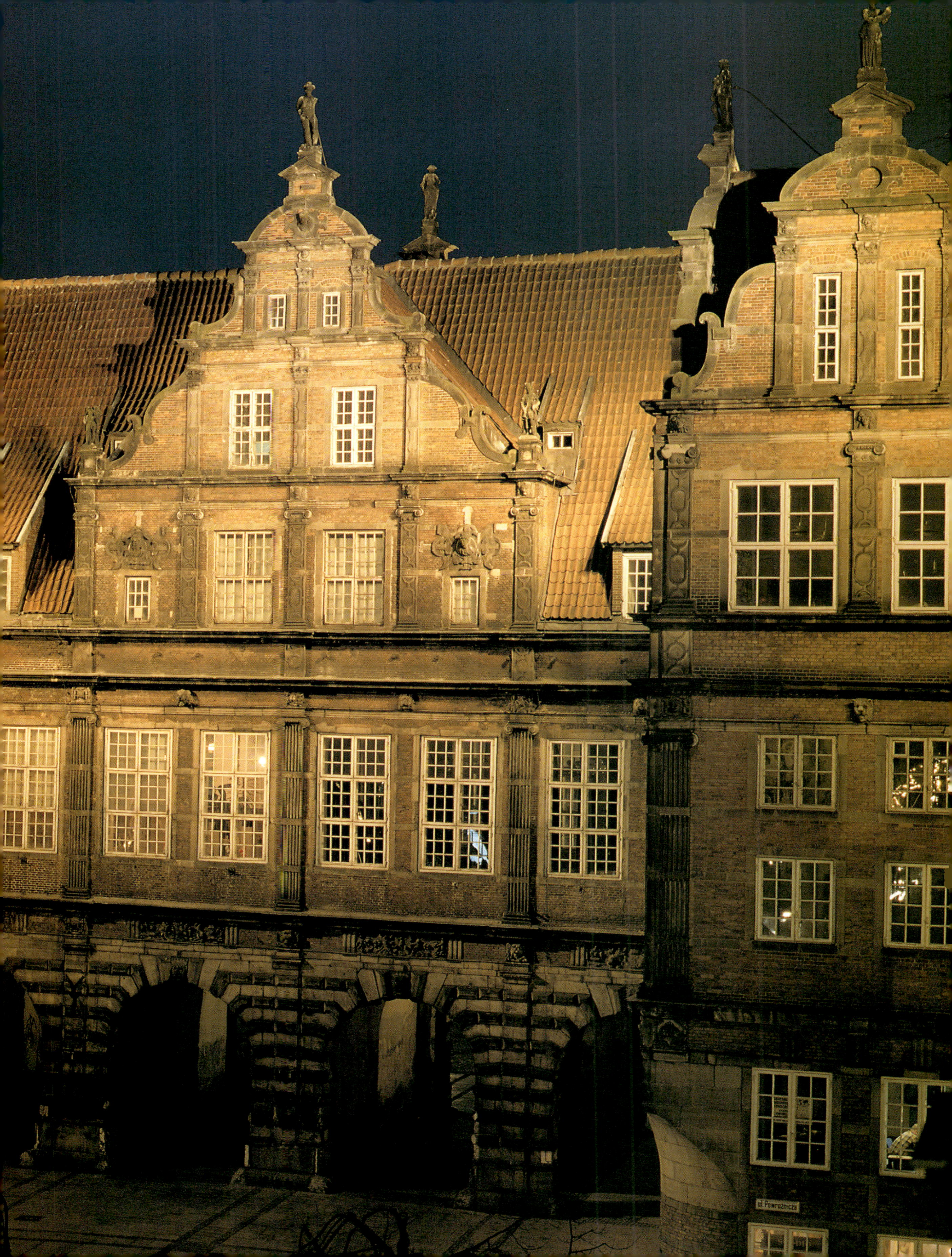

In der Danzig anliegenden Stadt Oliwa gibt es eine Kirche, die einst die Klosterkirche der Zisterzienser war: die Hauptkathedrale zur Heiligen Dreifaltigkeit. Der wertvollste Gegenstand im Innenraum ist die berühmte Barockorgel, das Werk des Orgelbaumeisters Jan Wulf aus Orneta. Das Instrument wurde in den Jahren 1763–1788 gebaut. 1934 wurde die Orgel umgebaut und verfügt jetzt über fast 8 Tausend Pfeifen. Der Hochaltar in der St. Johannes-Kirche ist das einzige historische Denkmal dieser Art in Europa. Der Meister Abraham van den Block arbeitete an seinem hervorragenden Werk 13 Jahre lang (1599–1612).

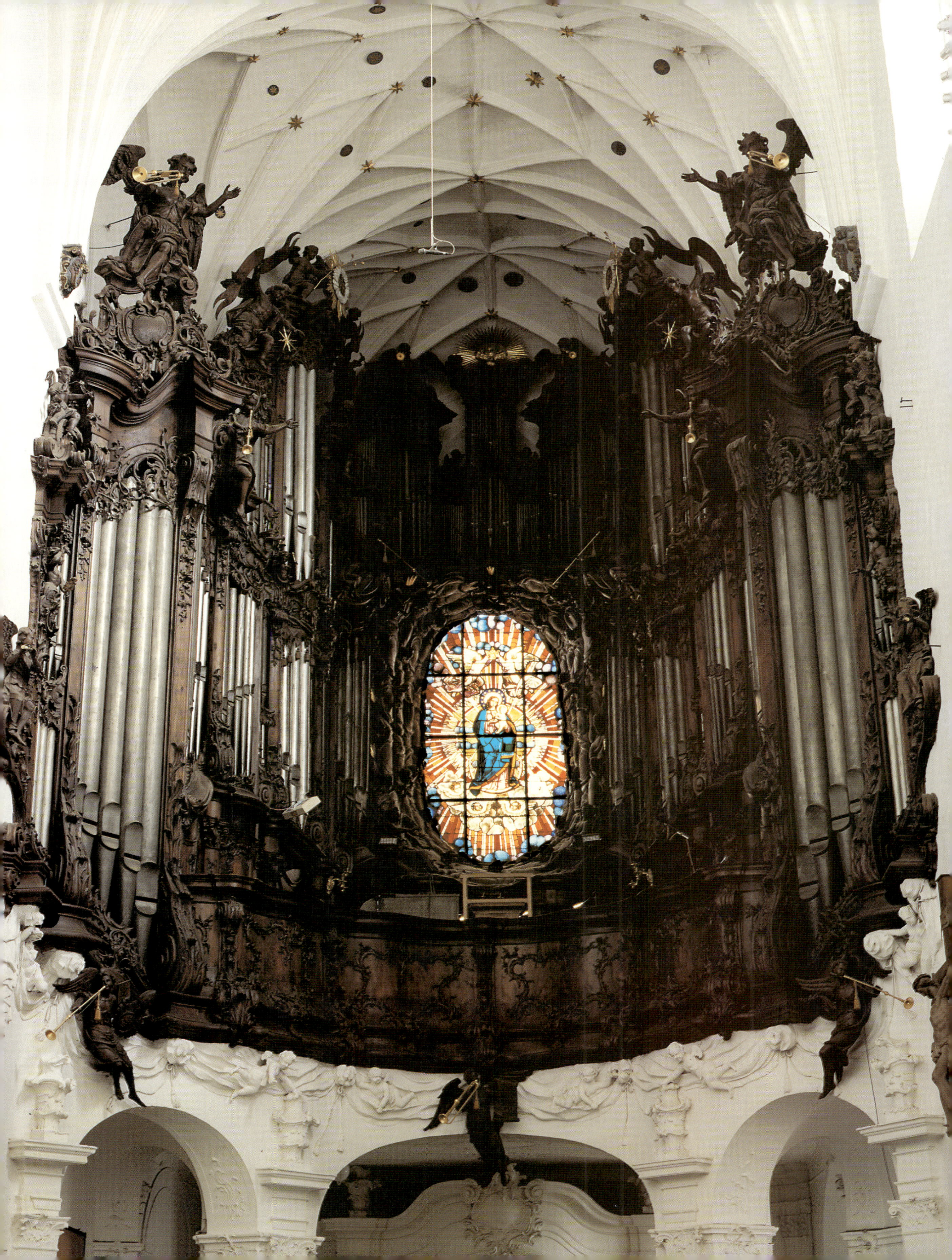

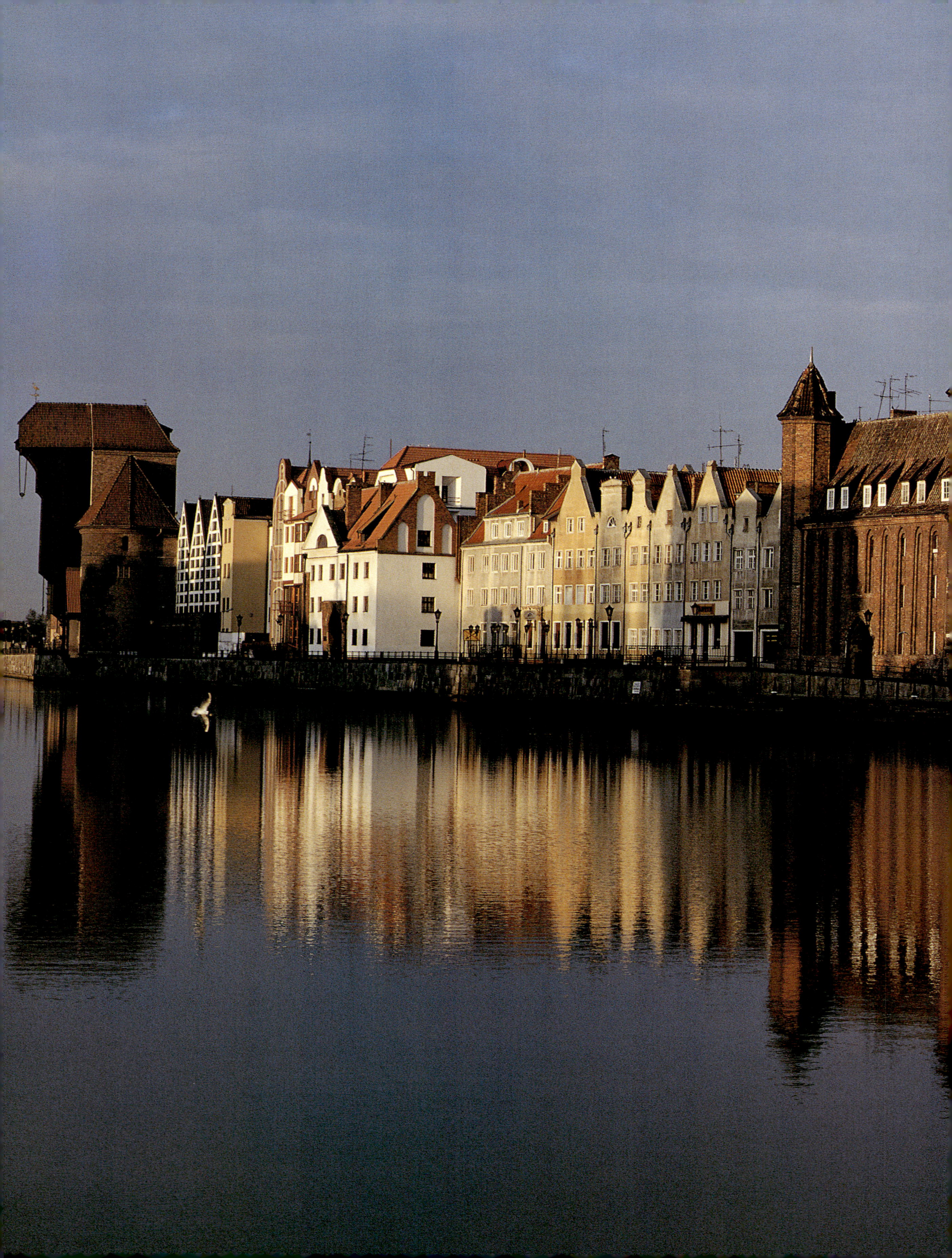

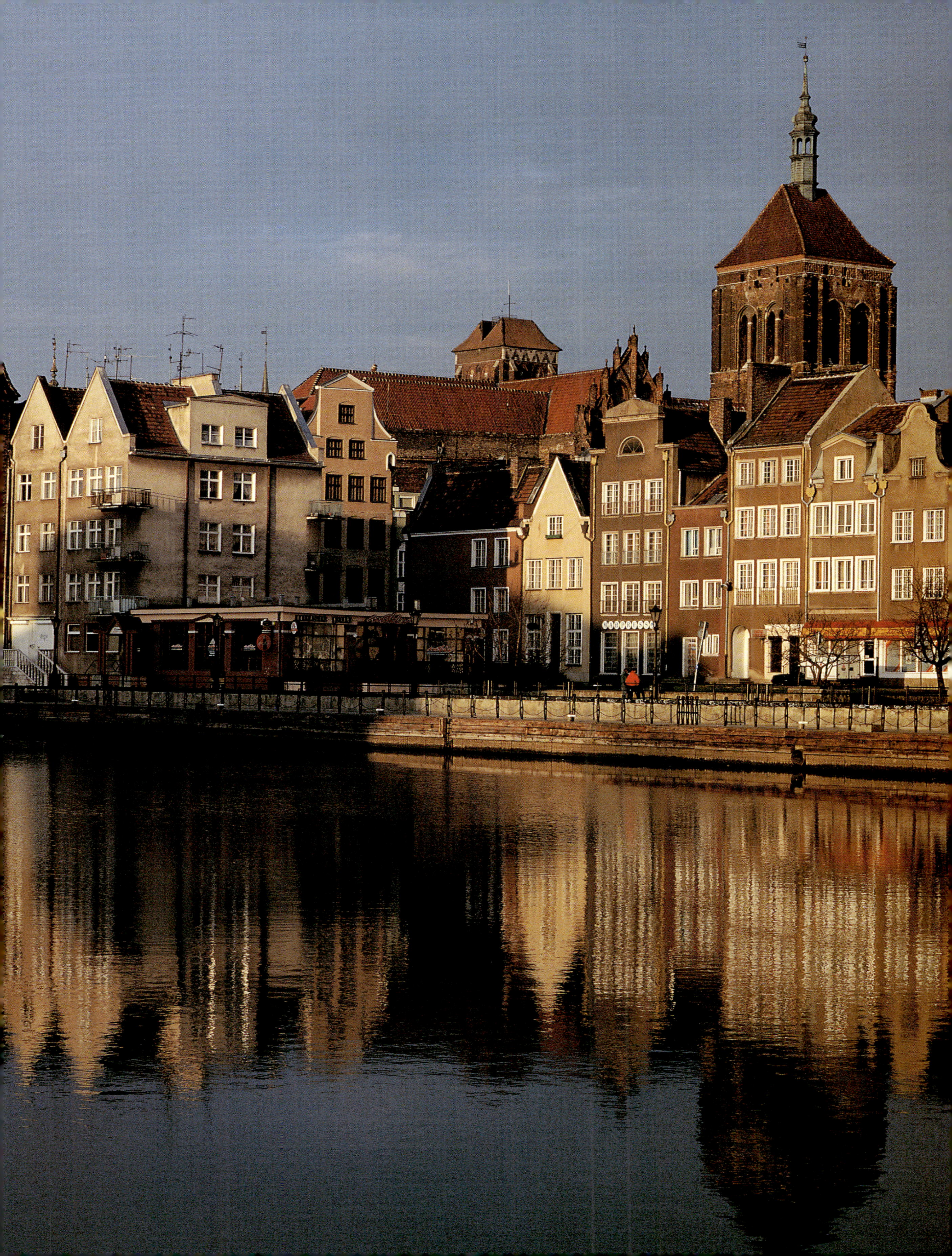

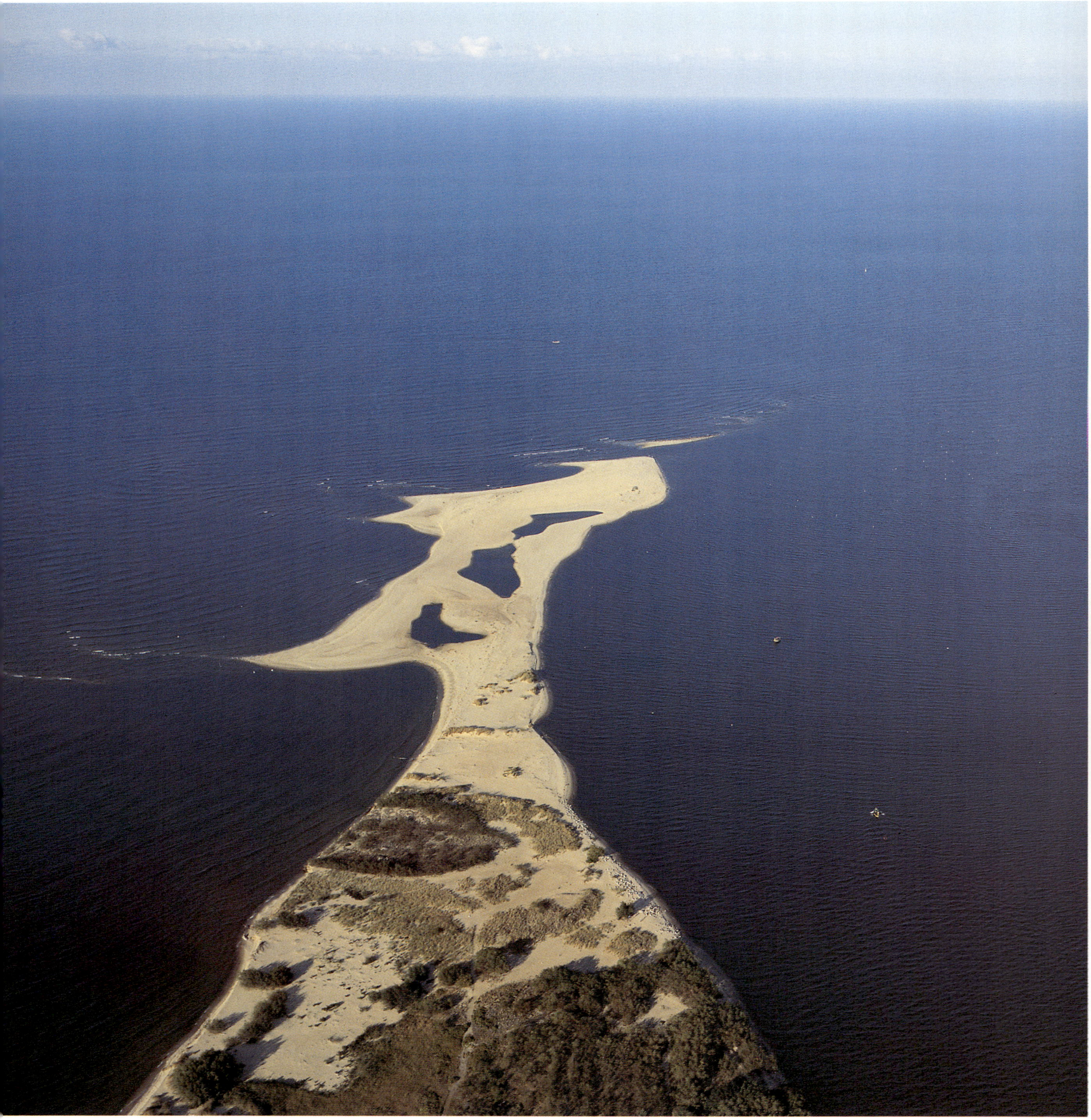

Die Weichsel beendet ihren Lauf in der Danziger Bucht und bildet eine malerische, aus aufgeschüttetem Sand entstandene Landzunge. Wisłoujście, eine kleine Fischersiedlung am Stadtrand von Danzig, war ein strategischer Punkt für die Verteidigung des Zugangs zum Flußbett seitens der Ostsee. Um den Leuchtturm herum wurde eine von Befestigungsanlagen umgebene und außen mit einer Bastion, dem „Fort carré", verbaute gotische Festung errichtet.

WISŁOUJŚCIE

Die Weichsel entlang

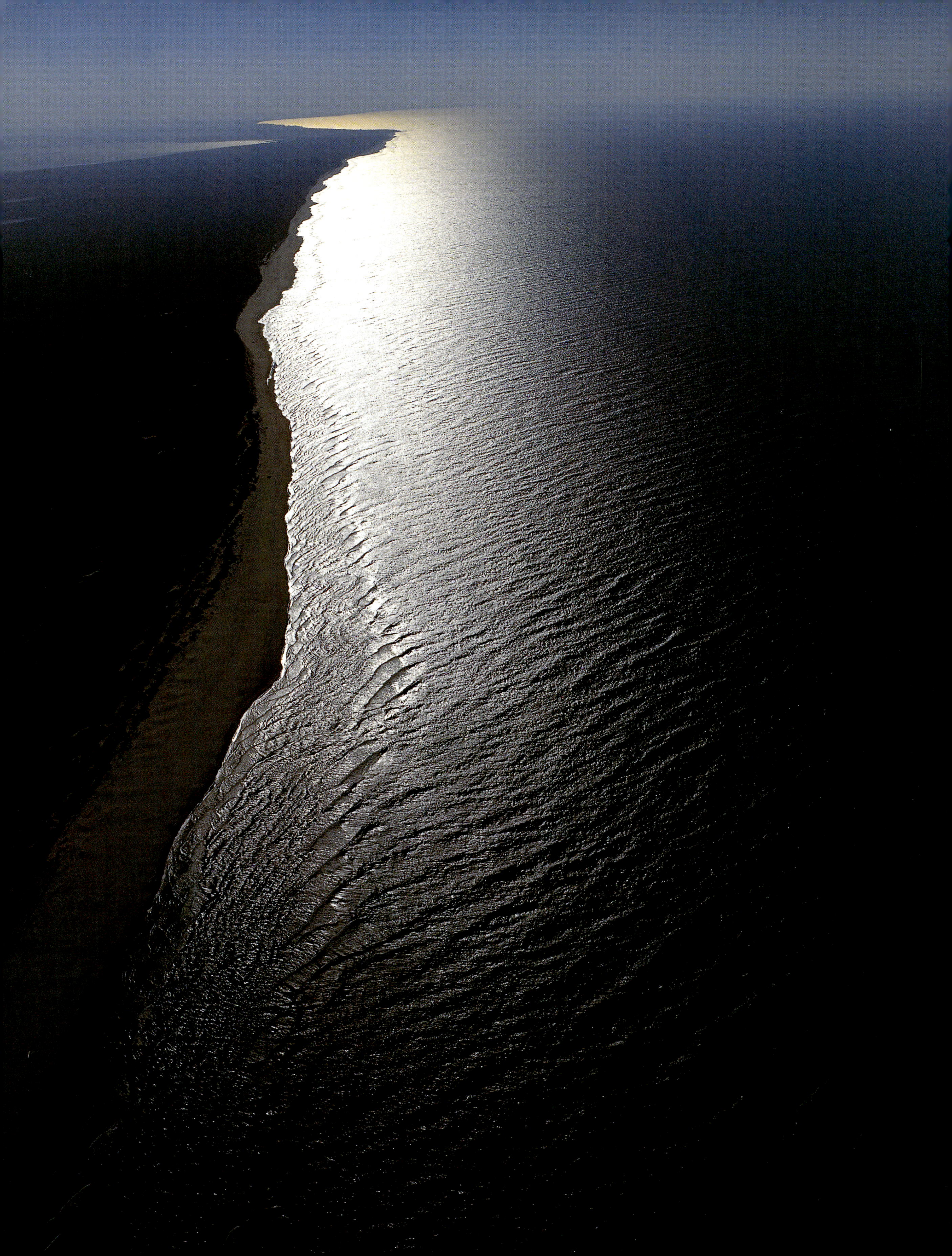

An der Ostsee

Krzysztof Burek

Die Ostsee – Dominim Maris Baltici, eine Region der Rivalität, der Expansion, aber auch eine Region der Zusammenarbeit vieler Länder und Völker: Dänemark, Preußen, Deutschland, Rußland, Polen, Schweden...

Ans Ostseeufer machten sich die römischen Kaufleute auf, um den goldenen Bernstein, das Gold des Nordens, zu suchen. Der von König Bolesław Chrobry gesandte heilige Adalbert verband das südliche Ufer der Ostsee „durch Wasser und Geist" mit der europäischen Glaubens- und Kulturgemeinschaft. In den auf die Wende des 10. Jh. datierten Überresten des ältesten Gdańsk hatten die Archeologen ein Holzkreuz entdeckt, das das St. Adalbert-Kreuz genannt wird und sicherlich mit dieser Mission, die mit dem Tod des polnischen Patrons endete, im Zusammenhang stand.

„Unseren Vorfahren reichte salziger und stinkender Fisch, wir wandern durch die Welt, der Ozean zischt" – aus der Tiefe der Jahrhunderte erklingt das von Gallus Anonimus geschriebene Kampflied der Krieger von Bolesław Krzywousty, dem Eroberer von Pommern. Irgendwo ruht am Meeresboden jener goldene Ring, den General Józef Haller im Winter 1920 als Zeichen der Vermählung Polens mit dem Meer in die Danziger Bucht geworfen hat. Zwei Jahre später hat das polnische Parlament in einer vertagten Sitzung den Bau des Hafens in Gdynia entschieden – das polnische Fenster zur Welt.

Die im Morgengrauen des 1. September 1939 gefallenen Schüsse auf Westerplatte initiierten den 2. Weltkrieg. Aus der Kriegszerstörung erhob sich Danzig, dessen faszinierende und attraktive Identität aus unterschiedlichen Gegebenheiten und Traditionen entstanden ist.

Im Sommer 1980 wurde Pommern zum Mittelpunkt historischer Ereignisse. In den bestreikten Werften der Küste wurde die „Solidarność" geboren, die „das Tor zur Freiheit in den vom totalitären System beherrschten Ländern öffneten, die Berliner Mauer zu Sturz brachte und zur Einigung Europas beitrug, das seit dem 2. Weltkrieg in zwei Lager zerschlagen war" – dies sind die Worte von Johannes Paul II, die er am 5. Juni 1999 an der Meeresküste in Sopot ausgesprochen hat.

Das Ostseeufer verbirgt viele Zeugnisse der Anfänge des polnischen Staates. Im Jahre 1954 haben Archeologen während ihrer Arbeiten in Danzig unter verschiedenem Fischereizubehör ein kleines Holzkreuz entdeckt. Man stellte fest, daß dies ein rituelles Geschenk vom hl. Adalbert an die getauften Danziger war. Das Kreuz befindet sich derzeit in den Sammlungen des Archeologischen Museums in Danzig.

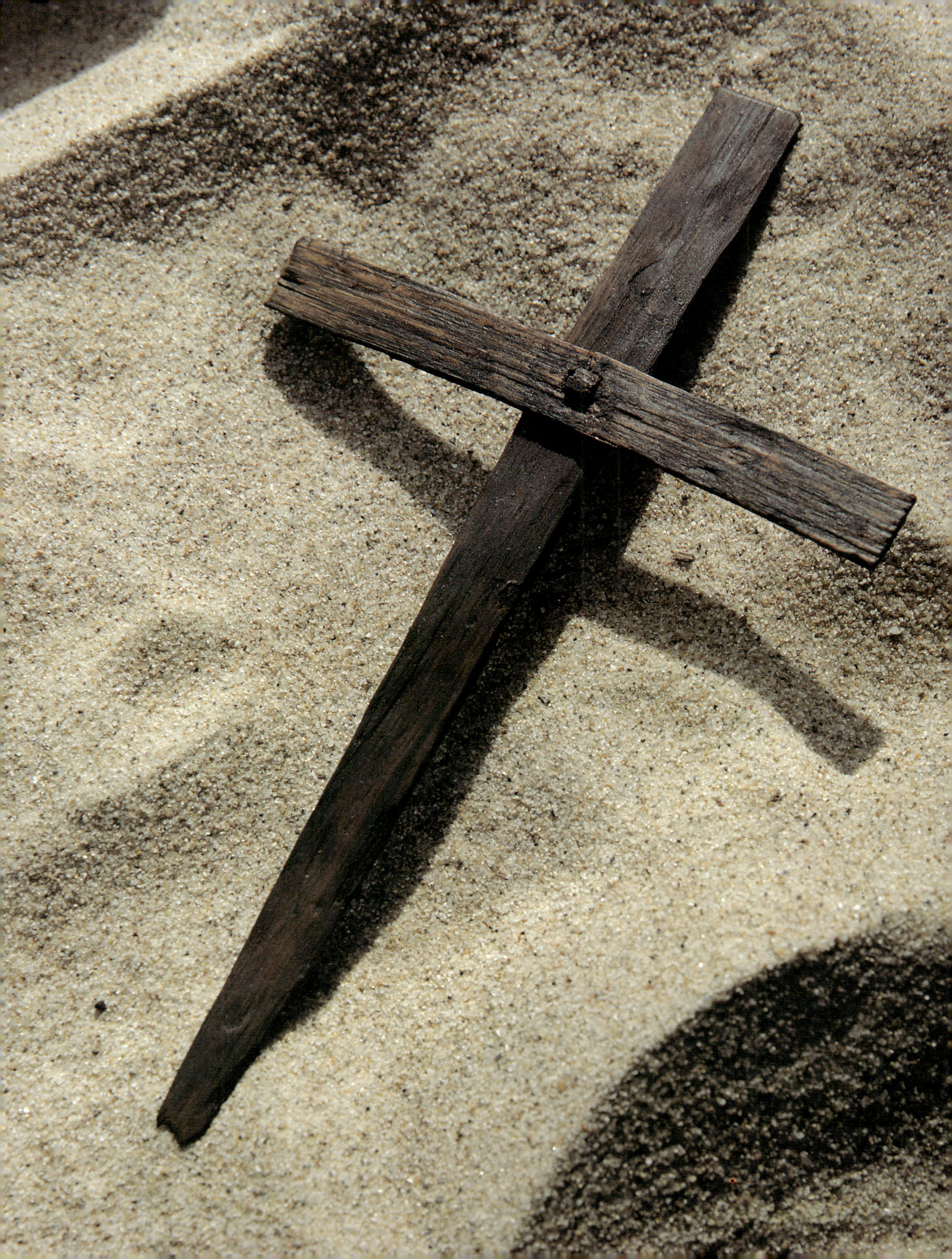

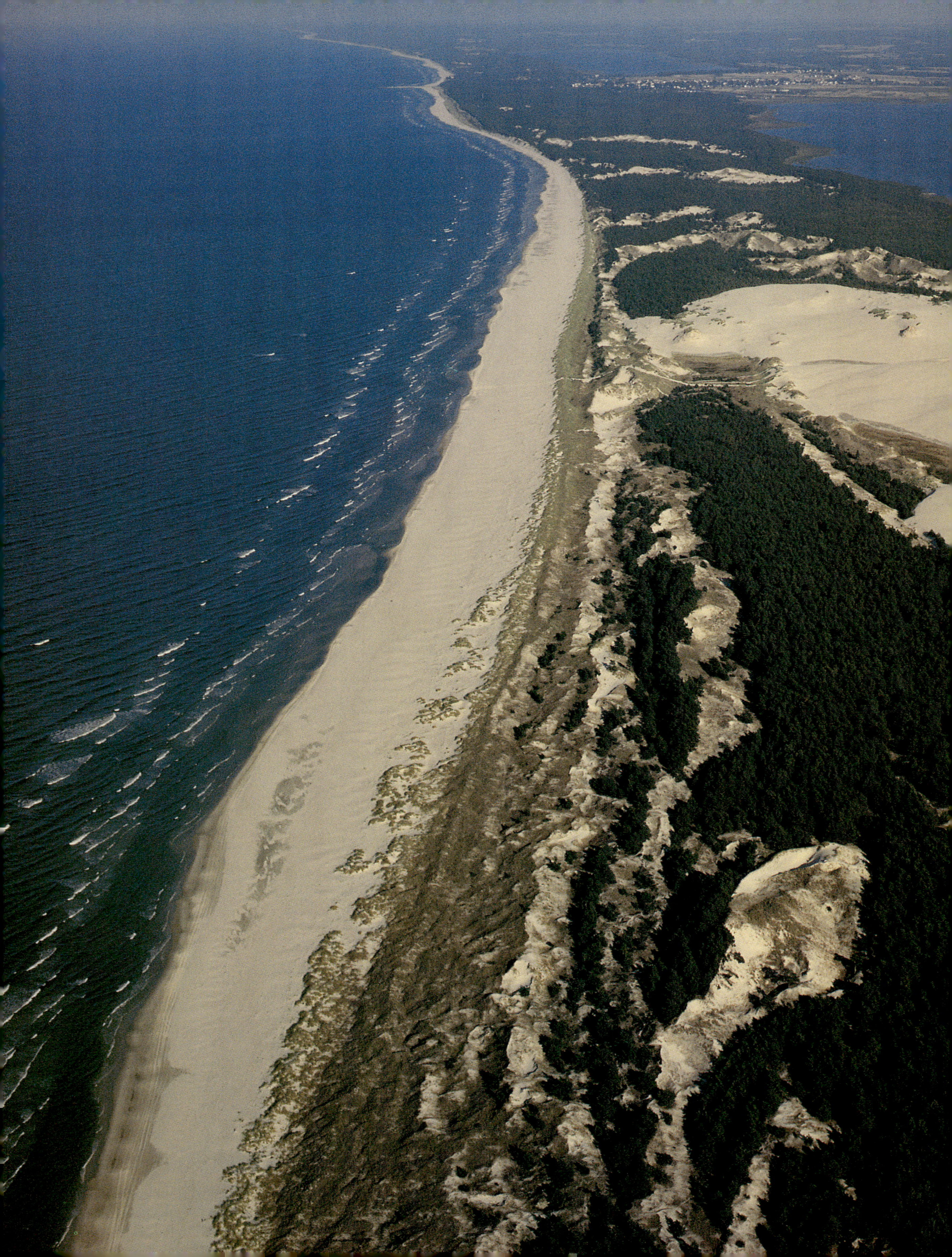

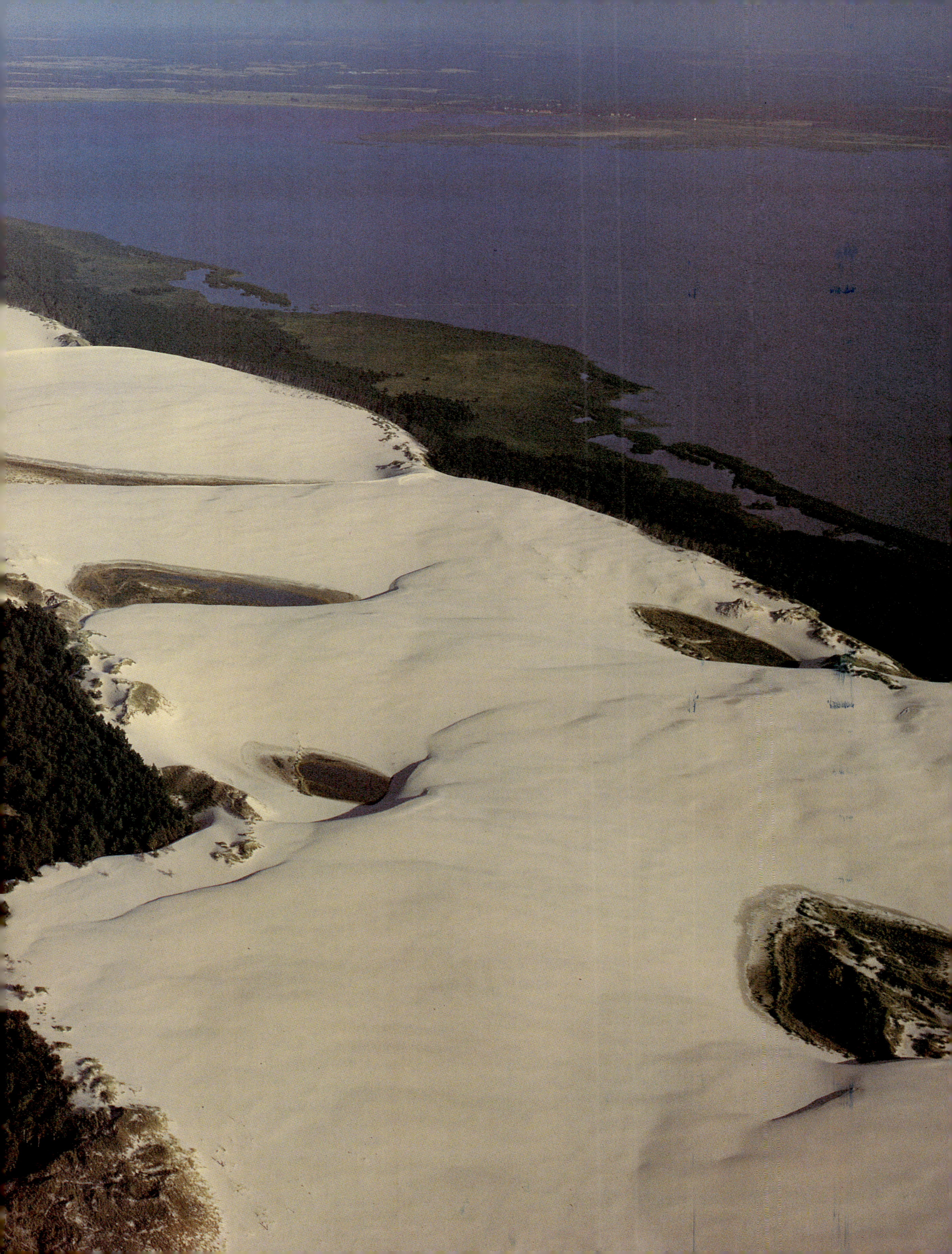

Mierzeja Łebska, ein schmaler, sandiger Landstreifen zwischen dem Leba-See und der Ostsee; eine wüstenartige Landschaft, die an eine Sandwüste erinnert und manchmal „die polnische Sahara" genannt wird. Die Dünen erstrecken sich auf der ganzen Breite der Leba-Nehrung über fast 20 km. Die malerische Landschaft verändert sich ständig unter dem Windeinfluß, die Dünen wogen, nehmen phantasievolle Formen an. An den Stellen, wo der Wind besonders stark weht, können sich die Dünen jährlich um einige Meter seitwärts bewegen – sie werden dann Wanderdünen genannt. Wie groß die Ähnlichkeit der Sandhügel im Słowiński-Nationalpark mit einer echten Sandwüste ist, bezeugt die Tatsache, dass

DER SŁOWIŃSKI-NATIONALPARK

diese Gegend von den Panzertruppen des deutschen Afrikakorps als Übungsplatz vor der Kampagne in Afrika benutzt wurde.

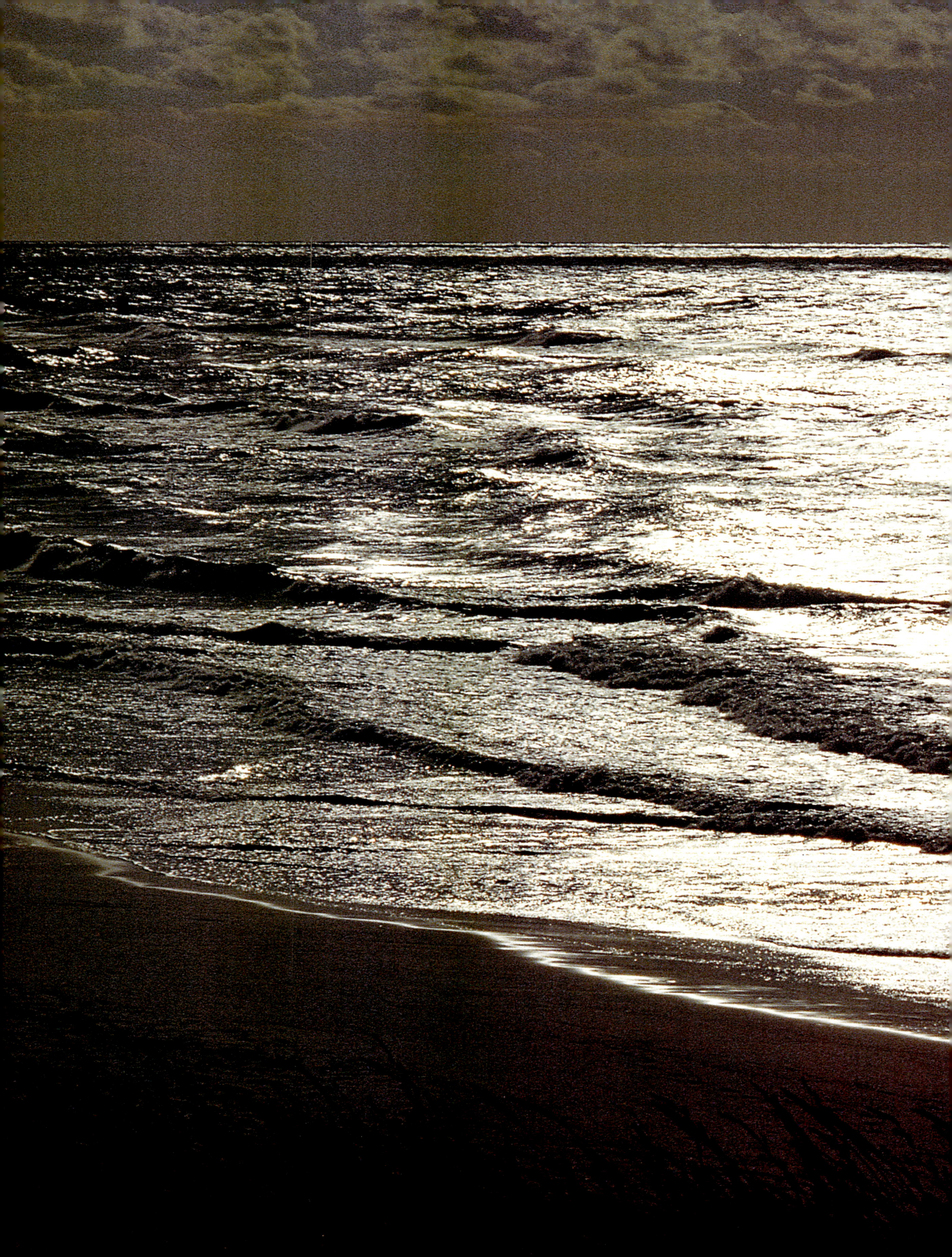

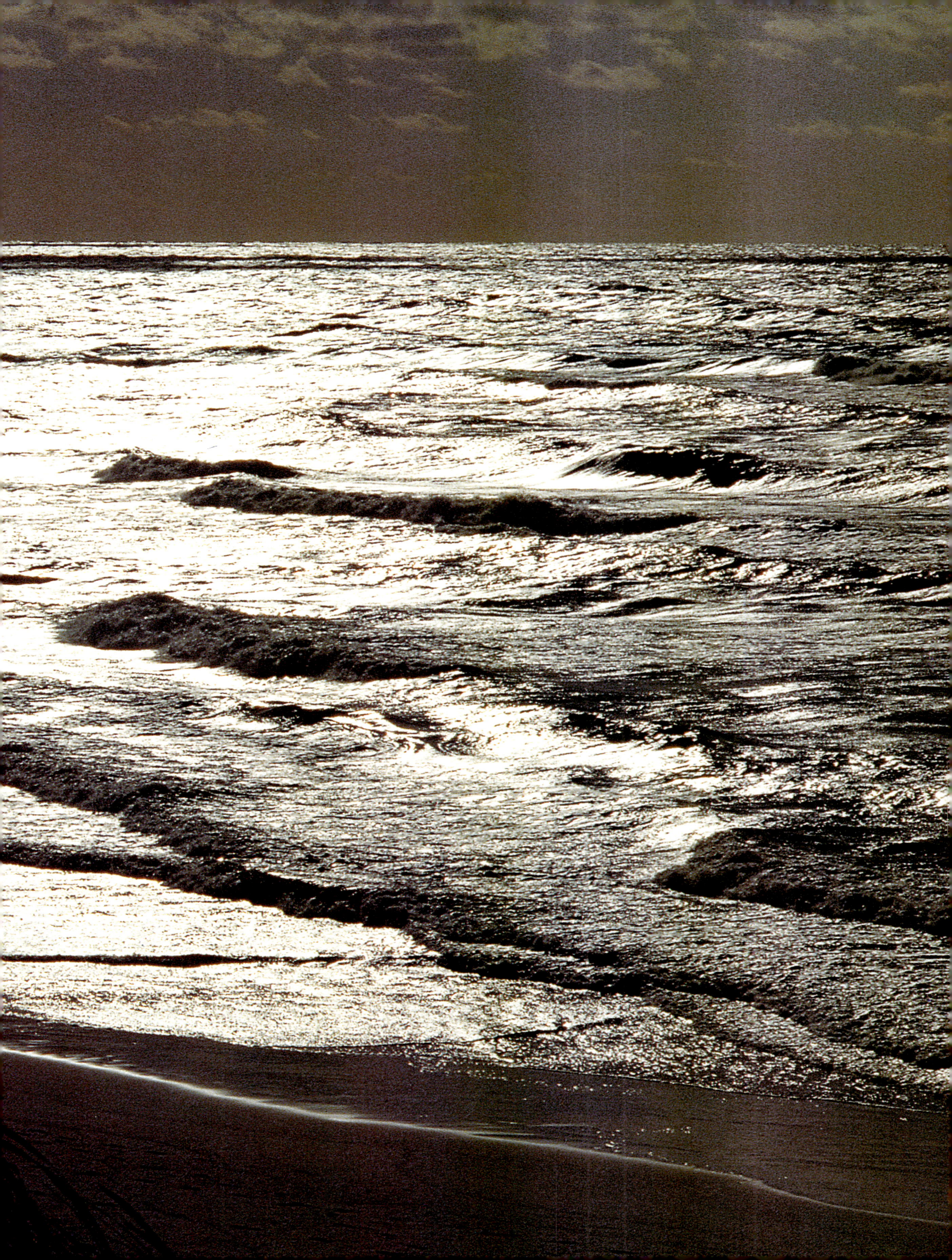

Wenn der Tag sich neigt, kann man im Słowiński-Nationalpark eindrucksvolle Stunden erleben. Die letzten Sonnenstrahlen holen die kleinsten Rippeln aus dem Sand heraus – die durch Wind entstandenen und im gewissen Rhytmus gestalteten Deformationen der Sandstruktur bilden ein präzise geformtes Ornament. Die Grashalme erstarren mit dem letzten Windhauch, der Himmel wird violett...

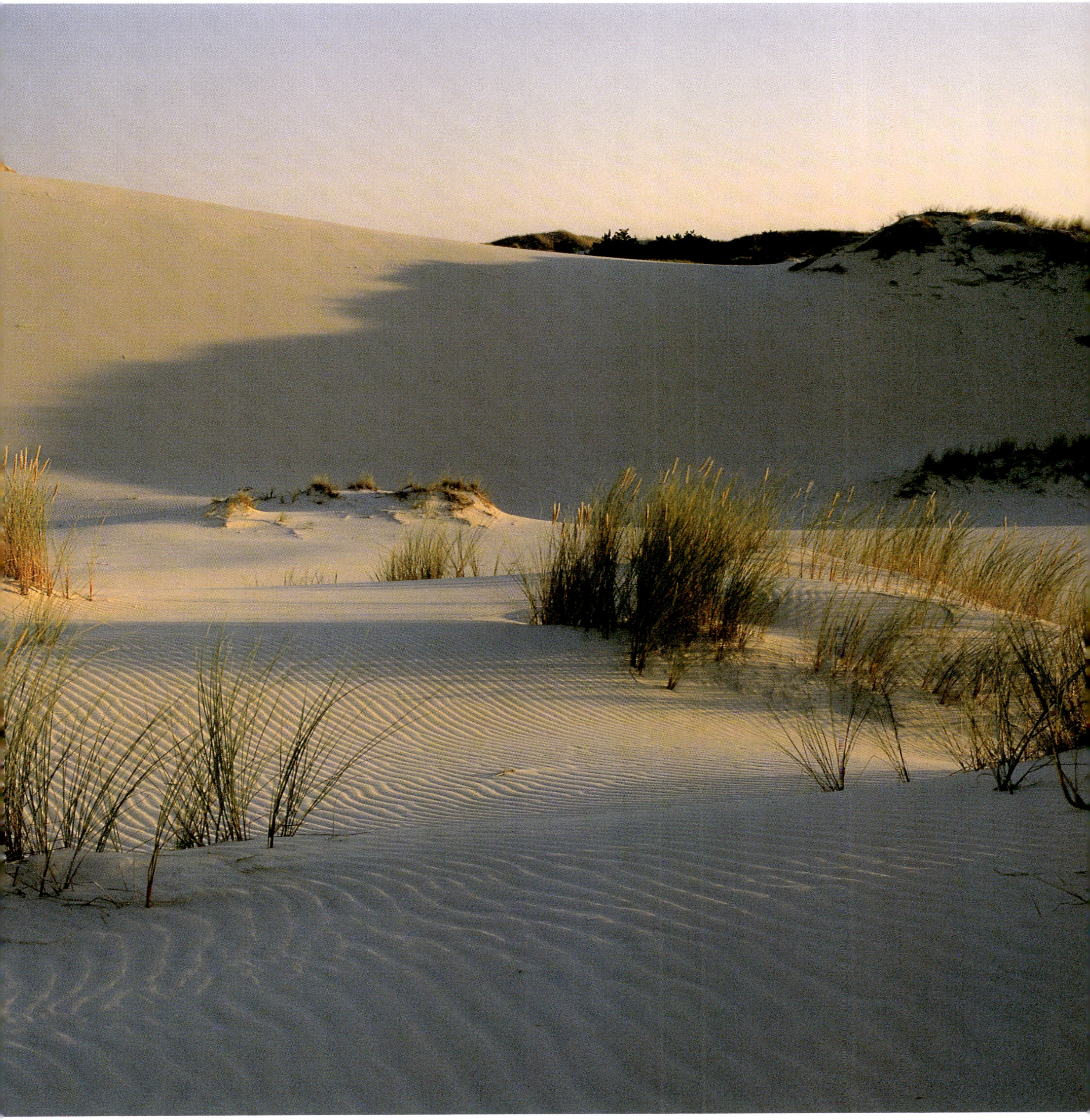

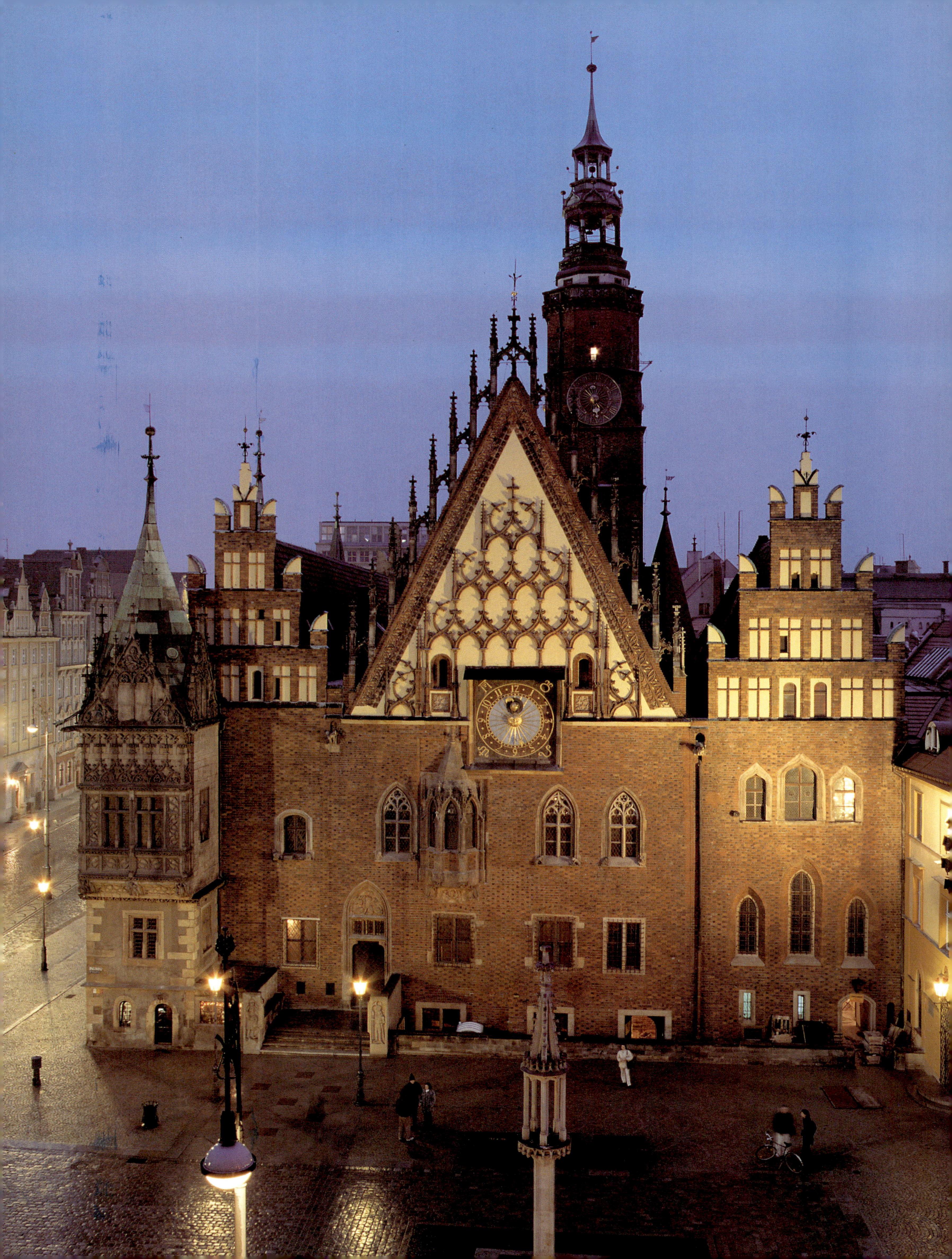

Das gotische Rathaus, die Tuchhallen, Renaissanceportale und -fassaden der alten Bürgerhäuser – Zeugnisse des Wohlstandes früherer Jahrhunderte – mit diesem Bild bezaubert heue der Marktplatz von Wrocław seine Besucher. Sein Ausmaß und seine Lage verdankt der Marktplatz König Henryk Brodaty, der im 13. Jh. seine Hauptstadt ausgebaut hatte. Damals wurde auch ein Platz angelegt, der 175 x 212 Meter groß ist, und der in ein reguläres Straßennetz eingefügt wurde. Das Leben des Patriziats konzentrierte sich um das Rathaus, in den anliegenden Tuchhallen wurde Handel mit Tüchern getrieben, und in den benachbarten Häusern hatten verschiedene Zünfte – ihre Kramläden geöffnet.

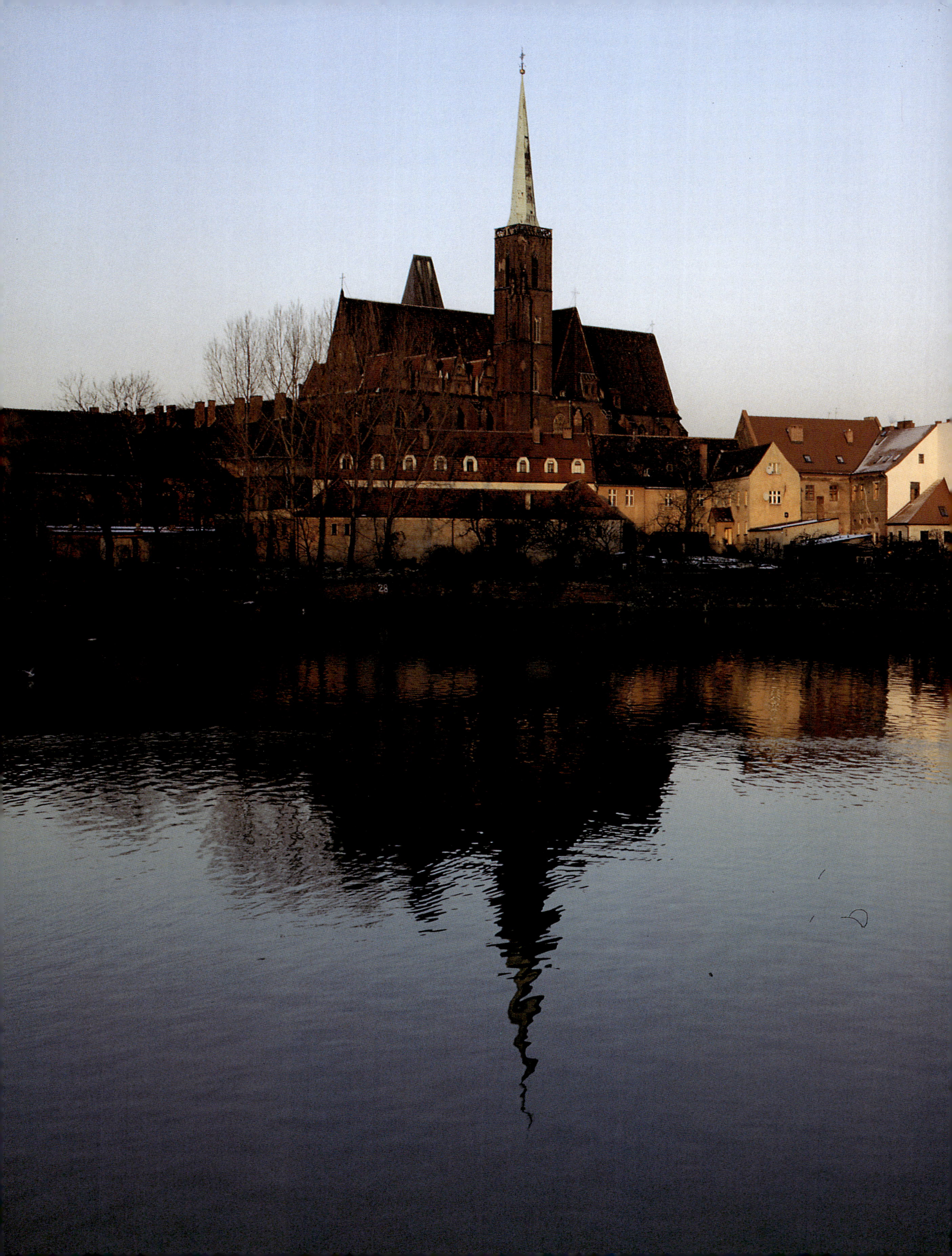

Ostrów Tumski, früher eine Insel im Flussbett der Oder, ist die historische Wiege von Breslau. Schon im 10. Jh. entstand hier die erste Fürstenburg und einige Jahre später eine bischöfliche Vorburg. Die Siedlungslage war außergewöhnlich günstig – der sie umfließende Fluss bot einerseits Sicherheit und andererseits brachte gleichzeitig als wichtiger Handelsweg das Wachstum des Wohlstandes. Ostrów Tumski wird heute für das symbolische Herz aus der Urgeschichte der Stadt gehalten. Über der Oder erheben sich die Silhouetten von zwei Kirchen: der Stiftskirche zum hl. Kreuz und dem Dom zum hl. Johannes dem Täufer mit seiner Doppelturmfassade.

BRESLAU

Schlesien

Im Jahre 1000 wurde im Rahmen der Gnesener Metropole die Diözese Breslau gegründet. Es entstand somit das Bedürfnis, ein entsprechendes Gotteshauses zu errichten. Der Aufbau der Kirche dauerte beinahe zwei Jahrhunderte, die folgenden Bauetappen wurden von den Bischöfen Hanker und Wacław von Legnica geleitet. Ein hoher gotischer Innenraum wird einem mit Kreuzrippengewölbe überdeckt. Durch besondere Schönheit zeichnet sich der gotische Altar und das barocke Gestühl aus. Der meistens düstere Raum erleuchtet während der Feiern und Feste – einen Anlaß dazu bildete unter anderem im Jahre 1999 die Konferenz des Konzils polnischer Bischöfe.

Die Kappelle der hl. Elisabeth ist ein besonders schönes Fragment des Breslauer Doms. Elisabeth, die Gemahlin von Ludwig, dem Herrscher von Thüringen, wurde 1235 heilig gesprochen. Der mit ihr verwandte Kardinal Friedrich Hessen von Darmstadt, in den Jahren 1671–1683 Bischof von Breslau, hatte zu ihrem Gedenken die mit Stuck und Gold verzierte Kapelle gestiftet. Den Mittelpunkt nimmt der Altar mit der Gestalt der hl. Elisabeth aus Alabaster, die von Engeln umringt ist, ein.

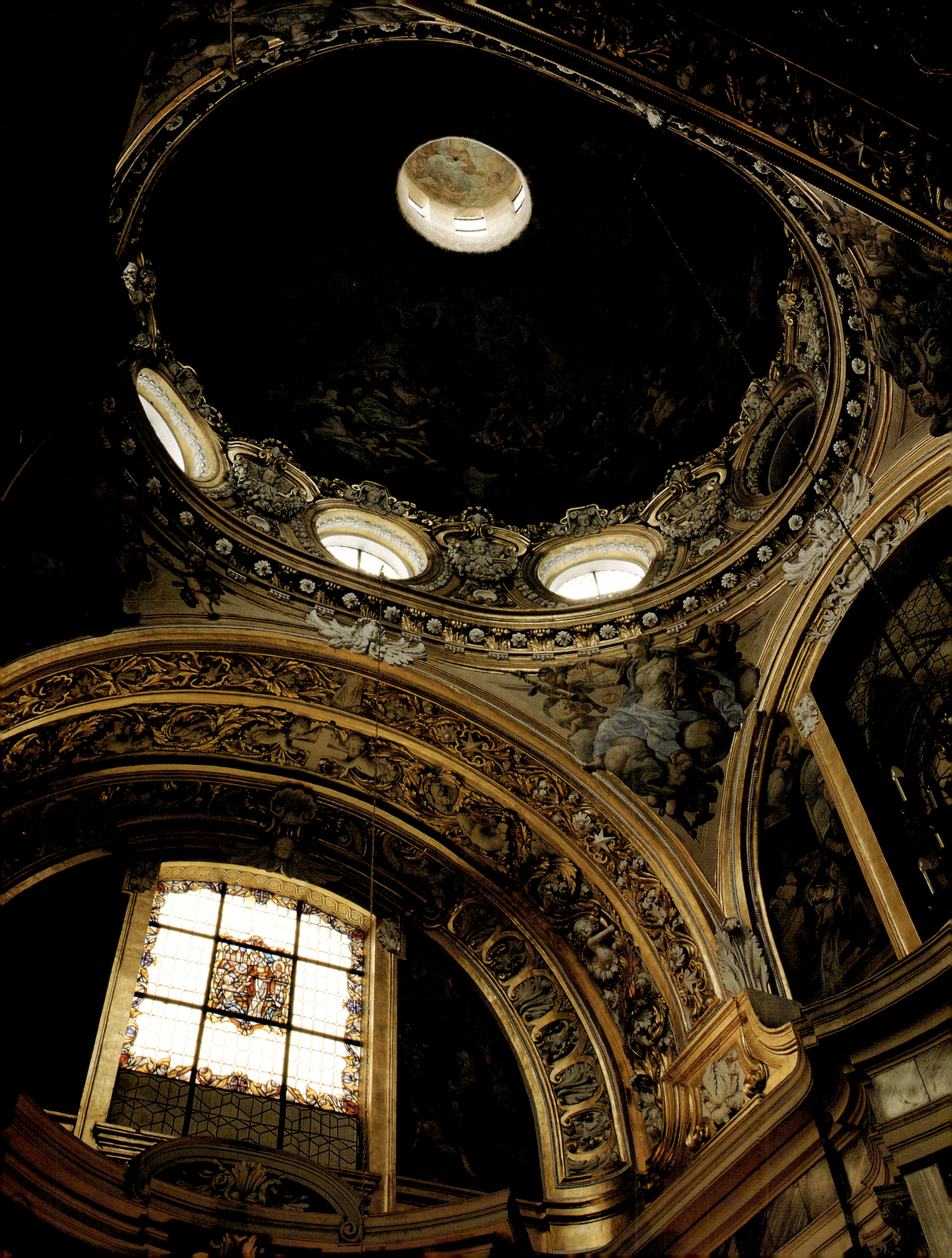

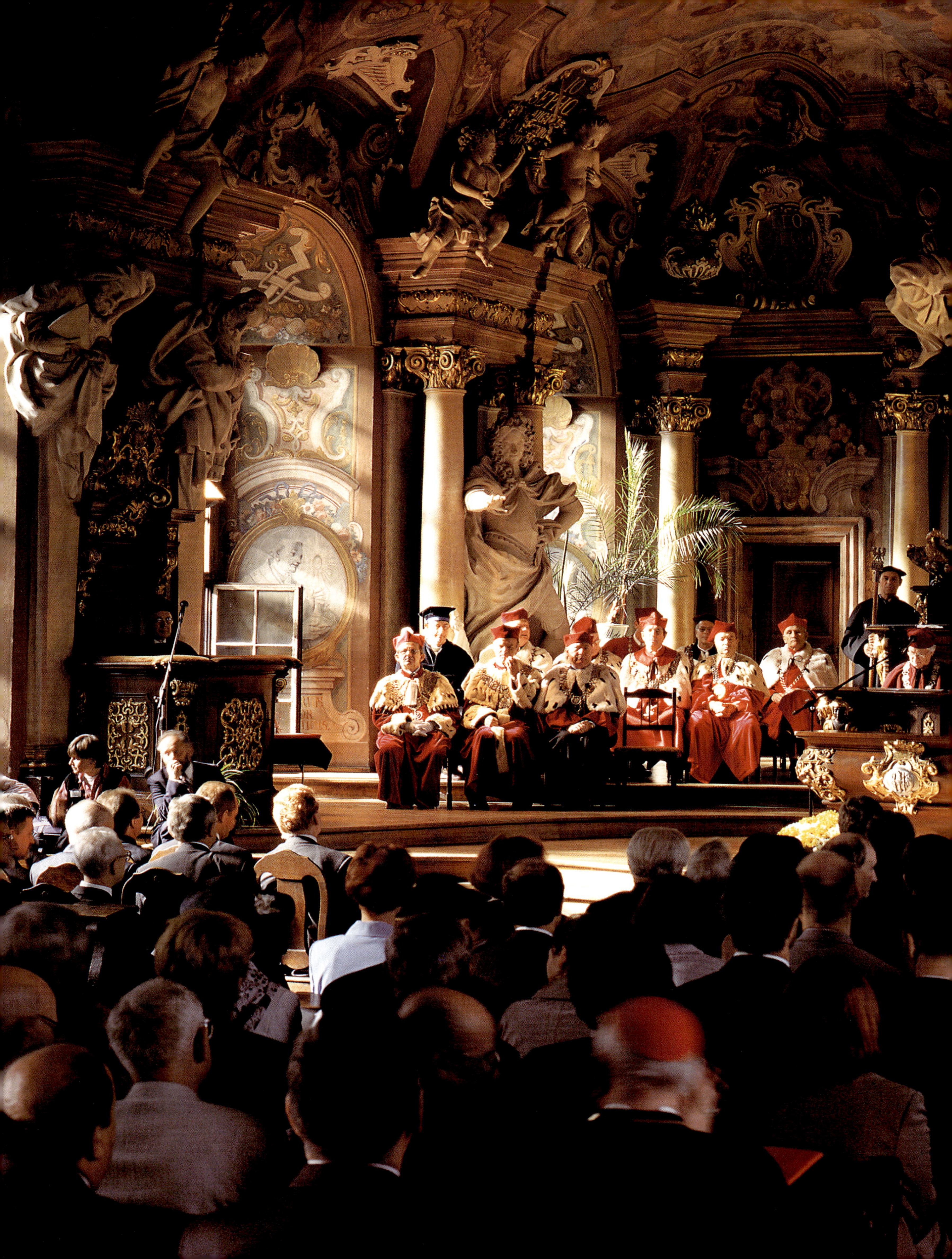

Die Breslauer Universität symbolisiert die lange wissenschaftliche Tradition der Stadt. Ähnlich wie viele andere Städte hat auch Wrocław die Anfänge des Schulwesens der Gesellschaft Jesu zu verdanken – seit dem Jahre 1639 wirkte hier das Jesuiten Kollegium.

Im Jahre 1702 hat Leopold I die Hochschule Akademia Leopoldinum gegründet. Ein Hundert Jahre später – 1811 – wurde das Leopoldinum mit einer protestantischer Hochschule, Viadrina, zusammengeschlossen – auf diese Weise entstand die Breslauer Universität. Eine der namhaftesten Hochschulen Polens hat ihren Sitz im einem Gebäudekomplex aus den Jahren 1728–1742. Von allen Innenräumen zeichnet sich durch ihre Schönheit die barocke Aula aus, die mit Fresken, Bildnissen und Skulpturen der Wissenschaftler geschmückt ist. Hier finden die akademischen Feierlichkeiten statt, die im Beisein der Professoren zelebriert werden.

BRESLAU

Schlesien

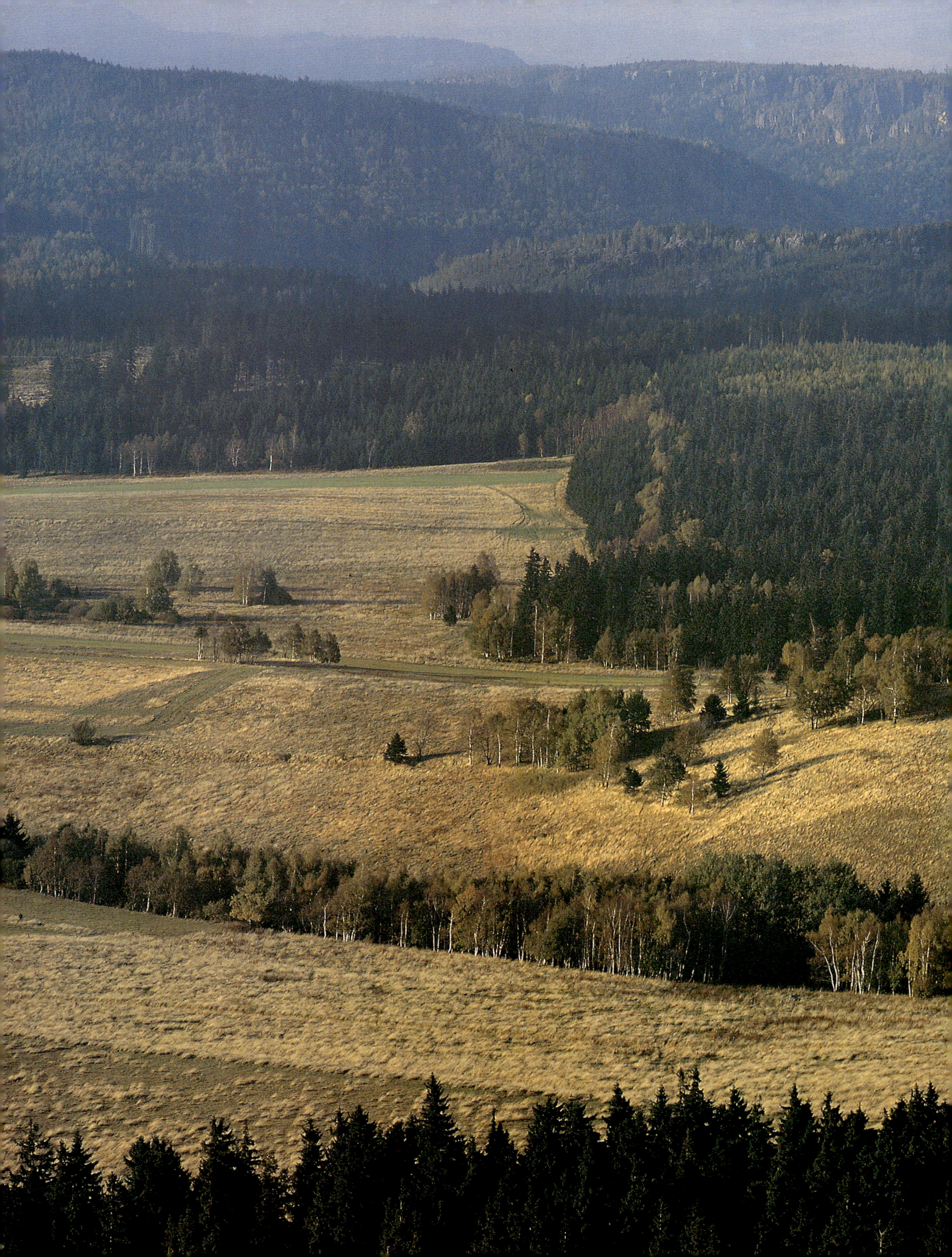

Das Gebirge Góry Stołowe (Heuscheuer) im westlichen Teil des Glatzer Kessels wäre kaum mit einer anderen Landschaft Polens zu verwechseln. Zwischen den sanften, bewaldeten Erhebungen treten schlanke Felsformen auf, die oben flach abgeschnitten sind. Die oberen Gebirgspartien aus Sandstein bilden fantasievolle Formen, und ihre Kluften und Schluchten echte Felslabyrinthe.

DAS GEBIRGE GÓRY STOŁOWE

Zwischen den herbstvergoldeten Bäumen erheben sich scharfgratige Felsen von Zbrojownia Herkulesa (Herkules-Rüstkammer); unterhalb dieser malerischen Felsgruppe entfaltet sich eine weitreichende Landschaft von Wäldern und Feldern.

DAS GEBIRGE GÓRY STOŁOWE

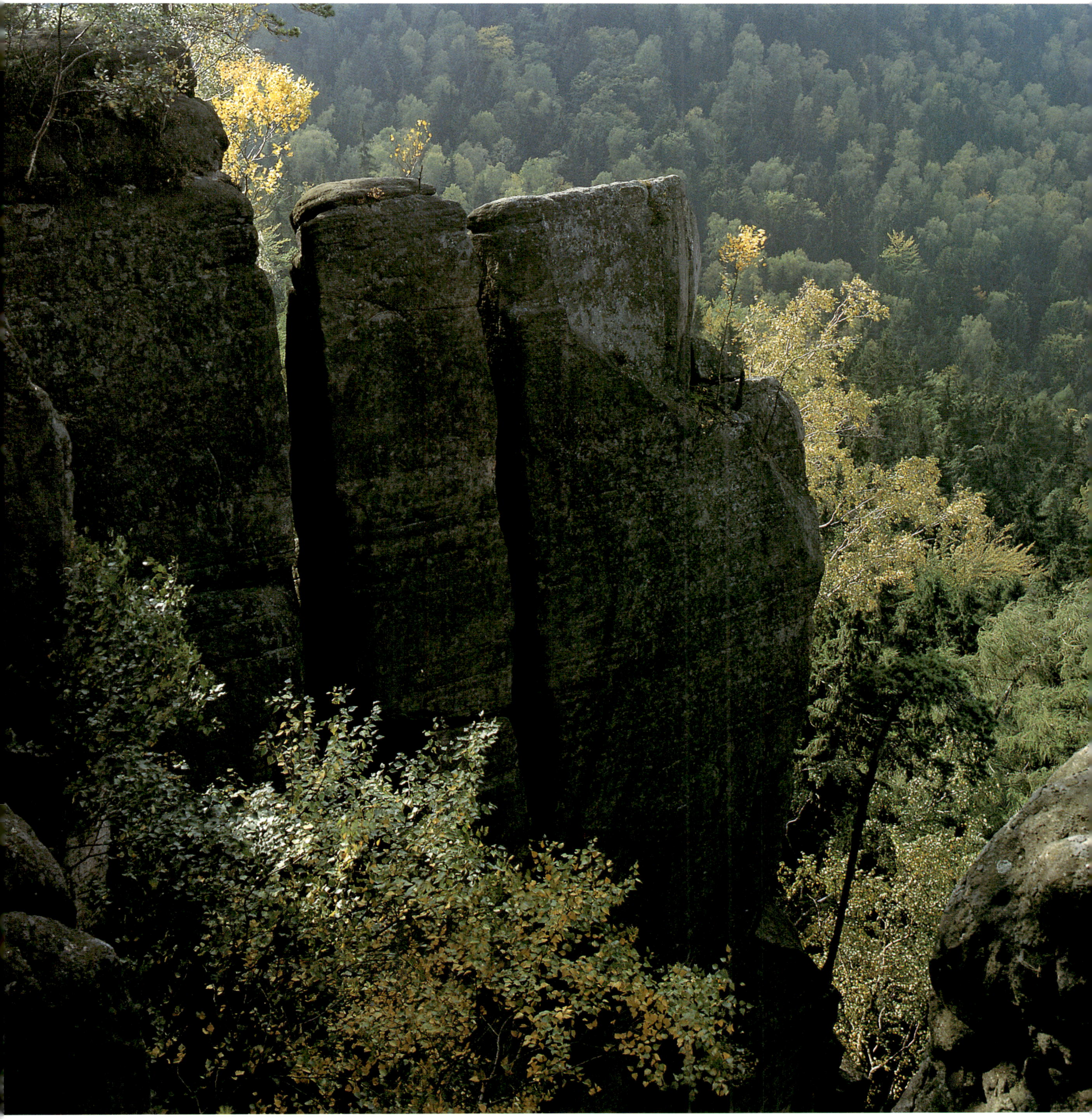

Błędne Skały (die Irrfelsen) gehören zu den größten Naturphänomenen in Polen. Auf nur 21 Hektar hat sich in den rissigen Sandstein-Felsen ein kompliziertes System von Klüften und Gängen herausgebildet. Dutzende ungewöhnliche Gesteinsformen wirken wie eine von der Natur geschaffene Skulpturen-Galerie. Die Formen sind so realistisch, dass man den einzelnen Formen Namen verliehen hat: Felssattel, Pilz, Pforte – jeder Anblick lässt neue Assoziationen entstehen. Die riesigen, ein Dutzend Meter hohen Felsblöcke stützen sich auf schwächlichen Sockeln, in den schmalen Klüften haben Bäume und Sträucher Platz gefunden, die Wasseraugen reflektieren spärliches Licht.

DAS GEBIRGE GÓRY STOŁOWE

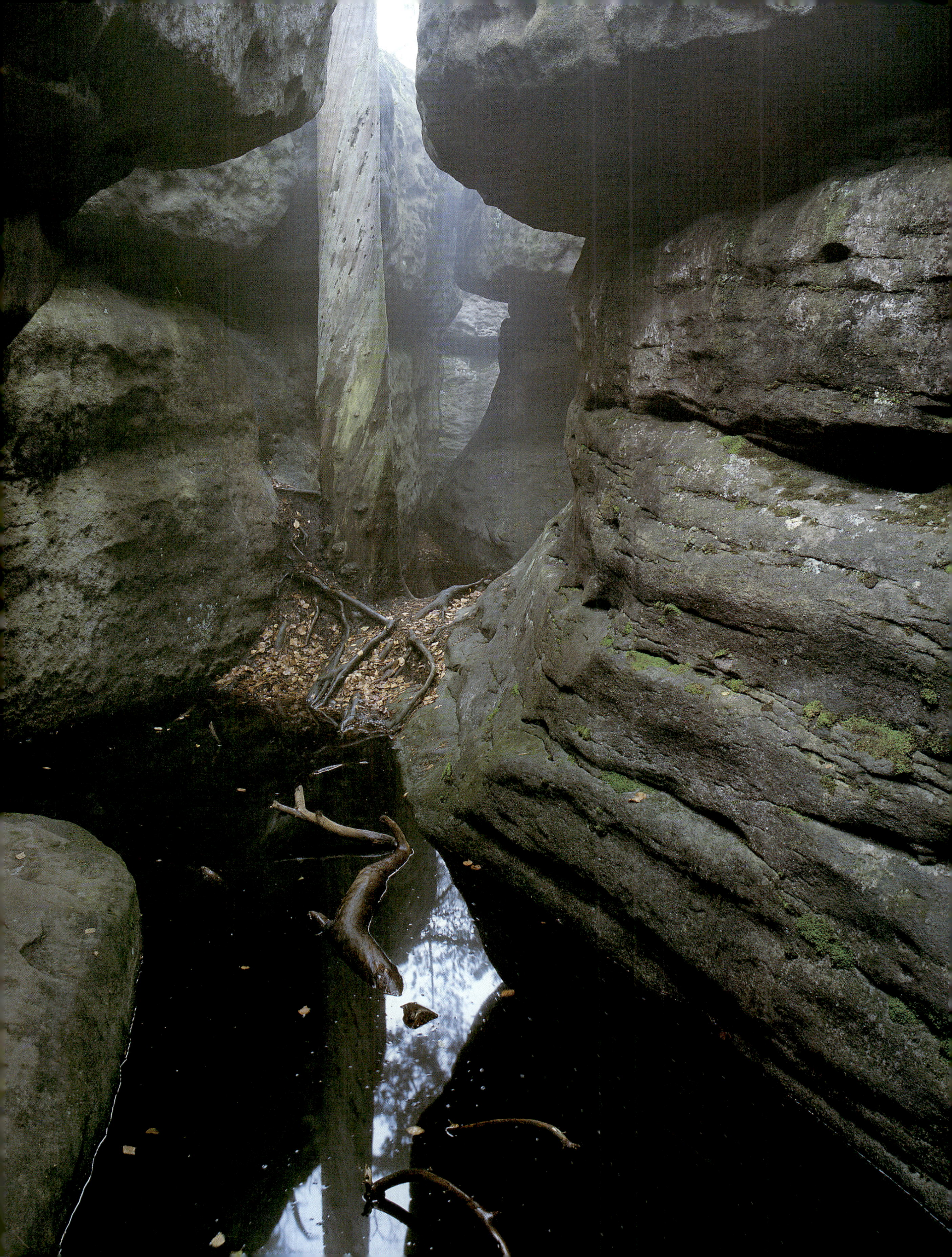

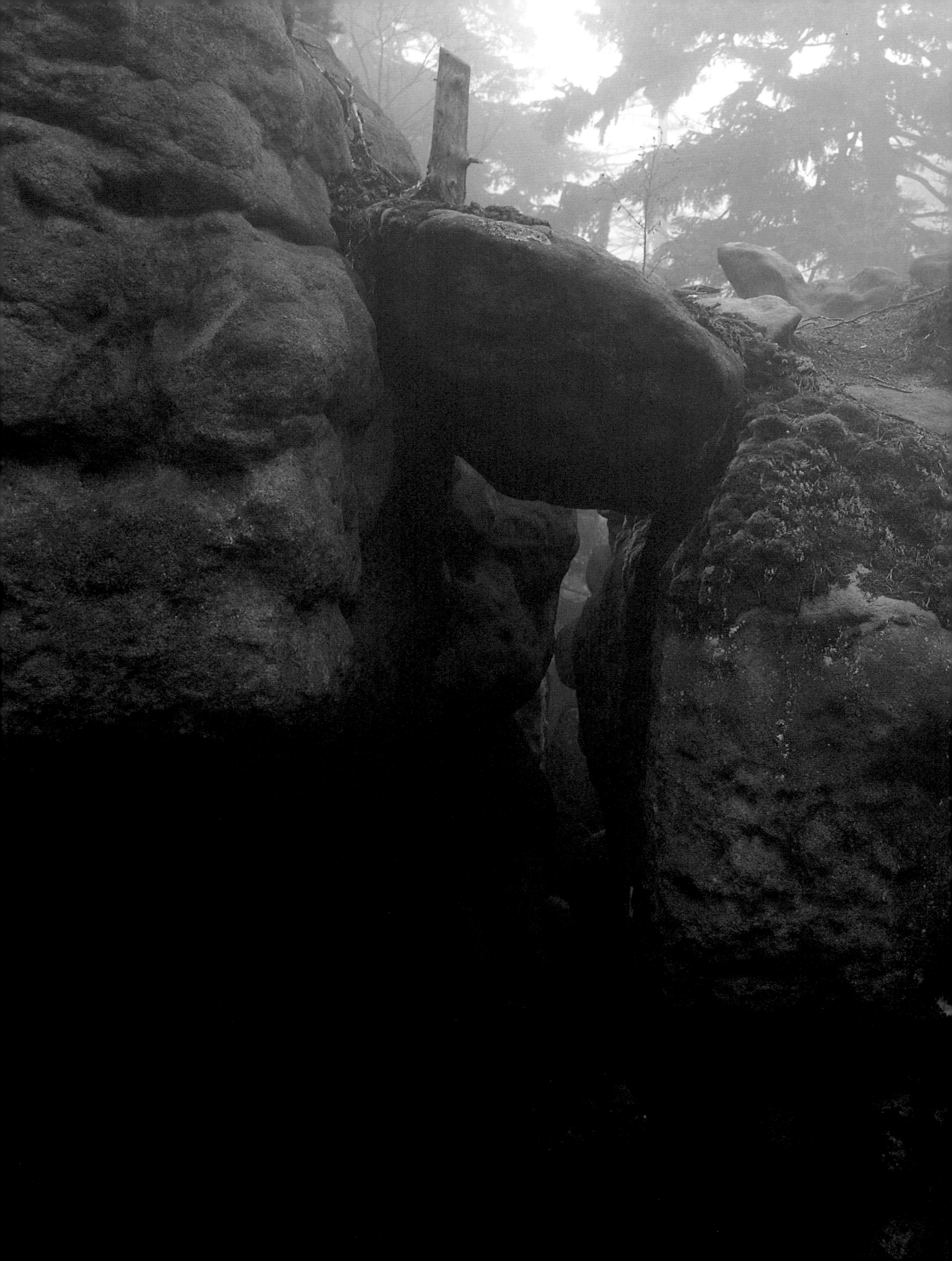

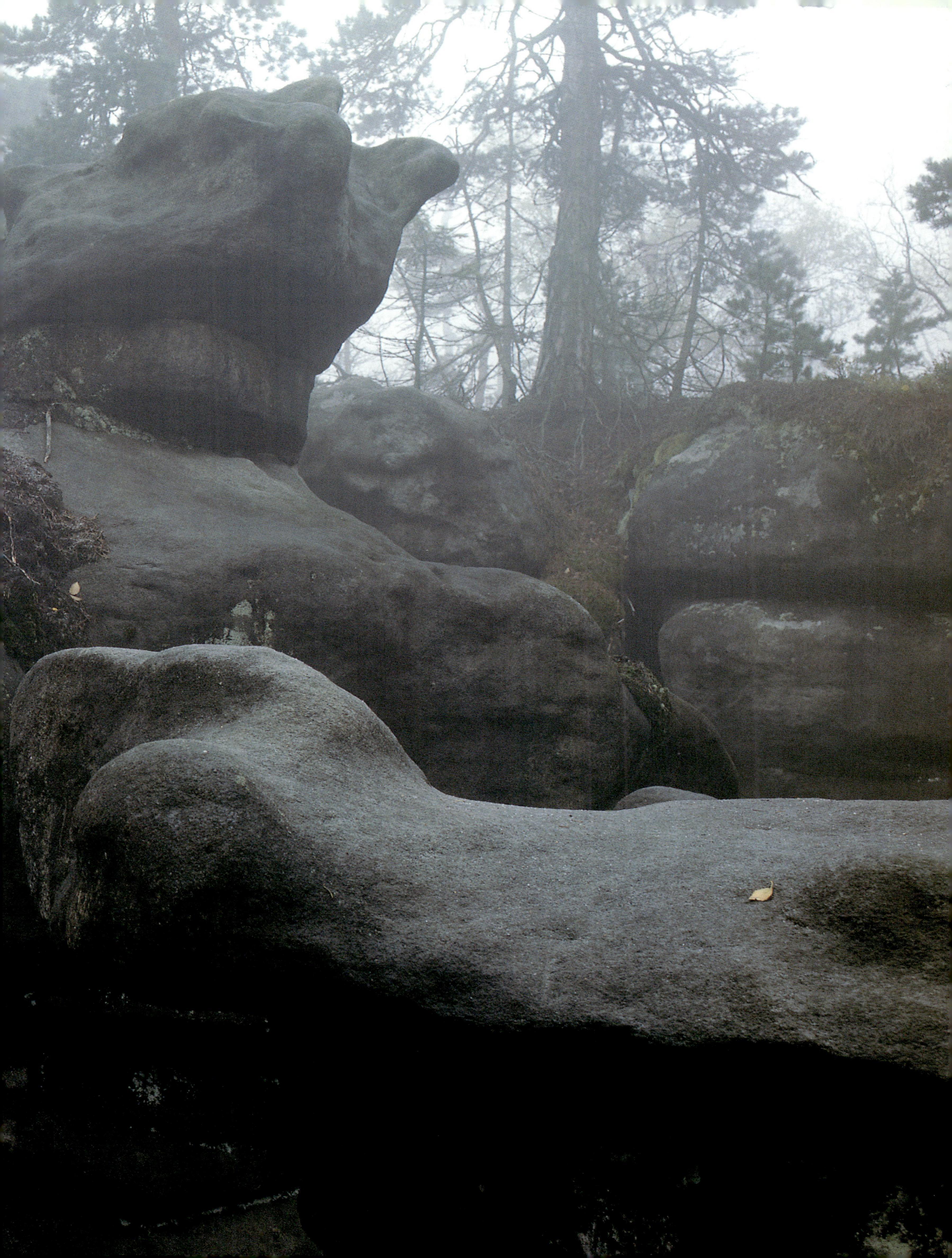

Die vom Nebel umhüllten Wälder des Heuscheuer-Nationalparks. Die Baumwurzeln verankern sich in den dünnen Bodenschichten zwischen den Felsgruppen.

DAS GEBIRGE GÓRY STOŁOWE

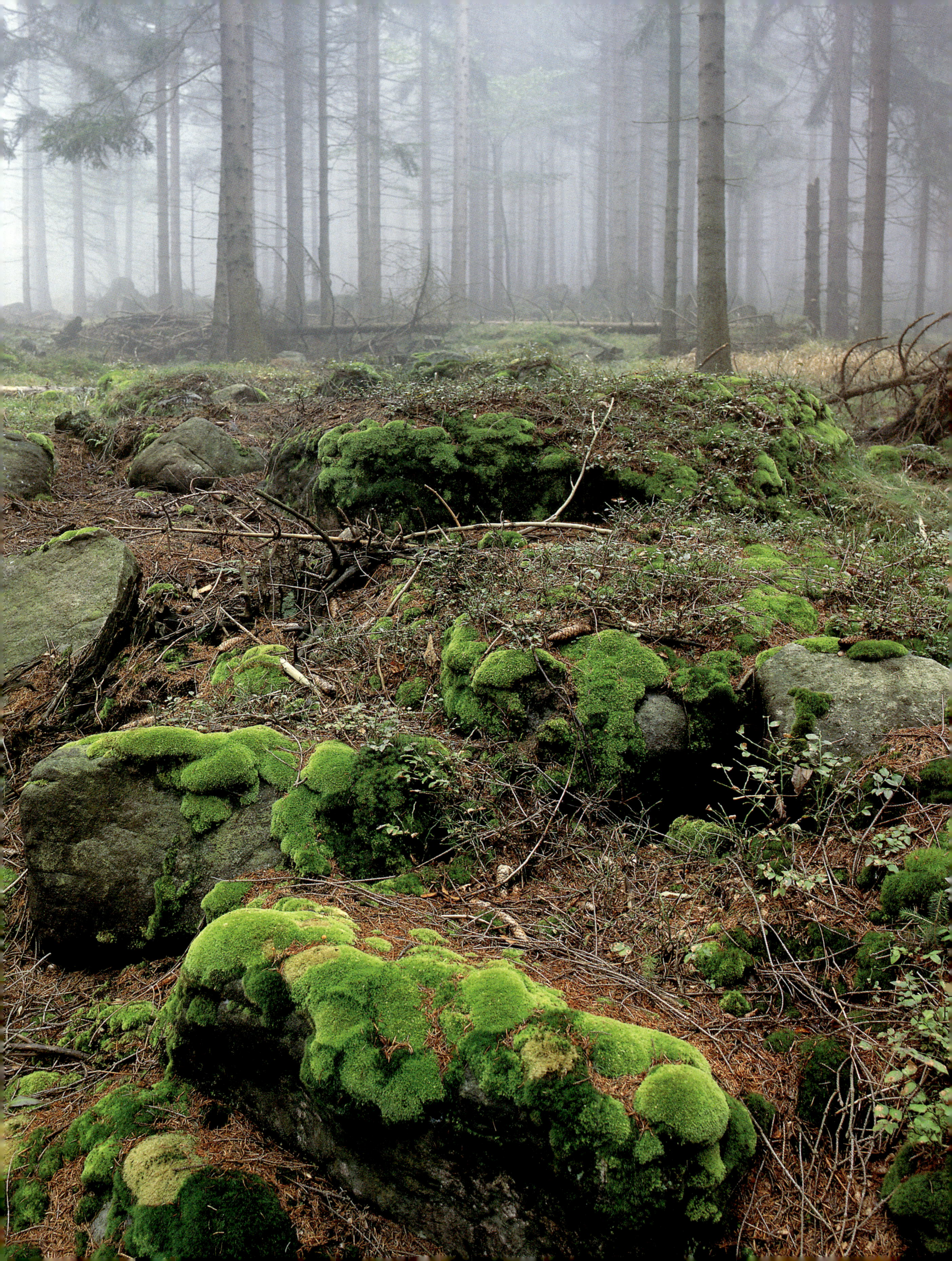

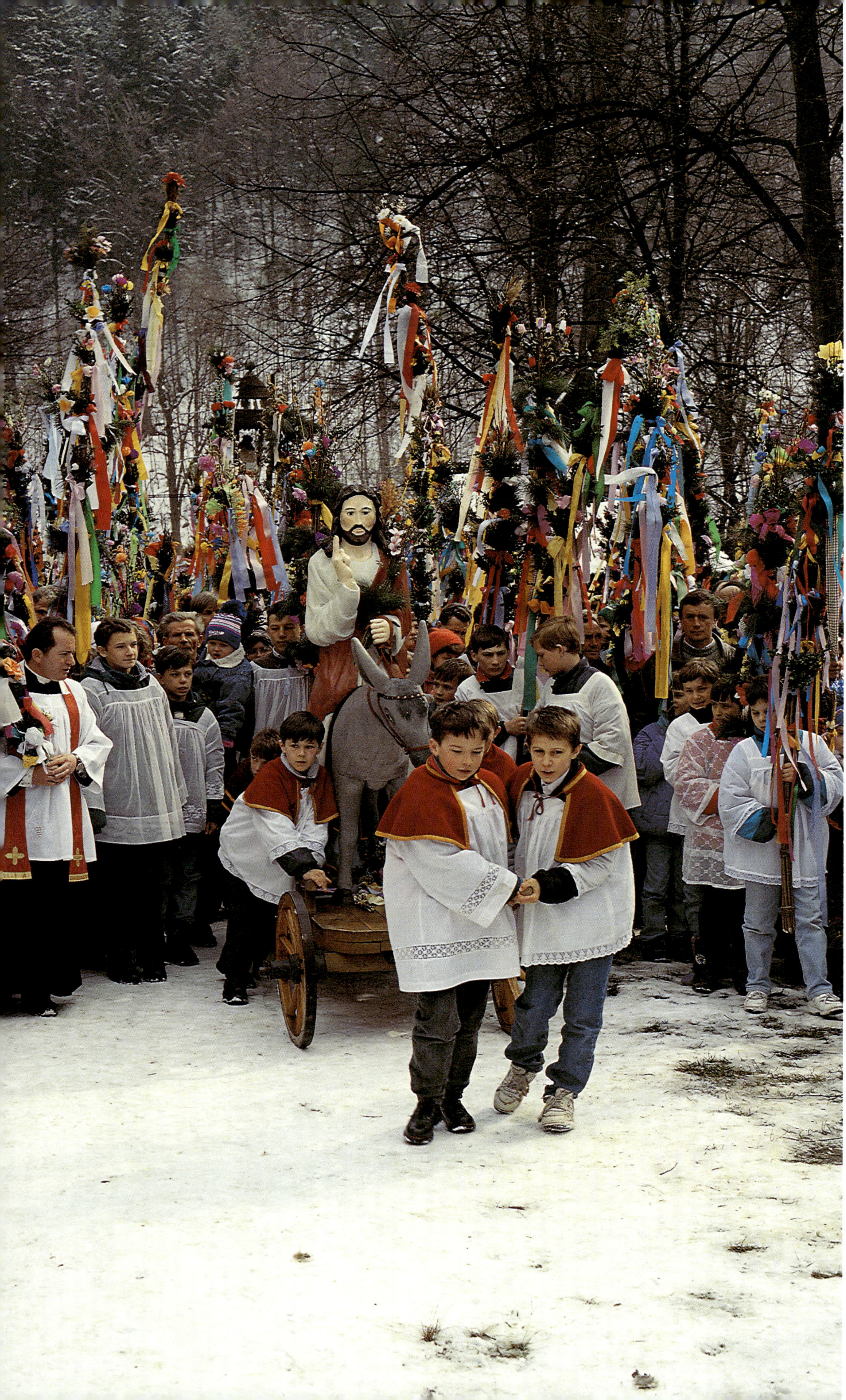

Podhale

P. Prof. Józef Tischner

Podhale – ein schönes und stolzes Land mit arbeitsamen Menschen, die sich dessen nicht schämen, was sie sind. Die Kultur von Podhale begann sich zu entwickeln, als es in diesem Land Elend und Hunger gab. Trotz der großen Armut konnte dieses Land einen Reichtum schaffen, durch den es sich von anderen Regionen auf den ersten Blick unterscheidet: Es brachte seine eigene, bewundernswürdige Kultur hervor. Was ist eine Kultur? Sie ist gleichsam ein Spiegel, in dem die Wahrheit über den Menschen zu sehen ist. Mit Hilfe der Kultur, die der Mensch schafft, drückt er sich selbst aus – er spricht von seiner Armut und von seinem Glück, von der Hoffnung und Verzweiflung, von der Wanderung durch Höhen der Berge und der Erholung in den Tälern. Willst du begreifen, was Mensch ist, schau dir an, was er geschaffen und hinterlassen hat...

Im Spiegel der Kultur sehen wir den Menschen, und so verstehen wir ihn, wir verstehen auch uns selbst. Darin liegen die Bedeutung und der Wert der Kultur für uns. Wir sagen: „Jede Nation hat ihre eigene Kultur". Was bedeutet, dass sie „eigen" ist? Es bedeutet: Dies ist die Kultur, dank derer wir uns selbst kennen lernen und verstehen. Wenn wir aufmerksam dem Erzählfaden folgen, wie ihn ein Lied der Goralen spinnt, so haben wir das Gefühl, dass hier auch eine Geschichte über uns erzählt wird, über unser Glück und Unglück, unsere Hoffnung und Verzweiflung, unsere Liebe.

Eines zeichnet die Volkskultur aus: Sie ist dem Leben besonders nahe, sie ist sozusagen ein unmittelbarer Ausdruck des Lebens. Die Gegenwart ist eine Zeit ungeheurer technischer Entwicklungen. Aber die Technik – trotz der zahlreichen Annehmlichkeiten, die sie mit sich bringt – zerstört in uns die unmittelbare Wahrnehmung des Lebens. Wir berühren nicht mehr mit bloßen Füßen Tautropfen auf dem Gras, wir irren nicht mehr durch die Bergwelt, wo es keine Hinweisschilder und Markierungen gibt, wir kennen nicht mehr den Geschmack des Wassers, das man nach einem mühsamen Tag aus der Quelle schöpft. Was wahres Leben ist, erfahren wir nicht mehr. Auch wenn wir Berge besteigen und anstrengende Wanderungen unternehmen, tun wir es der Erholung wegen oder zum Zeitvertreib – nicht aus Not, nicht mehr, weil das Leben uns dazu zwingt.

Wenn du trotz allem begreifen möchtest, was ein durch die Zivilisation noch nicht gebändigtes Leben bedeutet, versuche einmal, der alten Kultur des Volkes mit allen Sinnen nachzuspüren.

In Podhale ist sie noch immer lebendig, aber sie erlebt auch ihr eigenes Drama. Von allen Seiten wird sie durch die Zivilisation angegriffen, und dies mit Erfolg: Die neue Architektur verdrängt die alte. Die moderne Musik übertönt die vertrauten Klänge. Graue Konfektionskleidung ersetzt die einheimische, bunte Tracht. Wenn das die einzigen Ursachen des Dramas wären! Das Schlimmste liegt viel tiefer: Es verschwindet allmählich jener stolze Mensch, der die Freiheit für ewig liebte und sie in eine schöpferische Macht zu verwandeln wusste; der Mensch, der in der Tiefe seiner Freiheit das Schöne und die Wahrheit zu schaffen wusste, die das Geheimnis des Lebens ausmachen.

Verschwindet er jedoch vollkommen? Vielleicht täuscht er seine zivilisierten Verfolger nur... Vielleicht hat er sich nur vorläufig verborgen? Es geschieht ja immer wieder, dass der richtige Tag kommt – der Sonntag, die Ablassfeier oder die heilige Messe in der Kapelle auf Turbacz – und schon ist alles anders: Die Goralen werden wieder Goralen, und über die Gipfel klingt weithin ihr Lied:

Geht unter, versinkt,
Federchen, im Wasser,
aber mein Lied der Freiheit
wird niemals verhallen.

Dann spürt man sie wieder, die Seele dieses Landes. Sie tritt hervor, damit jeder sie erkennen kann. Sie ist da.

Große Verdienste haben sich die Menschen erworben, die im Verband der Podhale-Bewohner tätig sind: Sie sorgen dafür, dass der Geist der Bergwelt lebendig bleibt. Dabei sind sie wie Ameisen, und andererseits wie Heuschrecken: Sie ziehen im Lande umher und sammeln jedes Stückchen der alten Kultur, um sie zu einem Ganzen zusammenzusetzen; doch ab und zu greifen sie nach ihren Geigen, legen die Trachten ihrer Vorfahren an und singen auf die alte Weise der Bergbewohner:

Ihr, Burschen von Podhale,
was wird bleiben von euch?
– Unter Buchen eure Knochen,
in den Bergen euer Lied...

Die kleine, vergoldete Figur Muttergottes von Ludźmierz wird von der einheimischen Bevölkerung der Region Podhale (das Land „unter der Alm") besonders verehrt. Die Skulptur aus Lindenholz entstand vermutlich im 15. Jh. in einer der hiesigen Werkstätten. Seit Anfang des 18. Jh. belegen die Chroniken den Marienkult von Ludźmierz. Die Krönung der Gnadenfigur fand am 15. August 1963 statt. Das Sanktuarium in Ludźmierz ist mittlerweile zur Stätte aller wichtigen Feste in der Region Podhale geworden: hier findet das traditionelle, alljährliche Erntedankfest statt, hier versammeln sich die Goralen in ihren bunten Trachten, hier zelebrierte auch Johannes Paul II die heilige Messe.

Trzy Korony (drei Kronen) heißt die charakteristische Spitze eines Berges im Pieniny-Gebirge, die bis zur Höhe von 982 Meter über das Meeresspiegel hinausragt. Von der Entfernung über den kleinen Hängen benachbarter Berge zu sehen, besteht dieser Berg aus mehreren Gipfeln, die zusammen eine malerische Felsengruppe bilden. Trzy Korony ist im Pieniński Nationalpark, der noch im Jahre 1930 gegründet worden ist, gelegen.

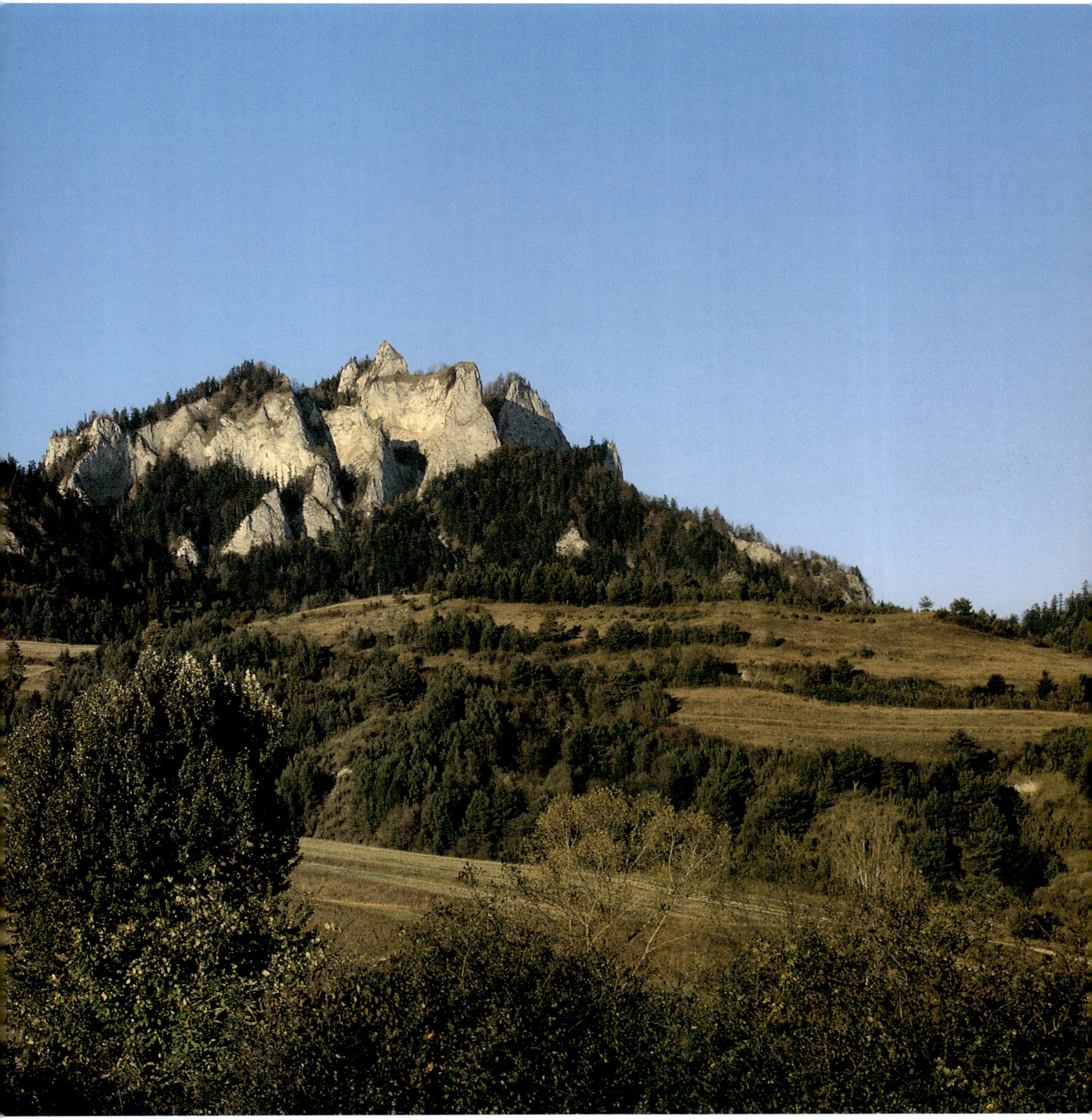

Über der Wasseroberfläche des Czorsztyn-Stausees, der infolge der Errichtung einer Talsperre am Fluß Dunajec entstanden ist, stauen sich die Gipfel der Tatra, der höchsten Gebirgskette Polens. Das Panorama der Tatra, betrachtet aus der Vogelperspektive aus einer Höhe von 2000 Meter, besticht durch den Reichtum verschiedener Felsenformen: scharfgratige Gipfel, schneebedeckte Spitzen, tiefe und grüne Täler sowie weite Almen. Die Tatra-Kette zieht sich etwa 80 Kilometer, entlang deren Kamm gemessen. Der höchste Gipfel an der polnischen Seite, Rysy, erhebt sich bis zu 2499 Meter über den Meeresspiegel.

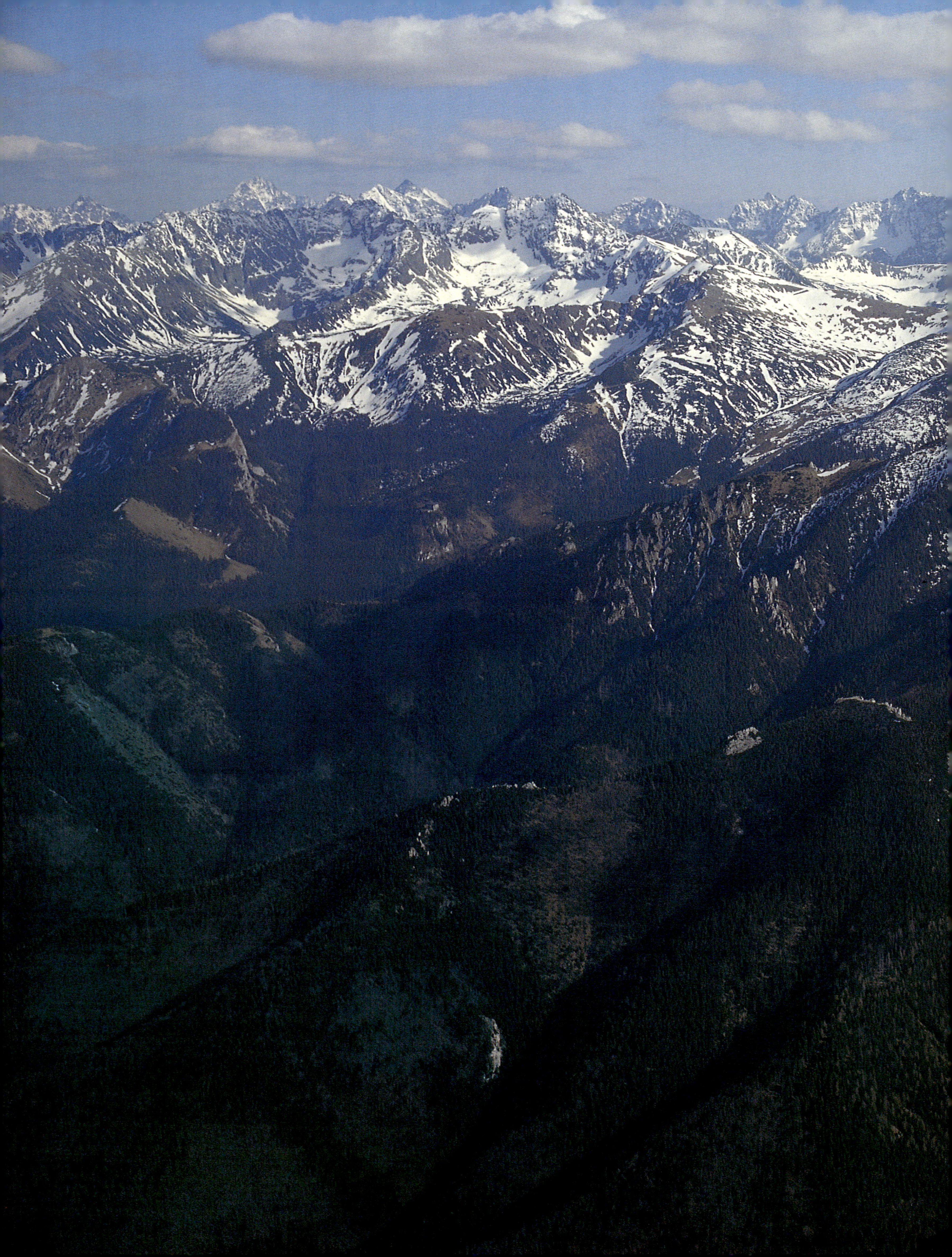

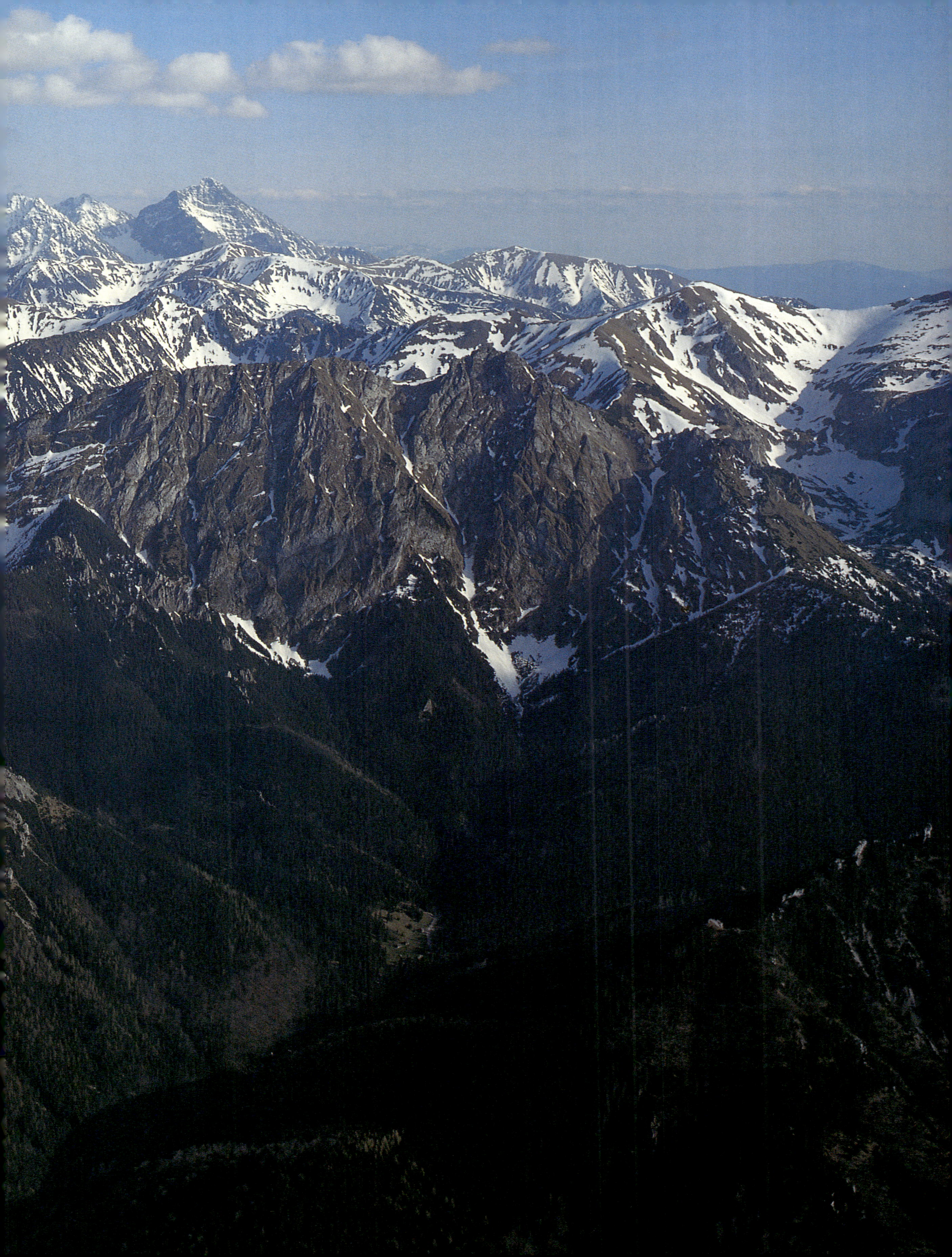

Der das Chochołowska – Tal hinunter fließende Bach Siwa Woda wird im Winter von einer dicken Eis- und Schneeschicht bedeckt. Die Bäume tragen nur mit Mühe die Last des auf ihnen ruhenden Schnees, die Natur fällt in den Winterschlaf...

Adam Asnyk, bekannter polnischer Dichter, schrieb von der Schönheit der Tatra hingerissen:

Da oben stehen in rosa Flammen
die von der Sonne vergoldeten Gipfel.
Über gewundener Felsenkrone
strahlt der blaue Himmel.

Da unten – Wälder im Schatten verborgen
versinken noch im Perlennebel,
der im Lichtspiel des Morgens schleicht
langsam an den Schluchten vorbei (...)

Bieszczady (Ostbeskiden) bilden heute die Gebirgsgrenze im Südosten Polens. Sanfte, bewaldete Hänge sind von unzähligen Bächen und Wasserädern durchquert. Die höchstgelegenen Almen erreichen über 1300 Meter über dem Meeresspiegel. Seinerzeit galten Bieszczady als die wildeste Ecke Polens, heute werden sie von Touristenscharen und Wanderern besucht. In den besonders wertvollen und malerischen Teilen dieses Gebirges ist im Jahr 1973 der Bieszczady-Nationalpark gegründet worden, wo Fauna und Flora in ausgesonderten Naturreservaten unter Schutz stehen. In der hiesigen Wildnis leben im Walddickicht Bären und Wölfe, die herrlichen Karpaten-Hirsche und Wisente sowie viele andere seltene Tierarten.

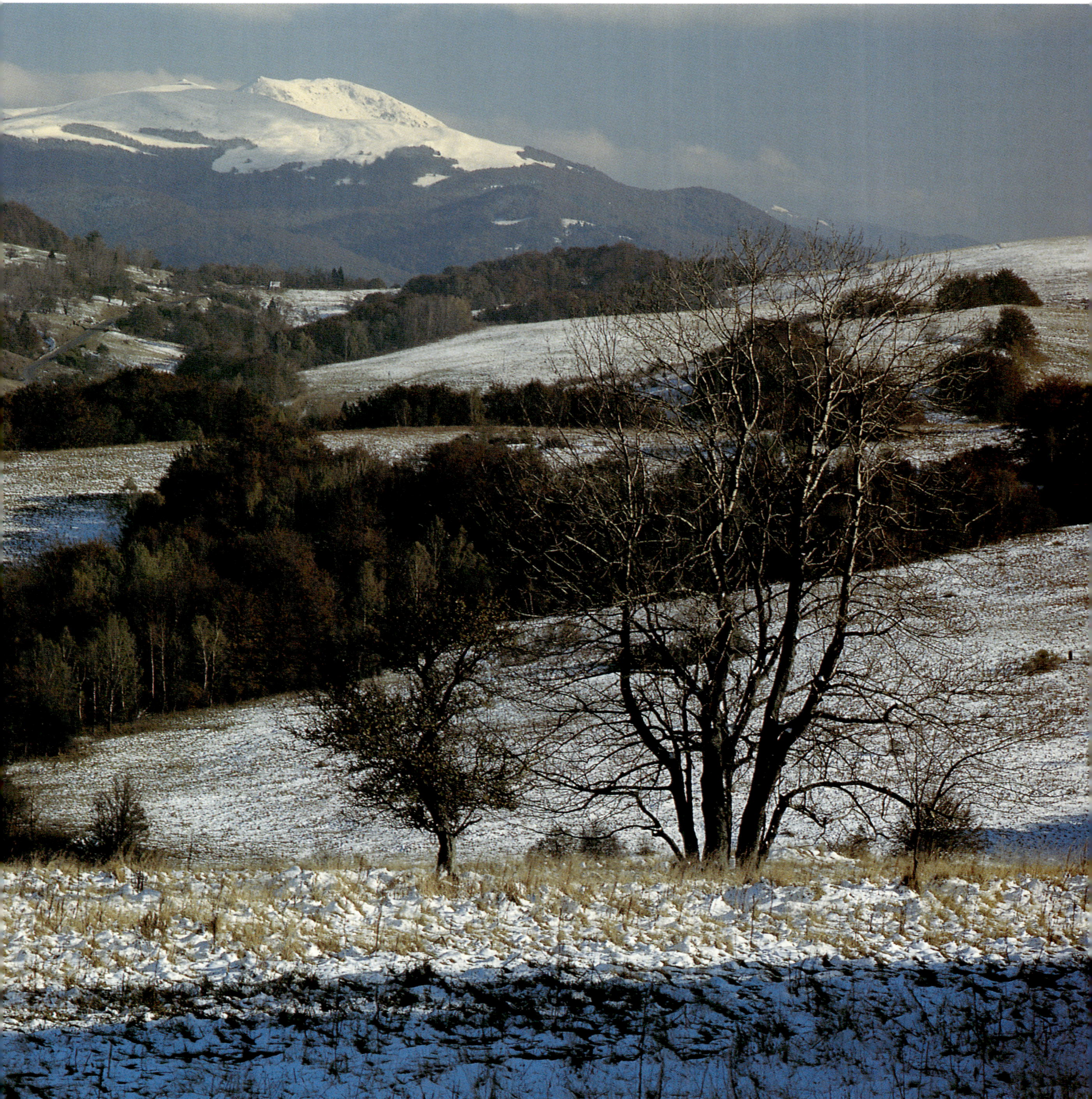

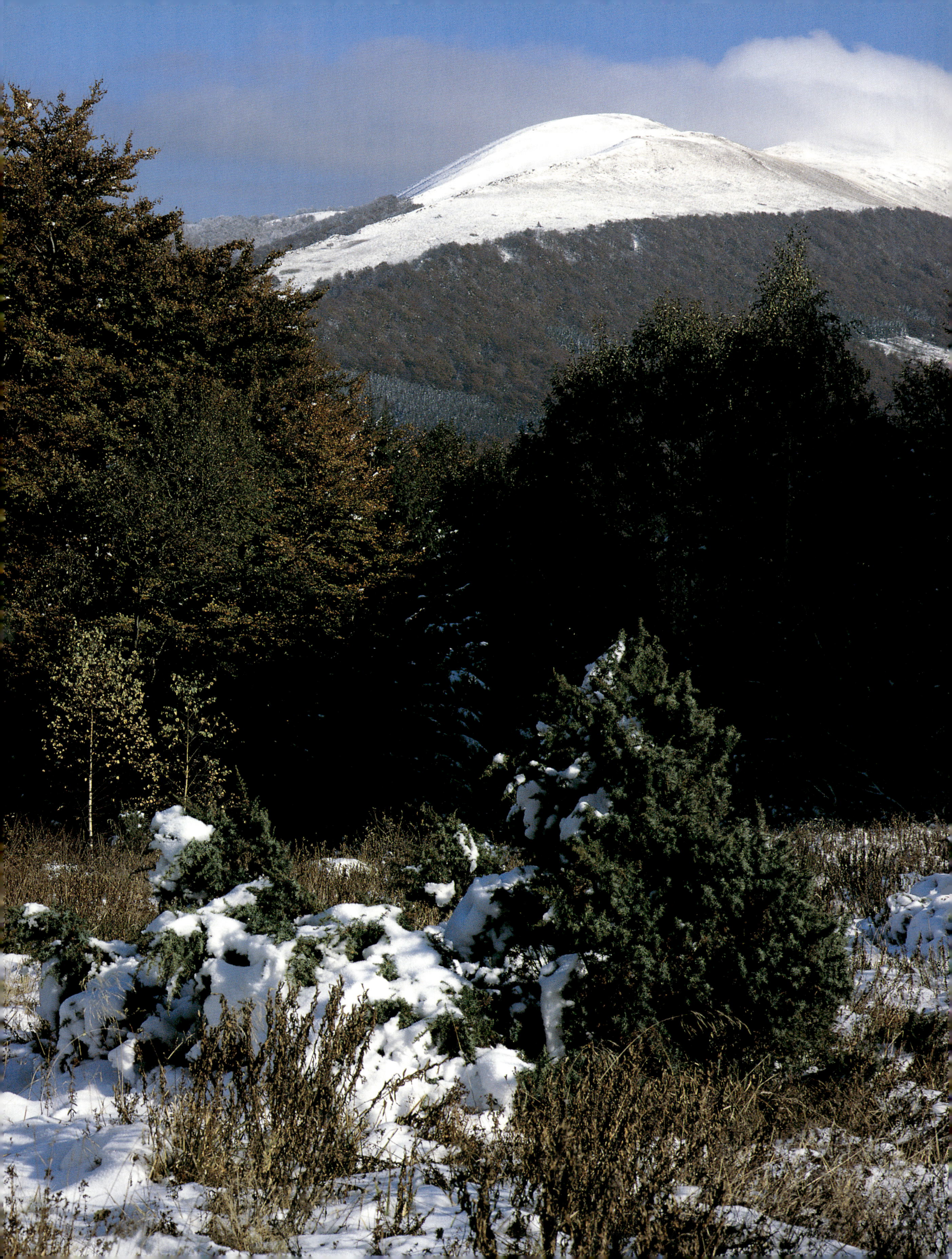

Die zwischen den Wälder rauchenden Holzkohlebrennstellen bilden ein charakteristisches Element der Beskiden-Landschaft. Das Holz, das natürliche Reichtum der Region, wird nach der originalen Technologie, in großen Metallbehältern gebrannt.

BIESZCZADY

Im Santal

Die Schönheit der Bieszczady-Landschaft unterstreichen zahlreiche Bäche und Wasseradern, die Schluchten und Täler herabfließen. Das Wasser rauscht sanft über das Gestein, überwindet die Felsen und sein Strom wird in den Tiefen manchmal ruhiger... Die Bäche bringen das Wasser in das Tal von San, dem größten Fluss von Bieszczady.

Schon 1921 entstand die Idee, einen Staudamm und ein Wasserkraftwerk am Fluss San zu bauen – die Fertigstellung fand gegen Ende der 60er Jahre statt. Es entstand ein Wasserbehälter von 21 Quadratkilometer Fläche, die Uferlänge beträgt über 160 Kilometer. Auf diese Weise wurde nicht nur der San-Strom reguliert: es entstand auch ein malerischer See inmitten der Berge von Bieszczady, ein ausgezeichneter Erholungsort.

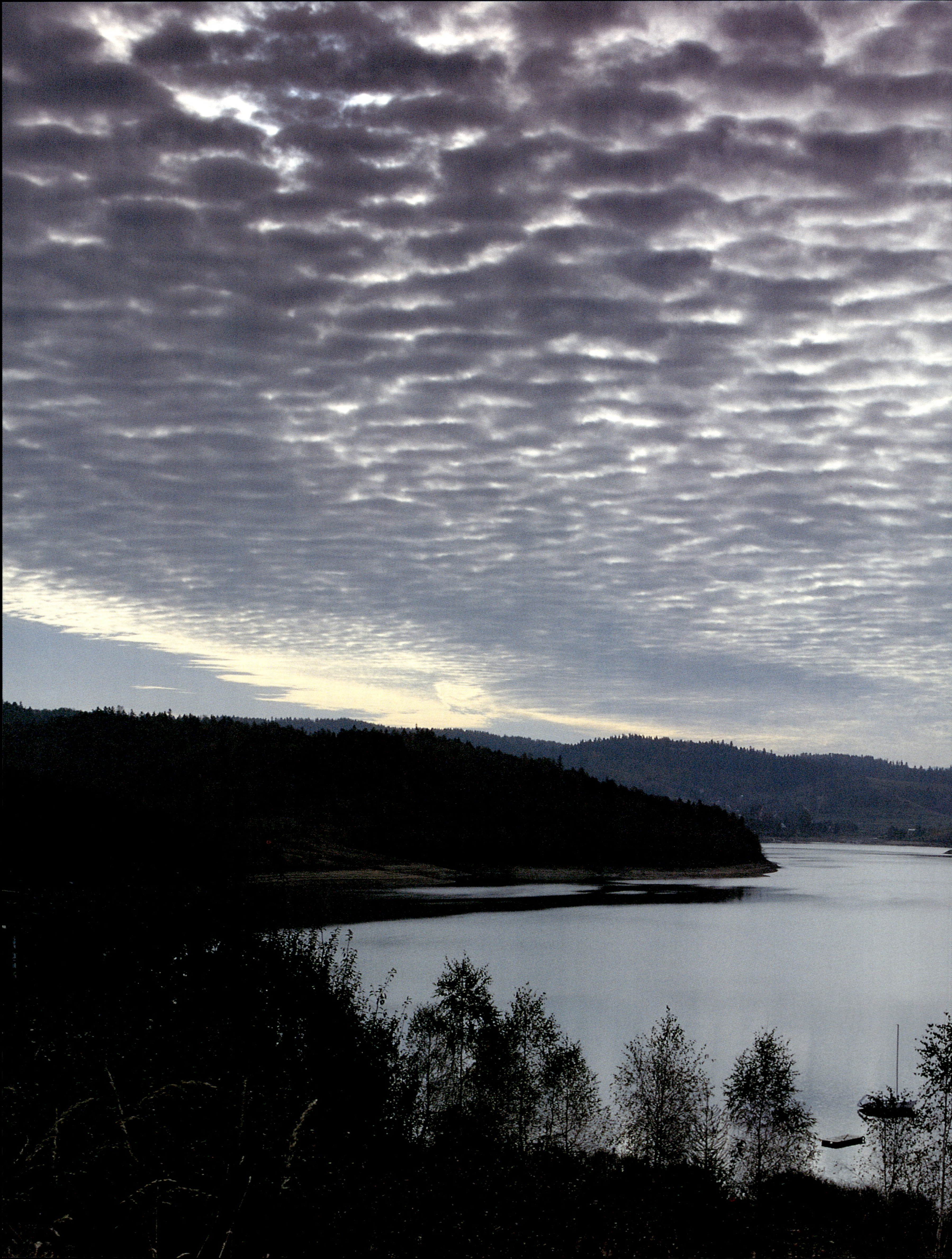

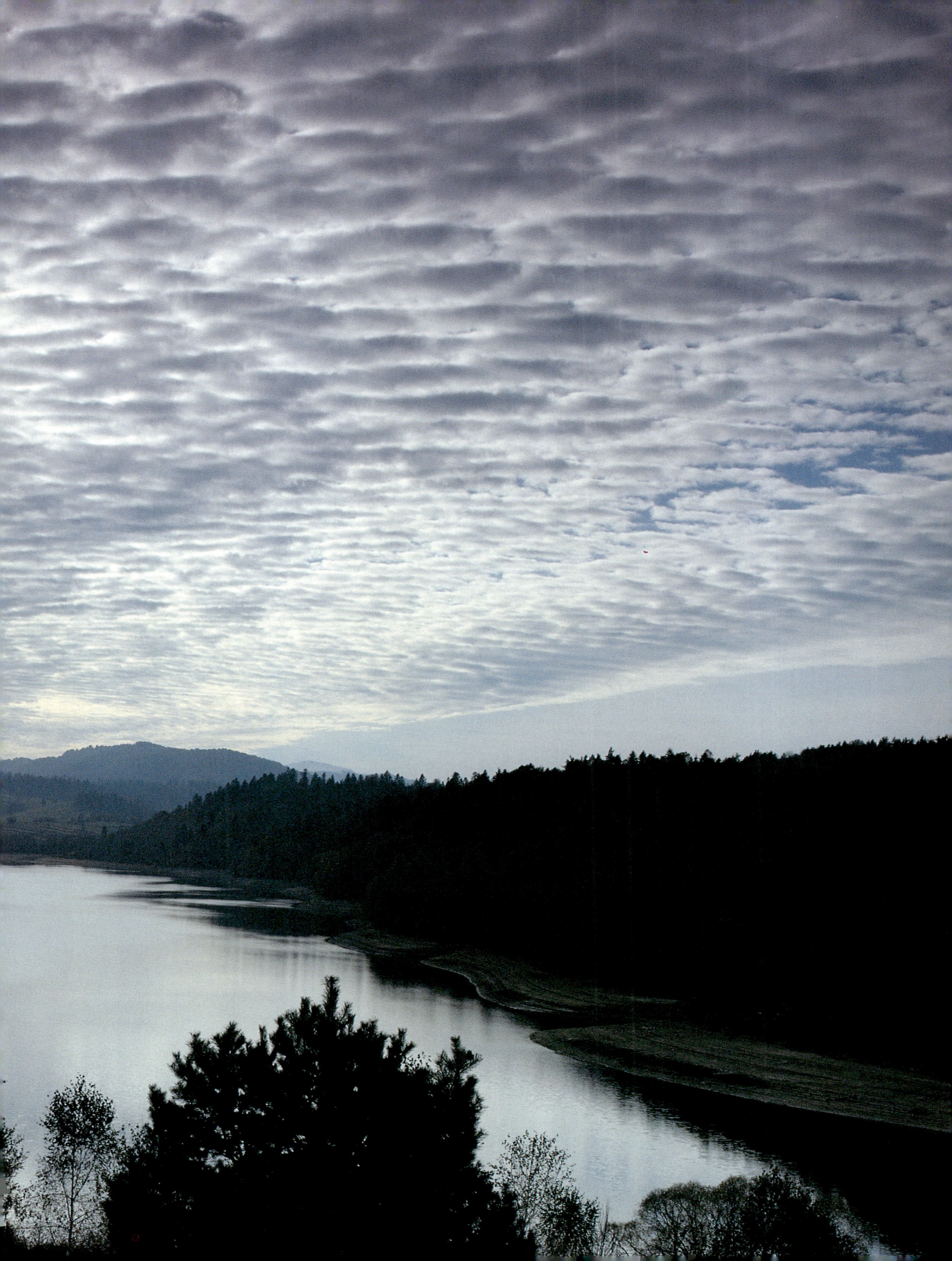

Die Durchbrüche der Bäche von Bieszczady sind besonders schöne Erscheinungen mit einem Hauch von Wildnis. Die Hänge des Solinka-Tals erheben sich steil über dem Flussbett und sind mit alten, deformierten Bäumen bewachsen. Das Naturschutzgebiet „Sine Wiry" (Der blaue Wasserwirbel) umfasst einen Teil des Wetlina-Bettes, wo der Bach Felsblöcke durchbricht. Das Wasser bahnt sich seinen Weg zwischen den Talhängen, der aufgewühlte Strom schäumt über den Felsschwellen...

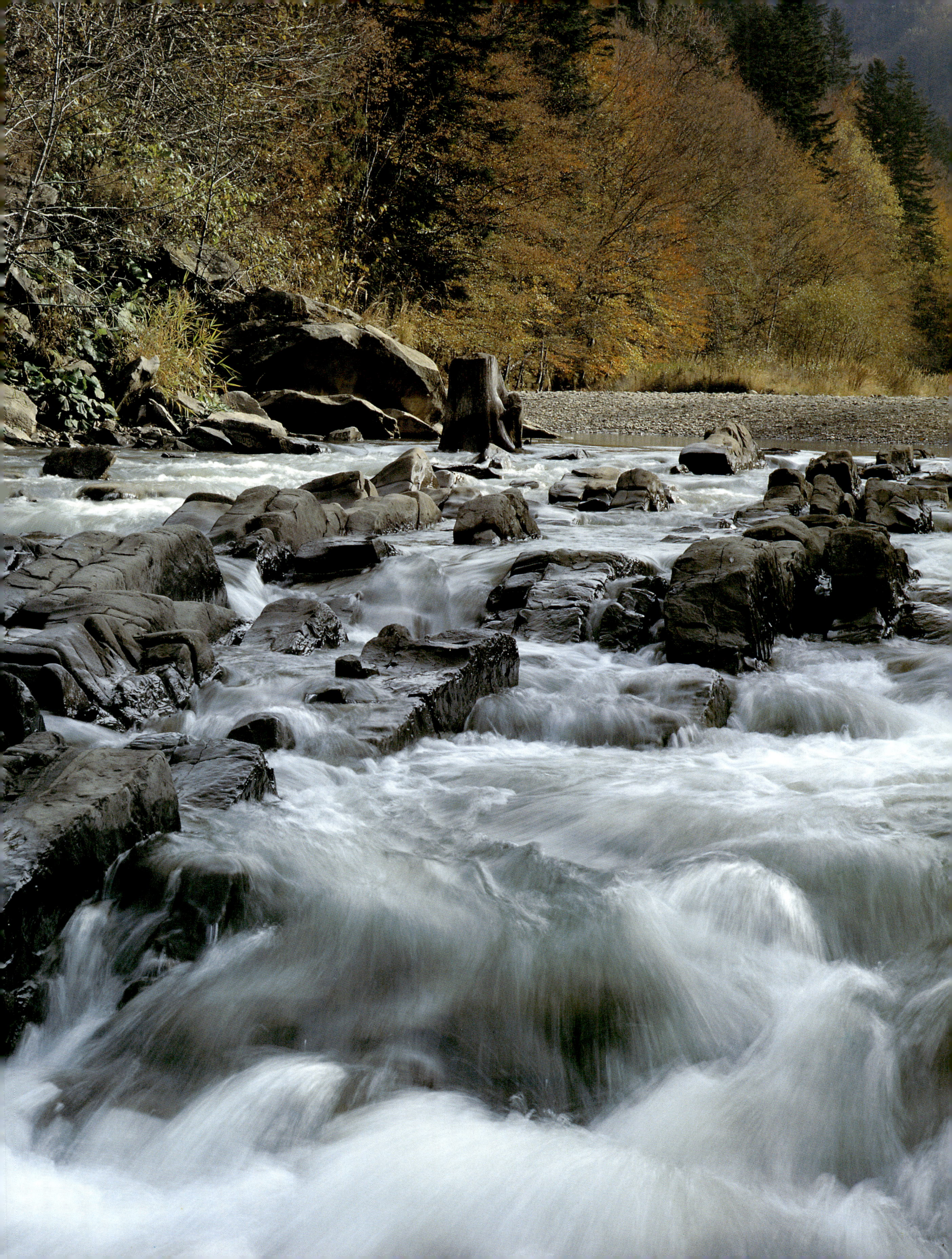

Der Sonnenaufgang am Solina-Stausee lässt die Mannigfaltigkeit der Landschaft wirken: die entfernten Bergzüge und die abwechslungsreiche Uferlinie des Stausees.

BIESZCZADY

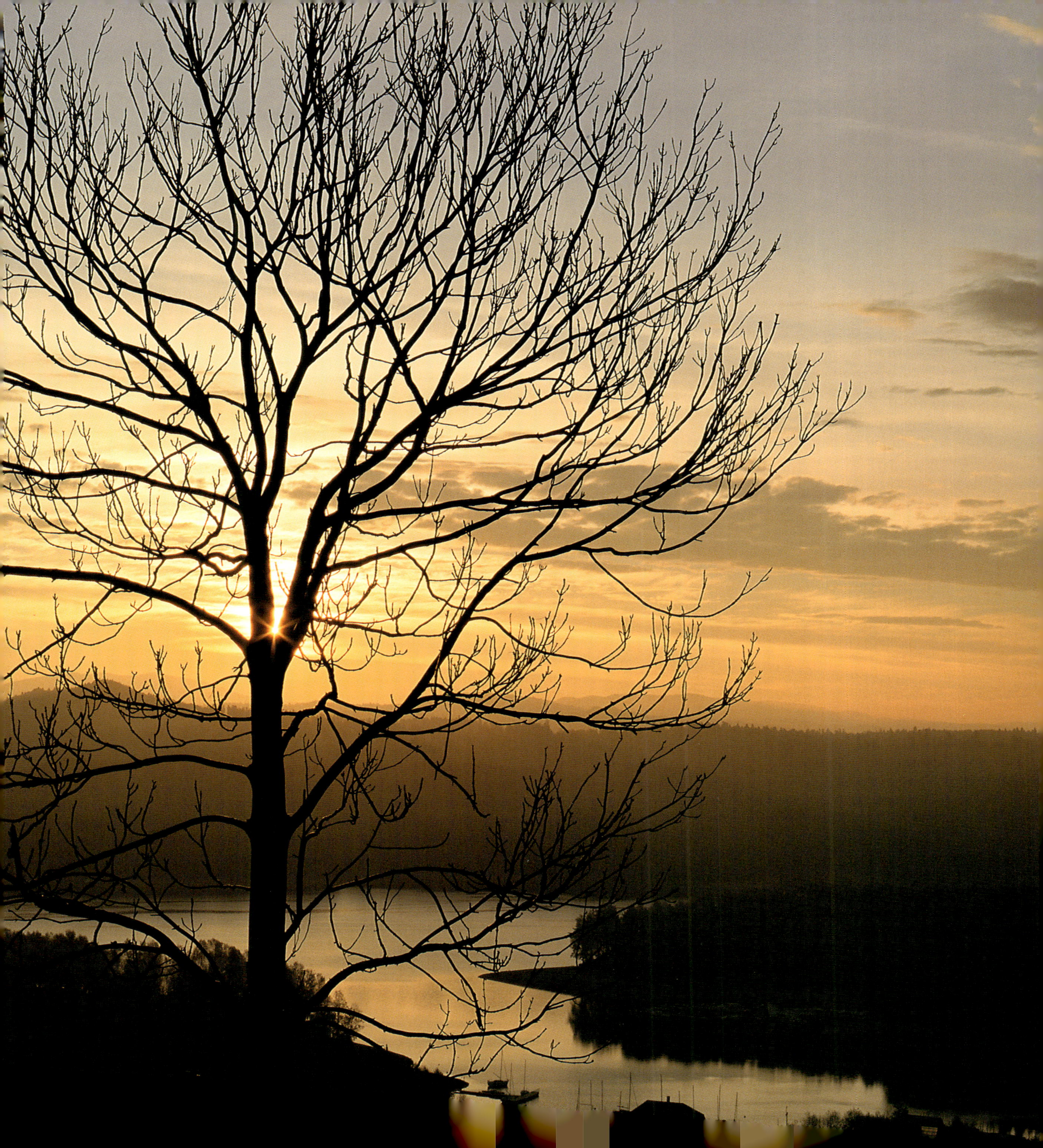

Das Stadtpanorama von Przemyśl verleiht den Eindruck, von einem hervorragenden Maler entworfen zu sein. Die Kaskadenartige verteilt sich über den Hang des San-Tals, am Rande der Karpaten. Über den Dächern erheben sich die Kirchentürme – am höchsten ragt der Turm des ehemaligen Karmelitenklosters empor; darunter sieht man die der griechisch-katholische Kathedrale und die Franziskaner-Kirche sowie – im Hintergrund – die Kathedrale zum hl. Johannes dem Täufer.
Am Berghang, zwischen den mit Schnee bedeckten Bäumen, ist eine weiße Bastei der 1340 erbauten Burg von Przemyśl zu sehen. Sie entstand an der Stelle, wo sich früher, zur Zeit der russischen Fürsten, die alte Burg erhob.

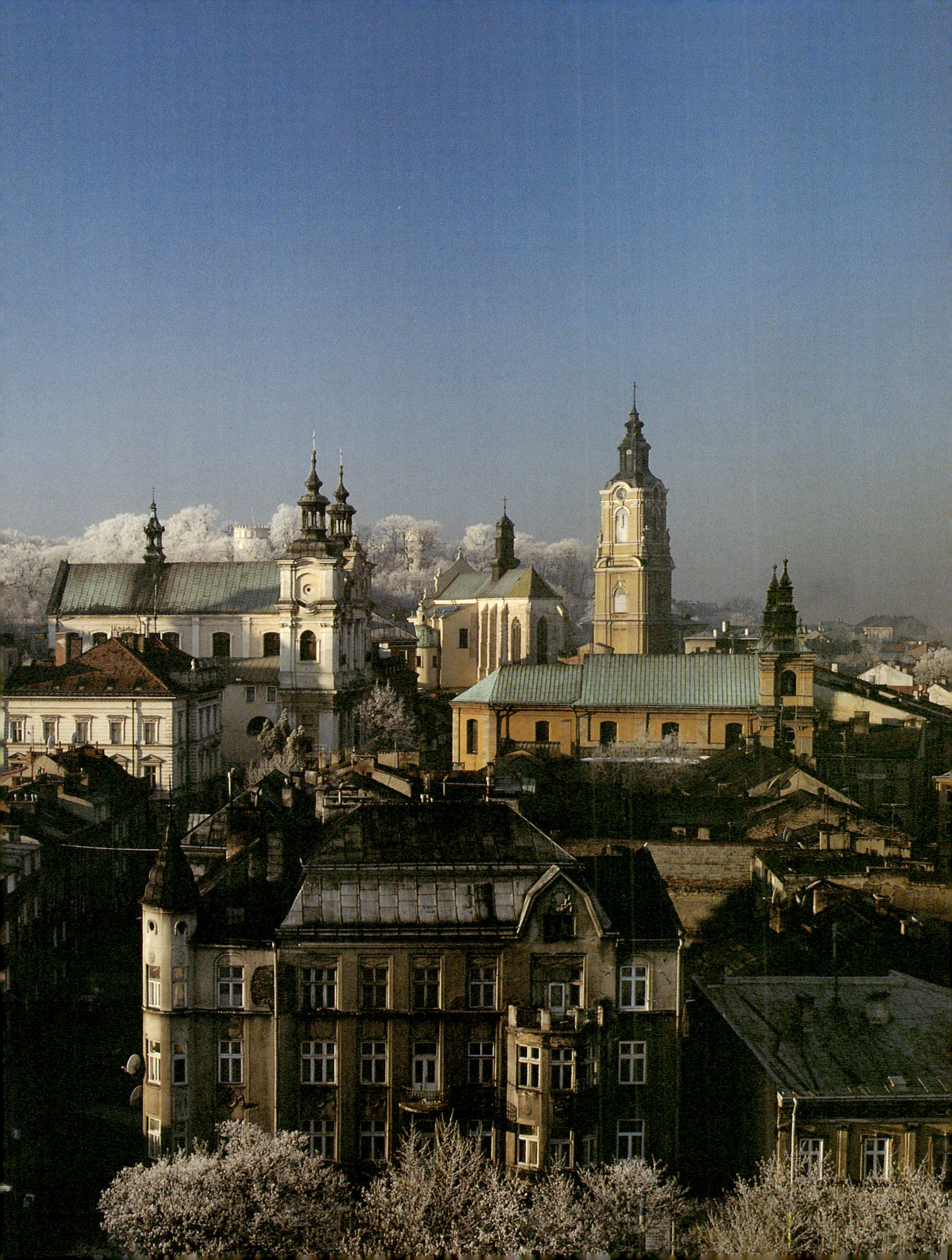

Entscheidend für die Geschichte der Stadt Przemyśl war ihre strategische Lage. Seit der Gründung der Stadtsiedlung prallten hier Interessen des Kiewer Rutheniens und Polens aufeinander. Von Zeit zu Zeit wurde sie von Tataren- und Ungarenüberfällen heimgesucht. Immer schon war es eine Stadt im Grenzgebiet verschiedener Kulturen und Nationen. Die Angliederung von Przemyśl samt Roten Ruthenien an Polen (1340) ist König Kazimierz Wielki zu verdanken. Im 19. Jh. ist Przemyśl zu einer Festung geworden; es war eines der größten militärischen Bauwerke des damaligen Europa. Den Entwurf der Befestigungsanlagen der Stadt erarbeitete der schweizerische Ingenieur, Salis-Soglio, der in der österreichischen Armee diente. Im Umkreis von 45 Kilometern sind 44 Forts entstanden, die Befestigungen wurden bis zum Ausbruch des 1. Weltkrieges erweitert. Die Festung Przemyśl erfüllte ihre Aufgaben während des Krieges – sie hat 1914 die Angriffe der Russen aufgehalten, wobei sie zweimal umzingelt wurde. Die zweite Belagerung war für die Verteidiger verhängnisvoll – in der Nacht vom 21. auf den 22. März 1915 hat die Festung Przemyśl kapituliert. Die Spuren der blutigen Schlachten sind auf den Friedhöfen von Przemyśl zu finden – hier ruhen nebeneinander österreichische und russische Soldaten, nebenan befindet sich der polnische Friedhof.

Das Tal des Flusses San ist ein Gebiet, wo seit Jahrhunderten zwei Kulturen und zwei Religionen zusammentreffen: die abendländische des Katholizismus und die östliche der orthodoxen Kirche. Jedes Jahr zelebrieren die Gläubigen östlichen Ritus am 19. Januar das Jordan-Fest – das Fest der Taufe Christi. Die feierliche Liturgie beginnt mit einer Vormittags-Messe, danach begibt sich die Prozession ans Ufer des Flusses. Auf einem mit Fichtenzweigen geschmückten Podest, an einem bescheidenen Altar weihen die Priester das Wasser durch das dreifache Tauchen im Flusse eines goldenen Kreuzes. Eine frei gelassene Taube symbolisiert den Heiligen Geist – es knüpft an das Ereignis der Taufe Christi an.

DAS JORDAN-FEST

Im Santal

Das Weihwasser schöpfen die Gläubigen in die mitgebrachten Gefäße und nehmen es nach Hause mit; dem Wasser werden außergewöhnliche Eigenschaften zugeschrieben und sein Trinken gilt als die Allegorie der Bereinigung. Das Jordan-Fest, diese schöne und geistvolle Zeremonie, wird in den weitesten Ecken Ostpolens begangen. Manchenorts, wie in der Stadt Przemyśl, wird sie auch zum Anlass für ein Zusammentreffen der katholischen und griechisch-katholischen Kirche; an der Liturgie nehmen Gläubige und Geistliche beider Konfessionen teil.

Auf dem Hügel über der Stadt Przemyśl erhebt sich die Kasimir-Burg, ein Wehrkomplex, der an der Stelle einer uralten Burg aus dem 10. Jh. gebaut wurde. Über Jahrhunderte lang konnte man von hier aus das San-Tal sowie den strategischen Weg nach Ruthenien bewachen. Hier hielten sich während der Kriegszüge nach dem Osten polnische Könige – Bolesław Chrobry und Bolesław II. Śmiały auf. Nach dem Jahre 1340, als König Kazimierz Wielki die Wehrarchitektur in ganz Polen modernisierte, wurde auf dem Hügel eine Steinburg erbaut – aus dieser Zeit stammt das Einfahrtstor. Die späteren Besitzer haben dem Bauwerk seine Renaissance-Gestalt verliehen – damals wurden auch Basteien, die mit Attiken gekrönt waren, errichtet.

Nicht weit von Przemyśl, zwischen den alten Bäumen einer herrlichen Parkanlage aus dem 18. Jh. schimmern weiß die Mauern von einem großen Schloß, dem Nest des Geschlechtes Krasicki. Das Schloss wurde auf dem Grundriss eines von Basteien umgebenen Vierecks gebaut, weil Stanisław Krasicki beabsichtigte, ihm den Wehrcharakter zu verleihen. Doch kurz danach, im Jahre 1598, hat Marcin Krasicki den Erbsitz zu einer Palast-Residenz umgebaut. Seit Mitte 17. Jh. wechselten häufig die Besitzer dieses großen Schlosses; im 20. Jh. waren die Nachkommen des noblen Sapieha-Geschlechtes die letzen Bewohner des Schlosses.

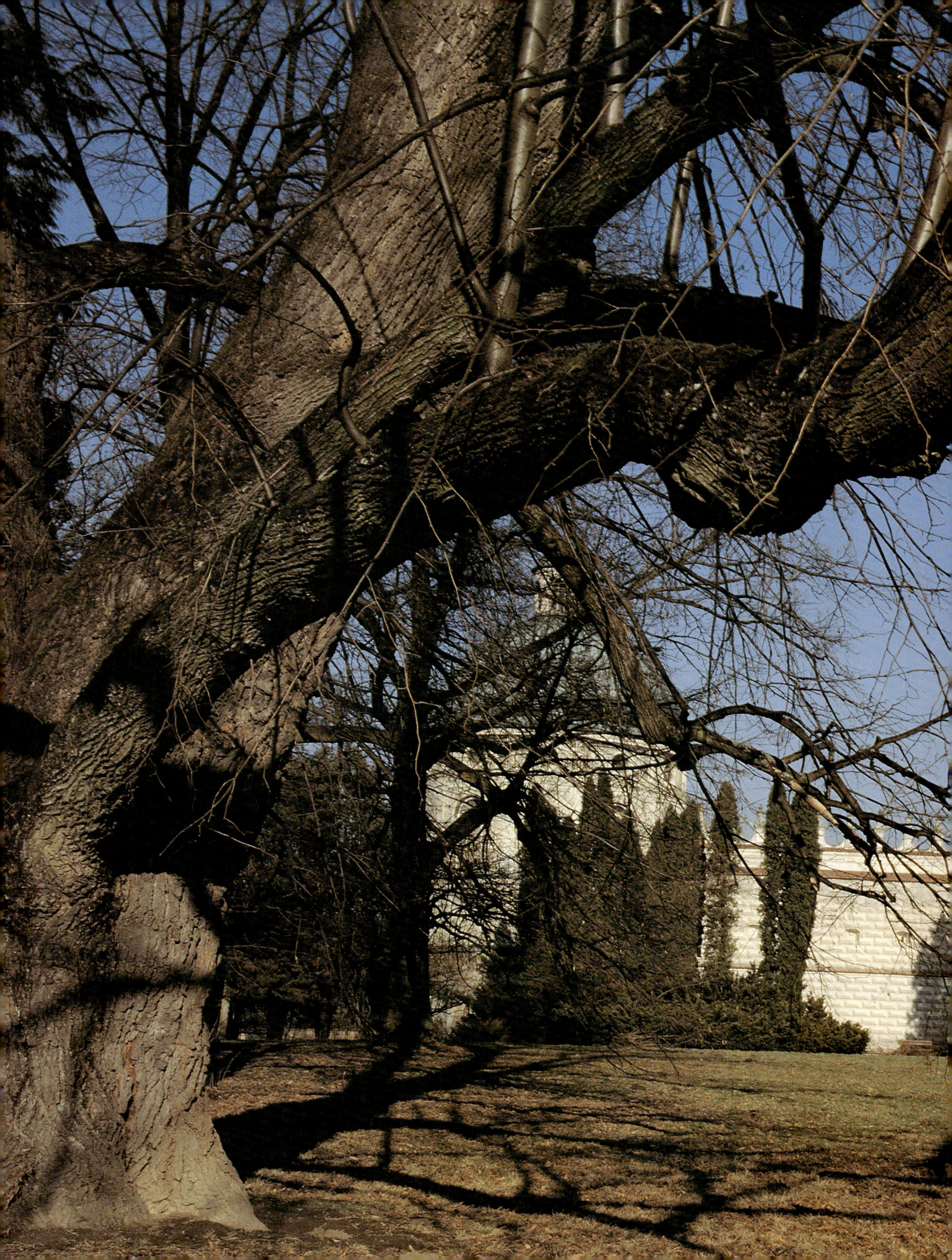

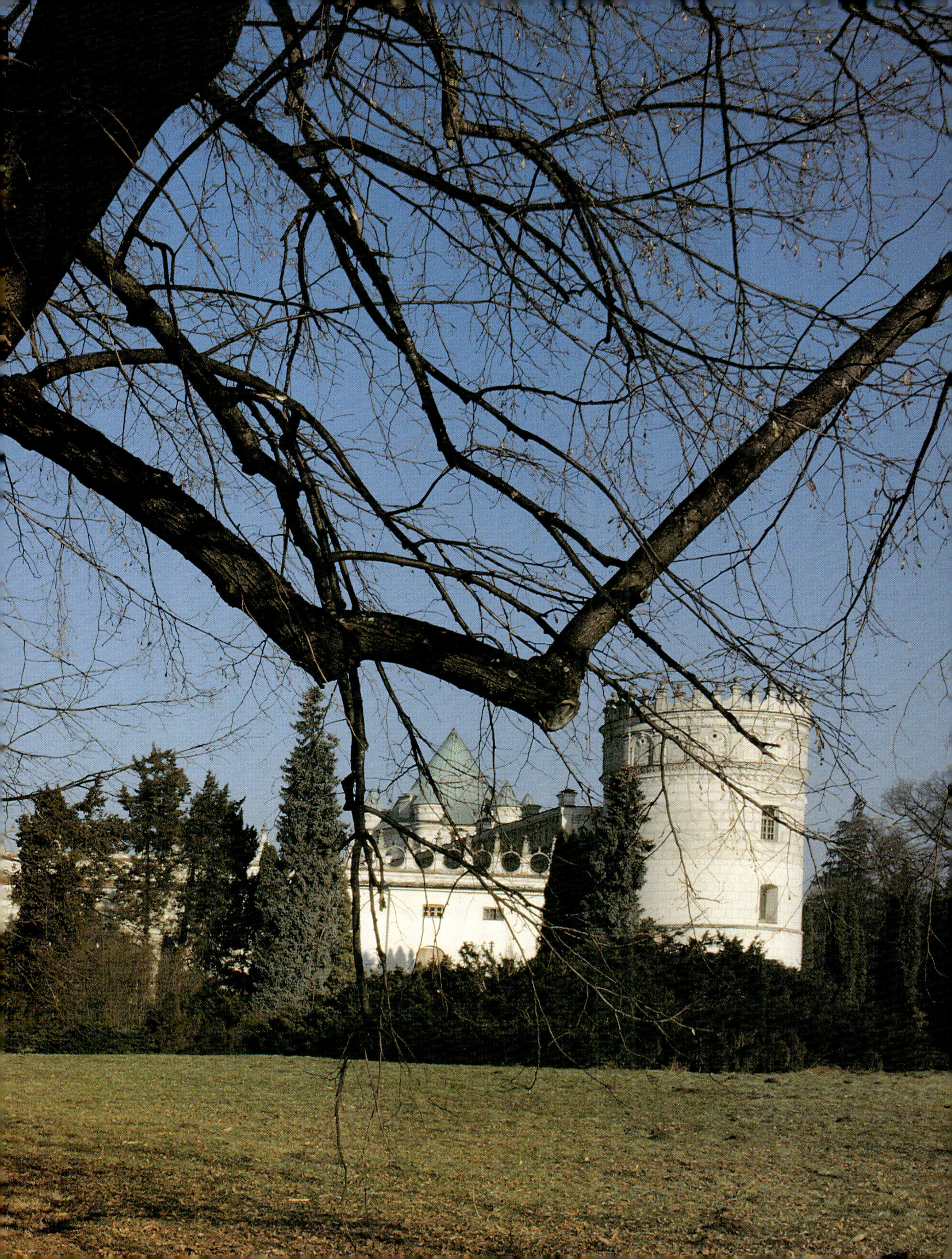

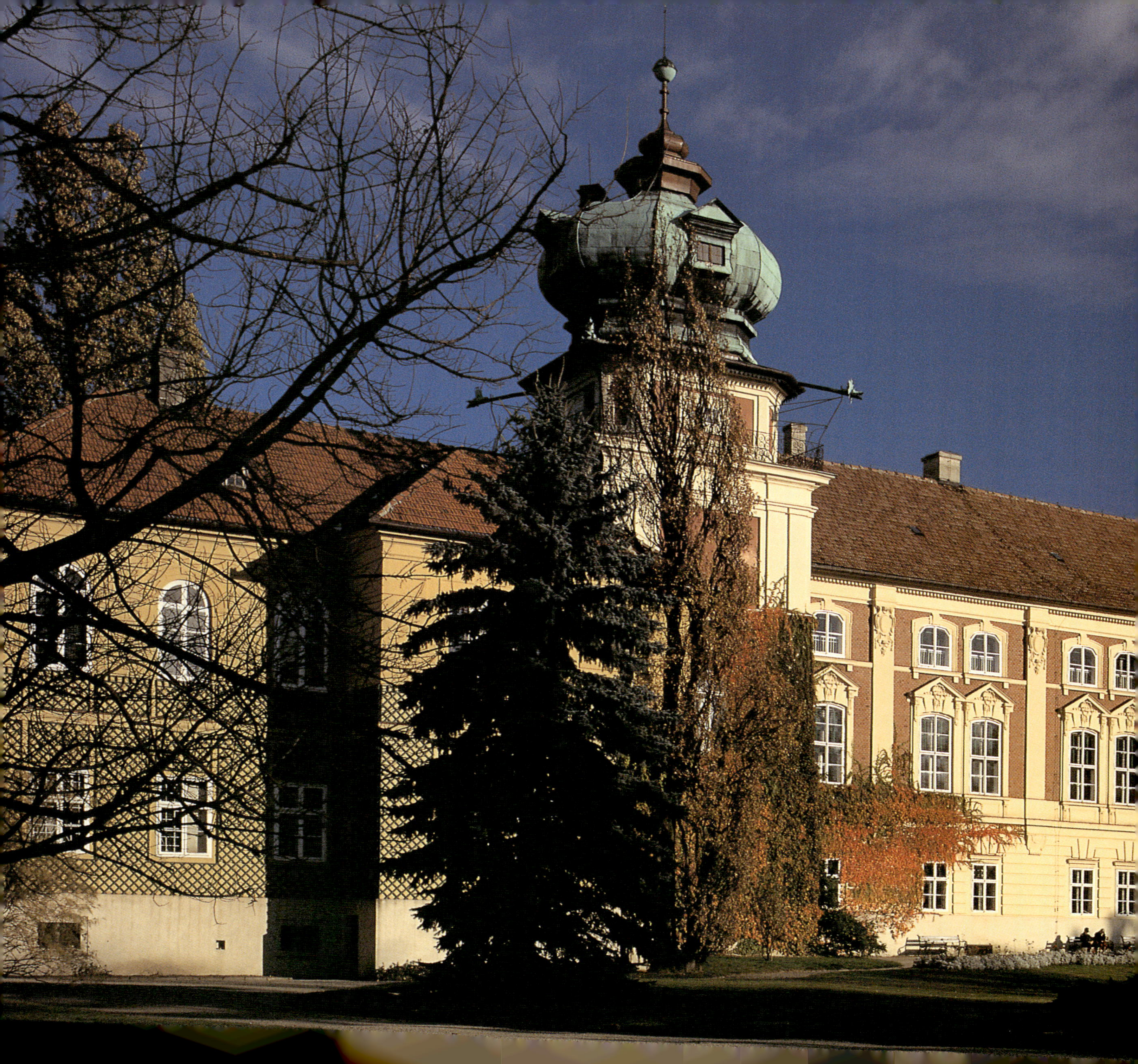

Das Schloß in Łańcut ist die prächtigste erhaltene Residenz im Südosten Polens. Es wurde in den Jahren 1629–1641 für Stanisław Lubomirski, den russischen und Krakauer Woiwoden, nach dem Entwurf von Maciej Trapoli errichtet. Die Vierflügelanlage mit dem Ehrenhof, der Orangerie und dem Bibliothekspavillon ist von Befestigungsanlagen in Form eines Pentagramms umgeben. Um das Schloß herum ließen die Eigentümer eine wunderschöne Gartenanlage errichten – die Alleen führen zum Rosengarten, Englischen und Italienischen Garten, sowie zum Krautpflanzengarten. Der Große Kronmarschall, Jerzy Sebastian Lubomirski, sanierte das Schloß im Jahre 1661 anläßlich der Hochzeit seiner Tochter Krystyna mit Feliks Kazimierz Potocki. Die Nachkommen der Familien Lubomirski und Czartoryski nahmen als Erben des Besitzes zahlreiche Veränderungen im Schloßgebäude und den Innenräumen vor. Die Arbeiten wurden von hervorragenden Architekten und Künstlern durchgeführt; es wurden auch zahlreiche europäische Kunstwerke gesammelt.

Bei Sonnenuntergang sind die Details der Vorderansicht des Schlosses deutlich sichtbar, die an der Wende des 19. und 20 Jahrhunderts nach dem Entwurf von Albert Pio und Amado Bauqué umgebaut wurde.

ŁAŃCUT

Das Erbe des Adels

Der Einfluß der aufeinanderfolgenden Generationen des Hochadels auf die Gestaltung des nationalen Kulturerbes ist außerordentlich hoch zu bewerten. Ganze Jahrzehnte hindurch wurden Kunstwerke gesammelt, hervorragende Bibliotheken geschaffen, und die Innenräume von Meistern des Handwerks geschmückt. In Łańcut nahm der Theatersaal einen ehrenvollen Platz ein, der im klassizistischen Stil nach dem Frühentwurf von Christian Peter Aigner um 1800 geschaffen wurde. Die Buchsammlungen wurden in der Bibliothek aufbewahrt, die vor 1792 erbaut und von Amado Bauqué und Albert Pio um 1900 umgebaut wurde – nach ihrem Entwurf wurde die Gestaltung der Innenräume im elisabethanischen Renaissancestil durchgeführt. Der Ostkorridor, der rote genannt, ist mit einer Kiefernholzverkleidung geschmückt, die roten Wände enthalten ein Monogramm von Alfred II. Potocki und das Wappen „Trąby". Über dem Kamin hängt das Porträt von Barbara Radziwiłłówna.

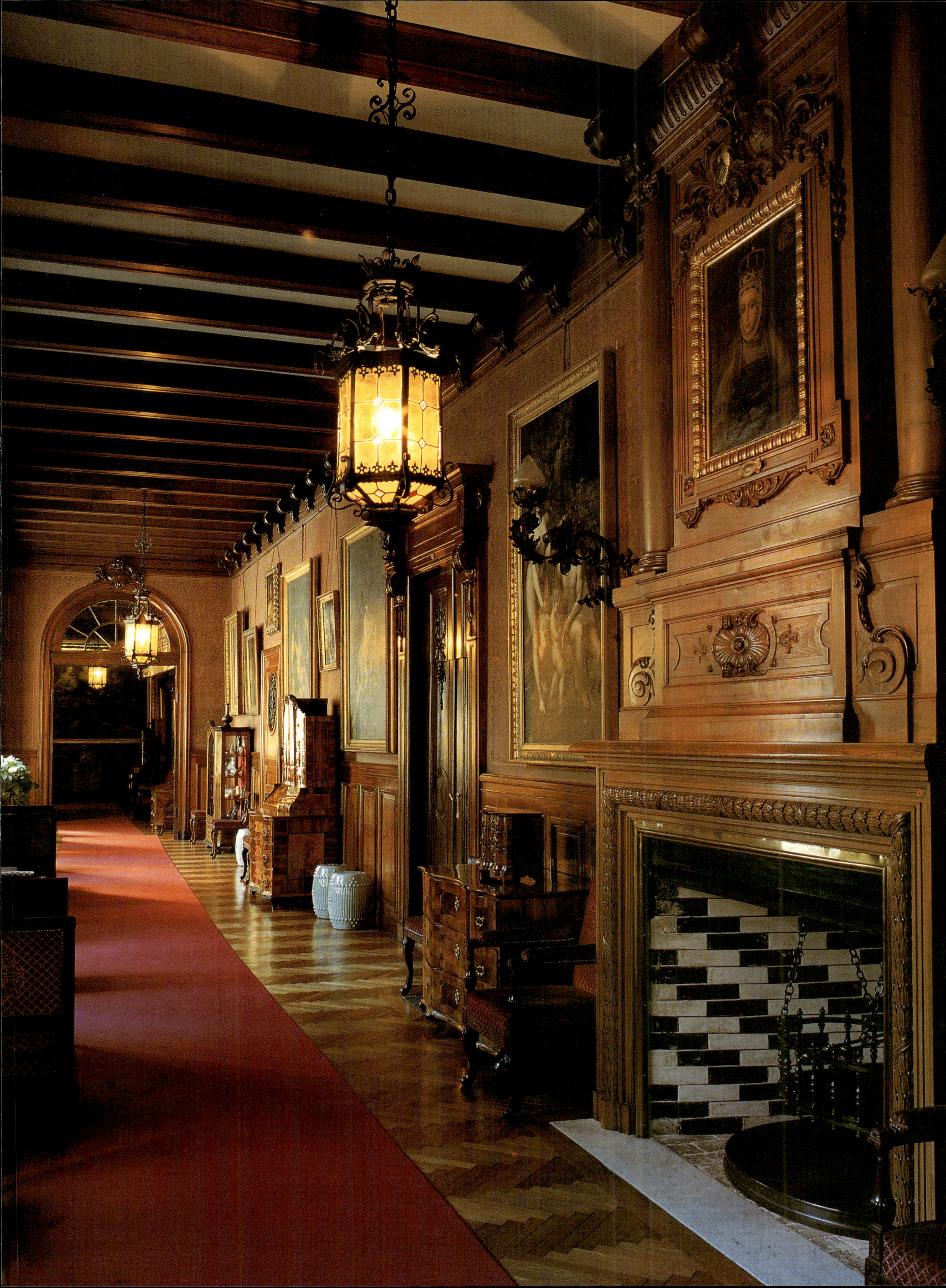

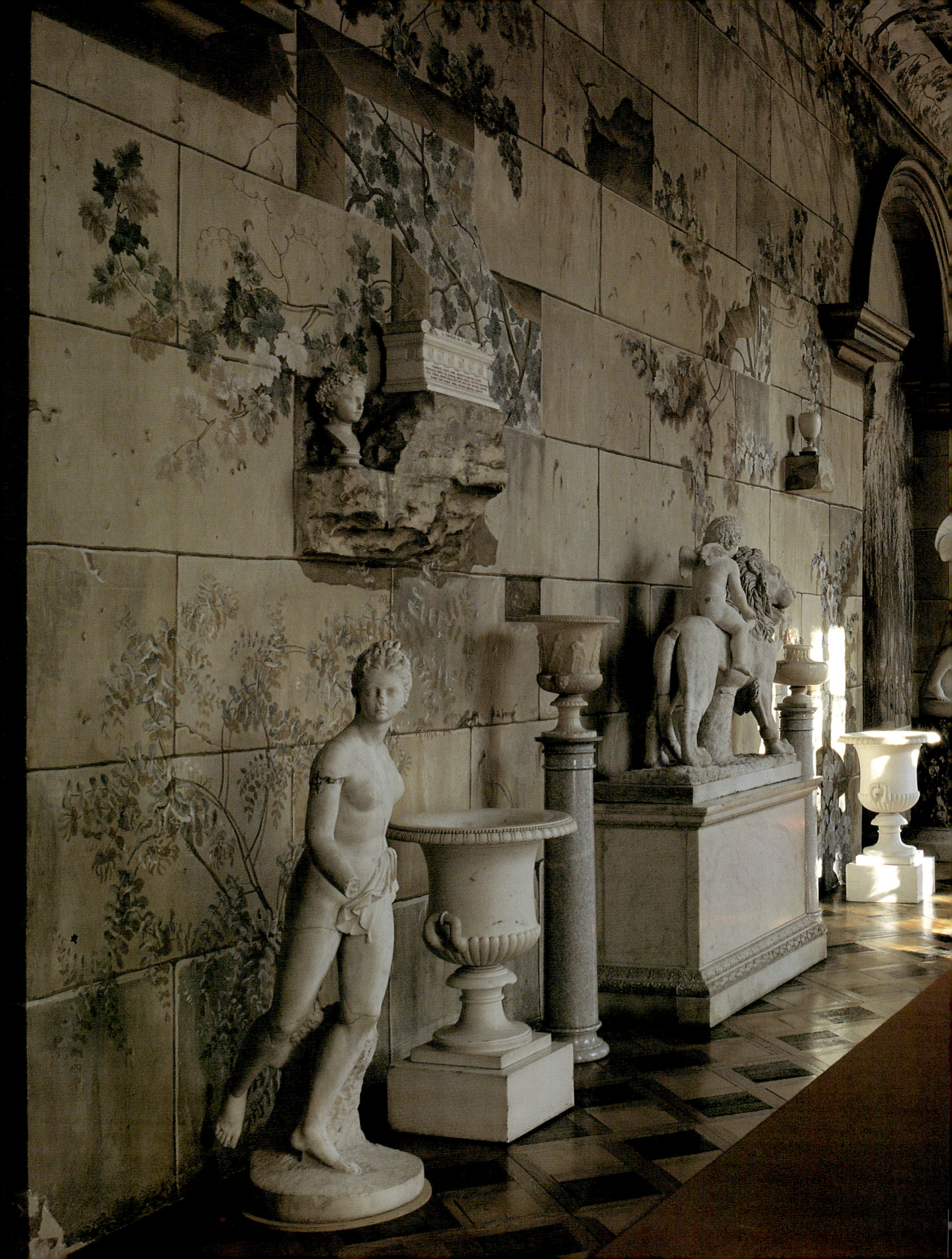

Die Skulpturengalerie entstand um 1792 infolge des Umbaus des Korridors im ersten Stock. Das Arrangement wurde von Jean-François de Thomon vorgenommen. Nach seinem Entwurf wurden die Wände und die Decke mit illusionären Gemälden verziert, die eine Gartenlaube nachahmen. Die Raumgestaltung stützt sich auf antike Motive und die Gemälde werden mit Gipsstuck, Fragmenten von Flachreliefs und Mosaiken bereichert. Der Raum wird von den durch die sechs hohen Fenster einfallenden Sonnenstrahlen erhellt, die Korridordecke verschafft den Eindruck einer realen Gartenlaube, die den Weiten des Himmels offen steht.

ŁAŃCUT

Die 1902 nach dem Entwurf von Amado Bauqué erbaute Wagenburg steht an der Stelle des Objekts aus dem Jahr 1833 und enthält die in Polen größte Sammlung von über 120 Wagen, Schlitten und Kutschen. Die Exponate stammen sowohl aus der originalen Kollektion der Familien Lubomirski und Potocki, als auch den nach dem letzen Krieg wiedergefundenen, bei privaten Besitzern erhaltenen historischen Pferdewagen.

ŁAŃCUT

Zwischen Sträuchern und Bäumen ragt über die nordwestliche Bastion der das Schloß umgebenden Befestigungsanlage die von Christian Peter Aigner und Friedrich Bauman entworfene Gloriette empor. Sieben korinthische Säulen stehen auf einem niedrigen Sockel, das Kapitel ist mit Girlandenmotiven aus Stuck verziert.

Die Geschichte von Leżajsk, einer der ältesten Städte Südostpolens reicht bis ins 14. Jahrhundert zurück. Ursprünglich verdankte die Stadt ihre Existenz einer günstigen Lage am Ufer des San – einem Wasserweg der nach Danzig führte. Seinen geistigen Reichtum hat die Stadt wiederum dem Patres-Bernhardiner-Kloster zu verdanken; um diesen Mittelpunkt konzentrierte sich das religiöse Leben der umliegenden Siedlungen. Der Kloster-Wehrkomplex wuchs seit 1608 an einem Ort, wo nich Überlieferungen die Muttergottes mit Heiligem Josef gesehen wurde. Eine kleine Holzkirche wurde 1618–1628 durch einen spätbarocken Tempel ersetzt, gestiftet von Łukasz Opaliński, dem Großen Hof- und Kronmarschall.

Leżajsk

Der Kloster-Komplex besticht schon von außen durch seine Größe, der barocke Innenraum der Kirche erweckt Begeisterung: die vergoldeten Altäre korrespondieren mit den Polychromie-Gemälden, am Hauptaltar gibt es ein prachtvolles Chorgestühl aus der Mitte des 17ten Jahrhunderts.

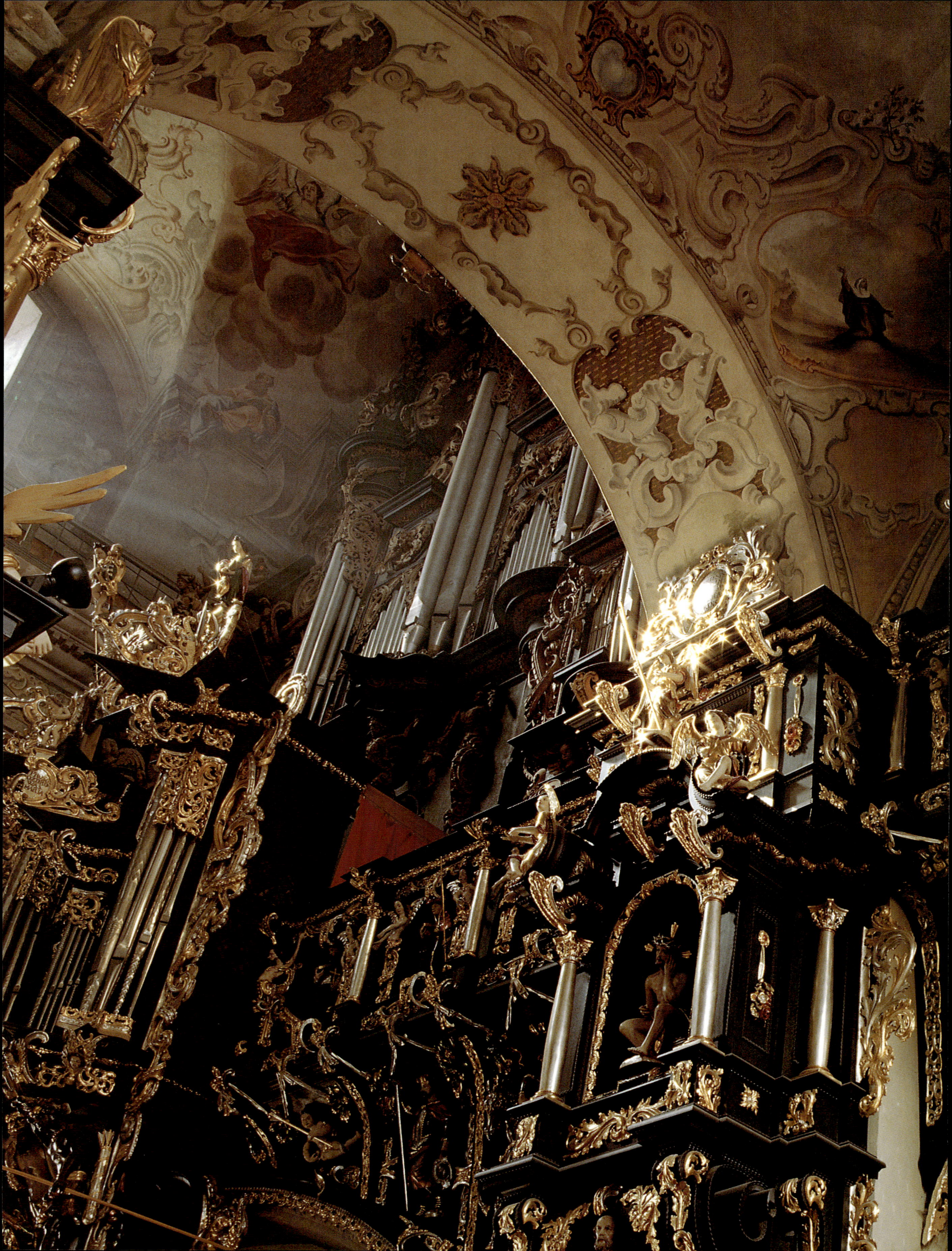

Die Orgel der Klosterkirche zu Leżajsk ist ein herrliches Werk der Barockkunst, eines der größten Instrumente dieser Art in Europa. Sie wurde in zwei Etappen gebaut: 1680–1682 von Stanisław Studziński, dem Orgelbaumeister aus Przeworsk und fertiggestellt 1686–1693 von Jan Głowiński aus Krakau.

LEŻAJSK

נר ה' נשמת אדם

Fast zwei Jahrhunderte lang war Leżajsk eine lebhafte Gemeinschaft zweier Religionen und Gesellschaften: neben dem katholischen Sanktuarium der Mutter-Gottes-von-Leżajsk am Bernhardiner-Kloster entwickelte sich jenseits der Stadt eines der Hauptzentren der Chassiden-Bewegung in Südostpolen. Nach der Zeit der Vernichtung im II. Weltkrieg versammeln sich heute an den Märztagen am Grabe des Wunderrabbiners Elimelech von Leżajsk seine Anhänger aus der ganzen Welt wieder. Der Chassidismus ist eine besondere Fraktion des religiösen Gedankens des Judaismus – der Name stammt vom hebräischen Wort „chasid", was so viel wie „fromm" heißt. Gründer der Chassiden-Bewegung war Israel ben Eliezer.

LEŻAJSK

Die Kultur der Kleinstädte

Der Wunderrabbiner Israel ben Eliezer hatte zahlreiche Jünger. Nach seinem Tode um 1760 verbreiteten sie seine Lehre in den Regionen Podole, Ukraine, Weißrussland, Wołyń, bis hin nach Litauen. Einer seiner hervorragendsten Nachfolger war der Große Magid Dow Ber von Międzyrzecze, ein expansiver geistiger Führer, der laut Überlieferung 300 Jünger ausgebildet hatte. Unter ihnen gab es den Elimelech von Leżajsk, der den Chassiden-Gedanken in den polnischen Gebieten verbreitete. Zusammen mit seinem Bruder Meszulam Zusja von Annopol wanderte er durch die Dörfer und Städte als Prediger und nach dem Tode von dem Großen Magid ließ er sich 1772 in Leżajsk nieder, wo er den Keim der Chassiden-Bewegung in Westgalizien säte. Der Zweite Weltkrieg mit der Tragödie des Holocaust war das Ende der mehrere Generationen langen Tradition des Chassidismus in Polen. Diejenigen, die das Glück hatten zu überleben, setzen die Tradition der Wunderrabbiner-Dynastien in Israel und in den Vereinigten Staaten fort. Jedes Jahr kommen sie zum Grab ihres Wunderrabbiners Elimelech, um zu beten sowie die „Kwitełech" – die Bittzettel zu hinterlassen. Dann wird die Grabkapelle (chel) voll von im Gebet versunkenen Menschen, man hört eifrige Gebete, es entflammen hunderte von Ritualkerzen...

LEŻAJSK

Jan Zamoyski, der Große Kronkanzler und Kronfeldherr, ein Mensch vom überdurchschnittlichen geistigen Horizont; ausgebildet an der Universität in Padua, Kunstmäzen – so könnte der hervorragende Staatsmann charakterisiert werden, der im 16. Jh. eine Stadt erbaut hat, die heute als „Perle der Renaissance" bezeichnet wird. Die Stadt Zamość entstand als Zentrum des sog. „Zamoyski-Ordinariums" oder „Zamoyski-Staates". Wie es sich für eine Hauptstadt einer Region gehört, wurde die im Jahre 1580 angelegte Stadt großzügig von dem venezianischen Architekten Bernardo Morando entworfen. Das schachbrettartige Straßennetz in Form eines Pentagons wurde von den für die damalige Zeit sehr modernen Befestigungen umgeben. Im Jahre 1595 wurde hier die Zamoyski-Akademie ins Leben gerufen. Diese durchdachte und langfristig ausgerichtete Vision hat die neue Stadt ihrem Gründer, Jan Zamoyski zu verdanken. Zu seiner Lebenszeit erfreute sich Zamość seiner Blüte und des Wohlstands, die Stadt ist zum Kulturzentrum der Region geworden. Nach dem Tode wurde Zamoyski in der Krypta der Kapelle bestattet, die seinen Namen trägt; hier ruhen auch die Nachkommen seines Geschlechtes. Die Kathedrale von Zamość, ursprünglich eine Kollegiatkirche, wurde von Bernardo Morando entworfen und in den Jahren 1587–1598 erbaut. Dieses Werk der Spätrenaissance, durch die italienischen architektonischen Ideen deutlich beeinflusst, ist eines der prachtvollsten Denkmäler dieser Epoche in Polen. Der Baukörper wurde 1824–1826 von außen nach Art des Klassizismus umgestaltet, der Innenraum ist jedoch unverändert geblieben.

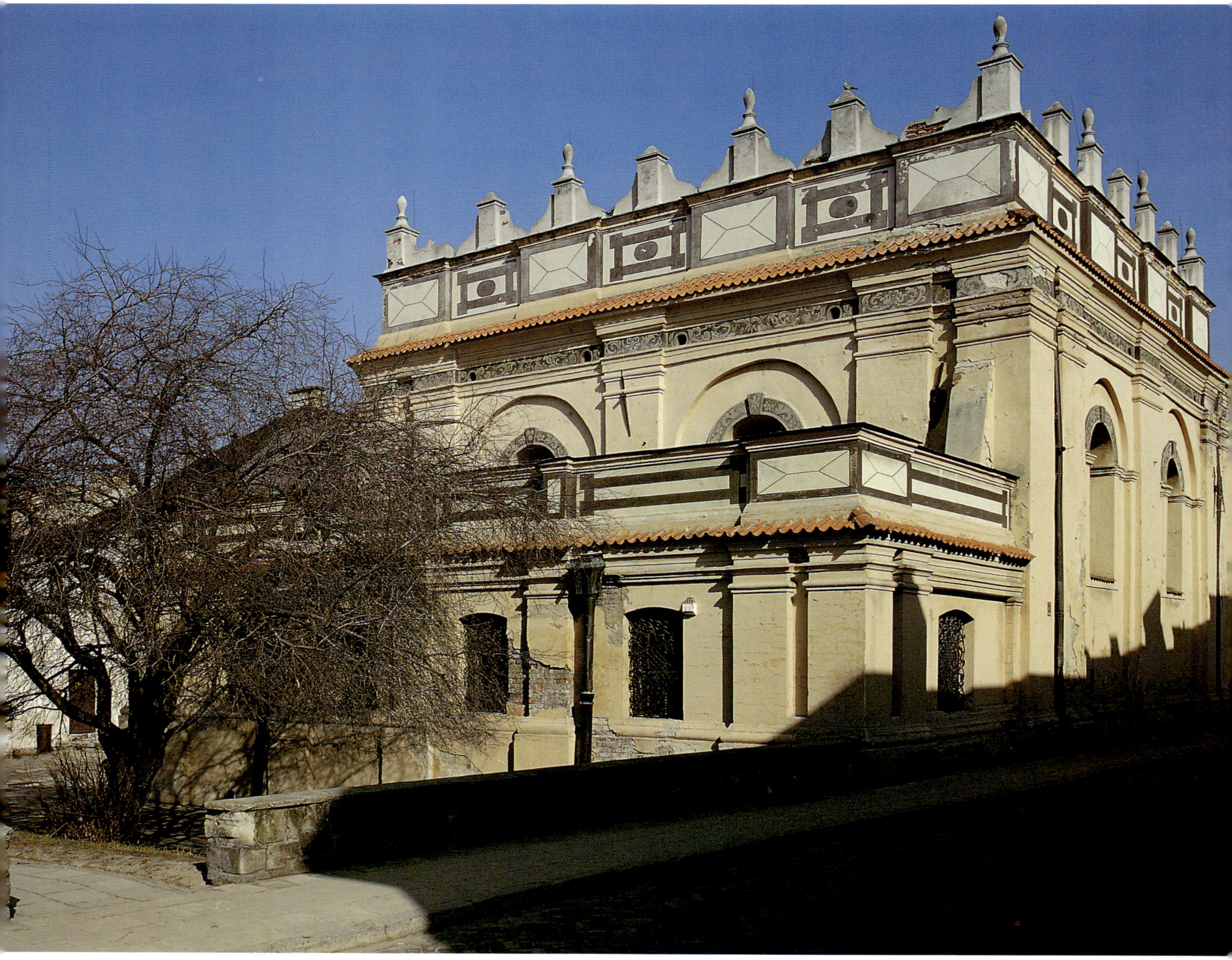

Dank dem aufgeschlossenen Geist des Feldherrn Zamoyski nahm die Stadt in ihre Gemeinschaft Ankömmlinge aus der ganzen Welt auf. Die jüdische Gemeinde konzentrierte sich um die bis heute erhaltene Synagoge aus der Spätrenaissance, die mit einer schönen Attika geschmückt ist. In Zamość haben sich auch armenische Sippen sowie Griechen, Kaufleute und Handwerksmeister angesiedelt. Hier entstand die erste polnische Manufaktur, die die Teppiche nach türkischen Mustern erzeugte. Diese gemischten ethnischen Gruppen haben die Verzierungen der Gebäude am Markt geprägt – wie bespielsweise die herrlichen, bunten Fassaden der Steinhäuser, die den armenischen Kaufleuten angehörten.

ZAMOŚĆ

Die Renaissance des Osten

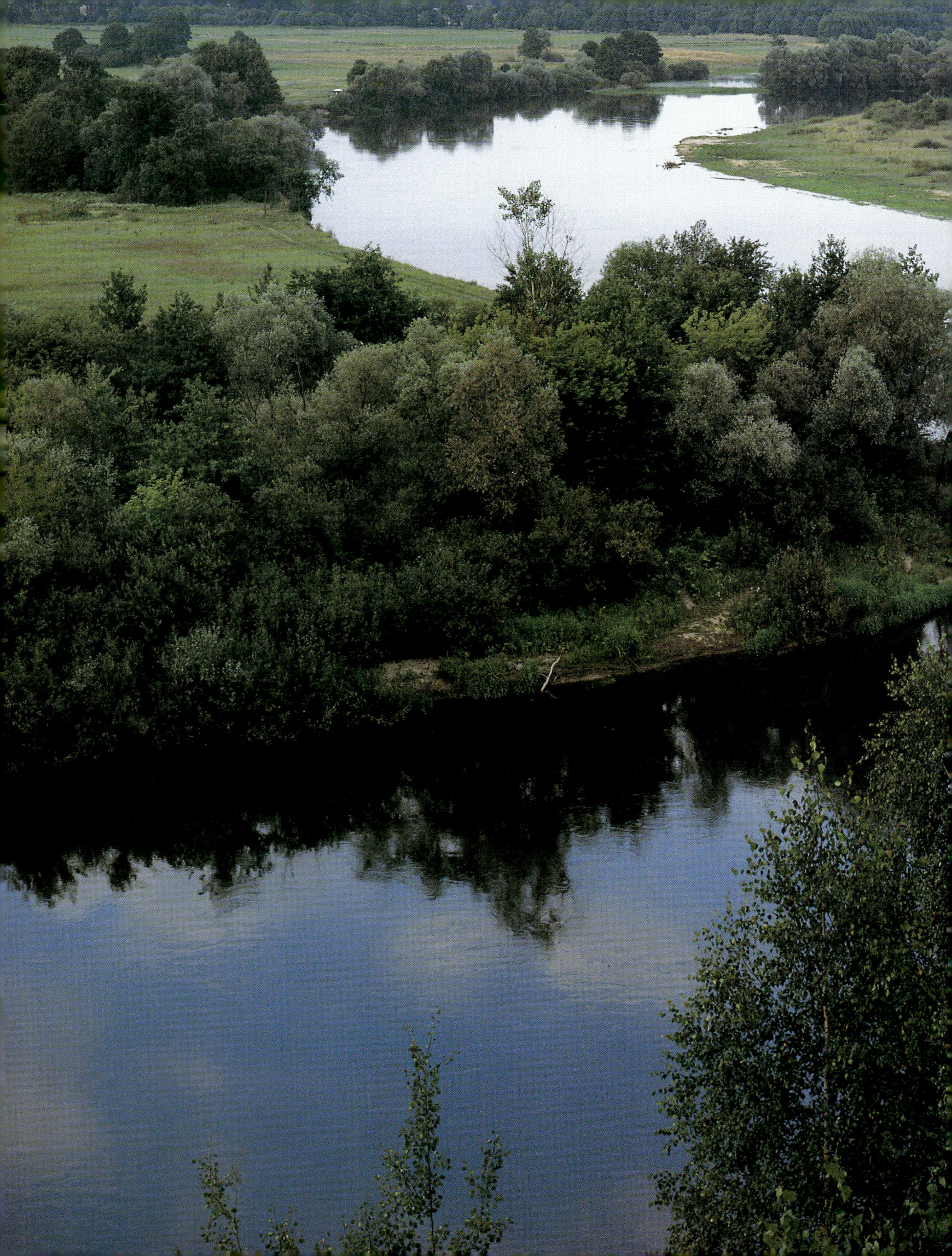

In seinem breiten Tal, in Mäandern inmitten von weiten Wiesen, wo die üppige Vegetation gedeiht, fließt majestätisch der Bug, ein Fluss, der für die Geschichte Polens immer von großer Bedeutung war. In seinem Mittellauf durchschneidet der Bug die Region Podlasie, die seit Jahrhunderten die christliche Tradition des Westens und des Ostens wie eine Brücke verband.

In dem von Bug durchflossenen Gebiet waren seit Jahrhunderten verschiedene Völker, Kulturen und Bekenntnisse benachbart. Das geistliche Leben der einzelnen Gruppen konzentriert sich um bestimmte Stätten, die für sie von besonderer Bedeutung sind. Für die Katholiken ist es Kodeń mit der herrlichen Annenkirche; hier befindet sich das ungewöhnliche Bild der Muttergottes von Kodeń, auch „Die Königin von Podlasie" genannt. Laut Überlieferung wurde das Bild der Madonna von Guadelupe von Mikołaj Sapieha, dem Stifter der Kirche, der von dem Bildnis bezaubert und von religiösen Gefühlen besessen war, aus der päpstlichen Kapelle in Vatikan heimlich gestohlen. Einige Zehn Kilometer weiter nördlich ehren die Orthodoxen ihre heilige Stätte: es ist der Berg Grabarka, auch „Hügel der Büßer" genannt. An seiner Spitze erhebt sich unter alten Bäumen ein Wald von Kreuzen, die die Gläubigen hierher bringen. In der orthodoxen Kirche zur Verklärung Christi werden die Hauptfeste nach des östlichem Ritus zelebriert.

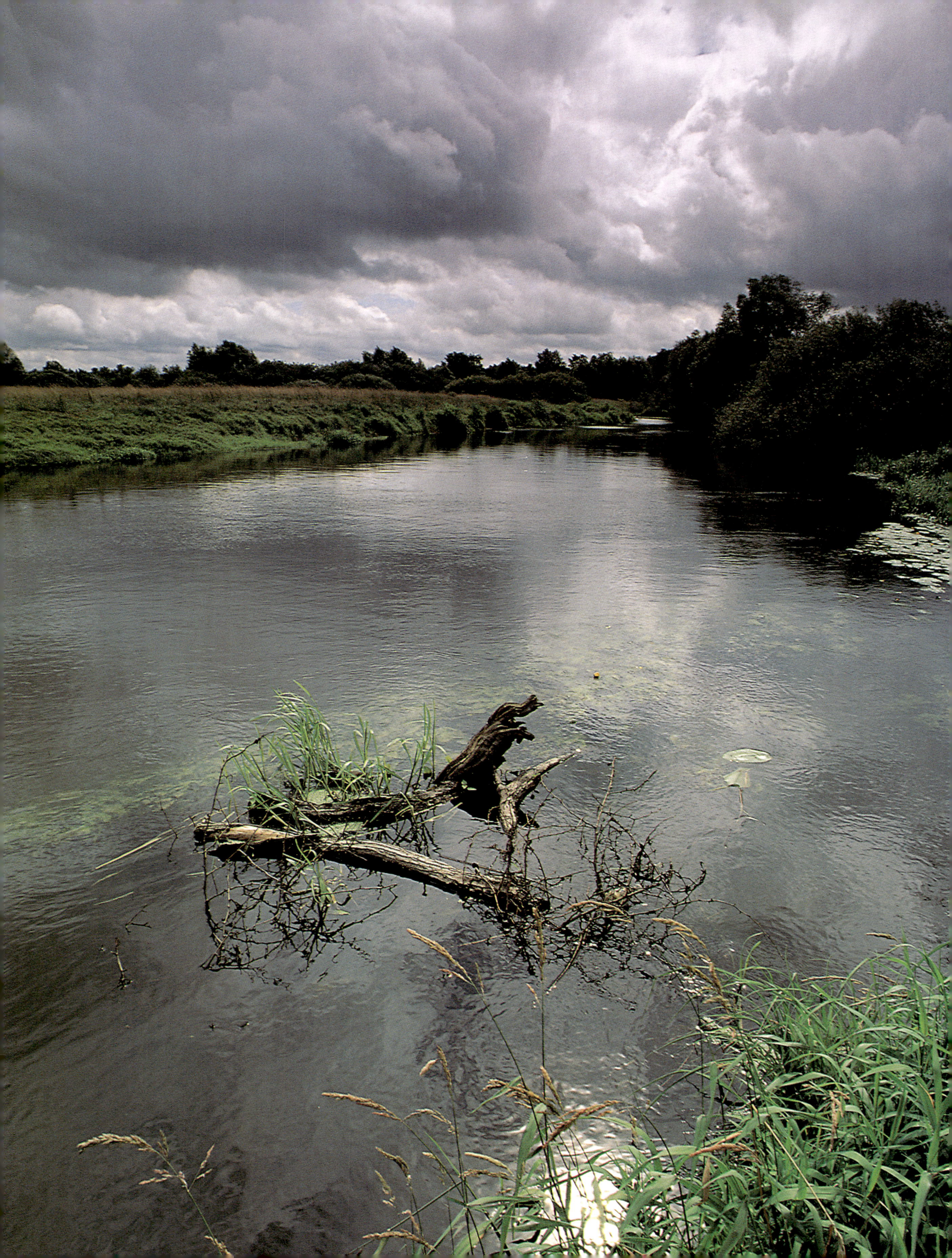

Der schmale vielfach gewundene Fluss Krzna durchfließt ruhig durch die Wiesengründe des Bug. Hier verbirgt der Boden die Überreste der im 17. Jh. mit polnischer Bevölkerung assimilierten Tataren. Die tatarischen Sippen wurden in der Region Podlasie von König Jan III. Sobieski angesiedelt – so entlohnte der Monarch Offiziere, die in der polnischen Armee dienten. An ihren Aufenthalt in diesem Gebiet erinnert ein Friedhof, wo sich einige Dutzend Felsblöcke mit arabischen Inskriptionen befinden. In der Nähe, in einem Dorf namens Kostomłoty, befindet sich die kleine orthodoxe St. Nikita-Holzkirche – es ist heute das einzige Zentrum der slawischen Katholiken nach byzantinischen Ritus. Die Gemeinden des östlichen Ritus wurden dem örtlichen römischen Bischof untergeordnet.

KOSTOMŁOTY

Die kleine, bescheidene neu-unierte Kirche in Kostomłoty wurde 1651 errichtet und zwei hundert Jahre später ausgebaut. Es ist ein einfacher Holzbau mit einem mittelhohen Turm und einem Vorraum. Den Innenraum schmückt eine Polychromie, die Gegenstände sind mit herrlichen Decken, die von den treuen Gemeindemitgliederinnen gestickt werden, abgedeckt; die Musterung lässt Einflüsse ukrainischer Kunst deutlich erkennen. Der Schutzpatron der Kirche, der hl. Nikita, ist auf einer Ikone abgebildet, die von Mikołaj Baranowicz im Baujahr der Kirche gemalt worden ist. Die Gestalt des Heiligen ist von vierzehn Szenen aus seinem Leben umgeben, die seinen Weg zur Heiligkeit veranschaulichen.

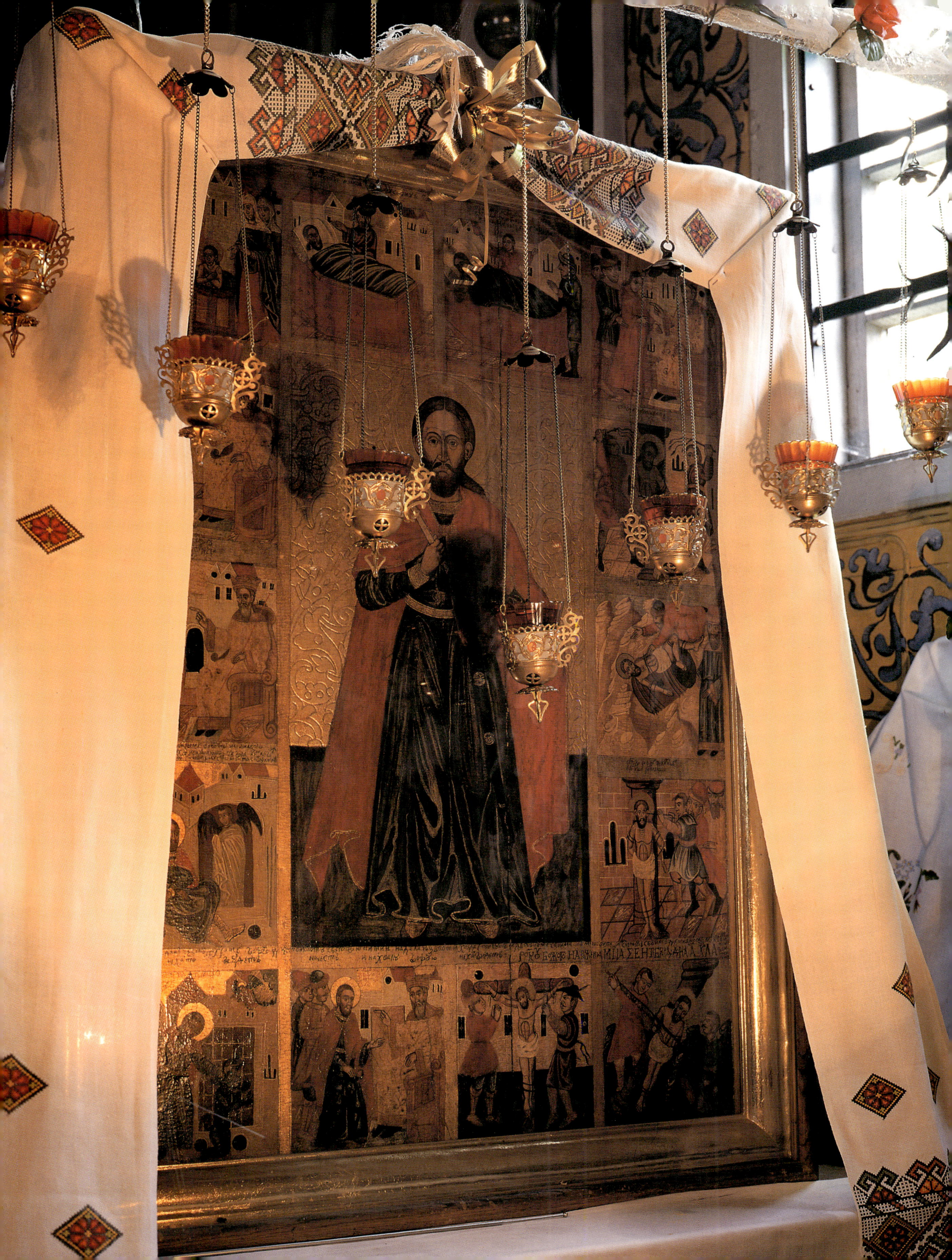

Tagesanbruch am 25. Juni. Über den Wiesen am Ufer des Flusses Bug erstrahlt der Morgengrauen. Eine lange Prozession zieht an den uralten Eichen vorbei. Es dauern Feierlichkeiten an, die für die orthodoxen Christen in dieser Gegend von besoderer Wichtigkeit sind: es ist das Fest des hl. Onufry dem Großen, Schutzheiligen des hiesigen Monasteriums. Laut Überlieferungen haben die Bug-Gewässer die Ikone des hl. Onufry vor Jahrhunderten in der Nähe des Dorfes Jabłeczna ans Ufer geschwemmt und er selbst habe sich den Fischern gezeigt. An dieser Stelle wurde die Heiliggeistkapelle erbaut. Gegenwärtig erleuchtet die Kapelle mit Kerzenlicht in der Nacht vom 24. auf den 25. Juni, während der

Liturgie am Vortag des hl. Onufry-Festes. Dieser Vortag ist auch dem Märtyrer Onufry gewidmet, dem von den Bolschewiken ermordeten orthodoxen Hierarchen. Die urige Bug-Landschaft bildet einen natürlichen Rahmen für diese schöne, stimmungsvolle Zeremonie.

Historischen Quellen nach existierte das Monasterium in Jabłeczna schon im Jahre 1498. Das Privileg des Königs Sigismund des Alten aus dem Jahre 1522, das in der Kirche aufbewahrt wird, belegt ebenfalls die Existenz des hl. Onufry-Klosters im Dorfe Jabłeczna am Bug. Zu dieser Zeit kümmerten sich die Bauern aus der Gegend um das Monasterium, das schon damals die Rolle einer Pfarrkirche spielte. Gegen Ende des 16. Jh. waren die Verhältnisse zwischen Polen und der orthodoxen Kirche wirklich kompliziert. 1596 wurde in Brześć am Bug eine diesbezügliche Vereinbarung, die sog. „Union von Brest", getroffen. Ein Teil der orthodoxen Hierarchie samt Metropoliten hat sich mit dem Anschluss der orthodoxen Kirche an die katholische Kirche in Polen abgefunden. Nicht alle konnten jedoch mit dieser neuen Situation zurechtkommen: zu jener Zeit war König Sigismund III. Wasa nicht bereit, die orthodoxe Kirche anzuerkennen. Das Monasterium in Jabłeczna hat den geschichtlichen Wandel überstanden und ist bei seinem orthodoxen Ritus über 500 Jahre lang geblieben. In der Region Podlasie haben die Monasterien in den Städten Brześć, Drohiczyn und Bielsk Podlaski die Union mit der katholischen Kirche abgelehnt. Nach dem 2. Weltkrieg, als die ukrainische Bevölkerung in die westlichen Regionen umgesiedelt wurde, blieb das hl. Onufry-Kloster das einzige, weiter funktionierende orthodoxe Monasterium in ganz Polen. Heutzutage belasten keine Restriktionen das mystische Klosterleben am Bug-Ufer mehr. Wieder erleuchten die Kerzenflammen den Innenraum der Kirche, es glänzen die Ornamente der Ikonen des hl. Onufry und der Muttergottes...

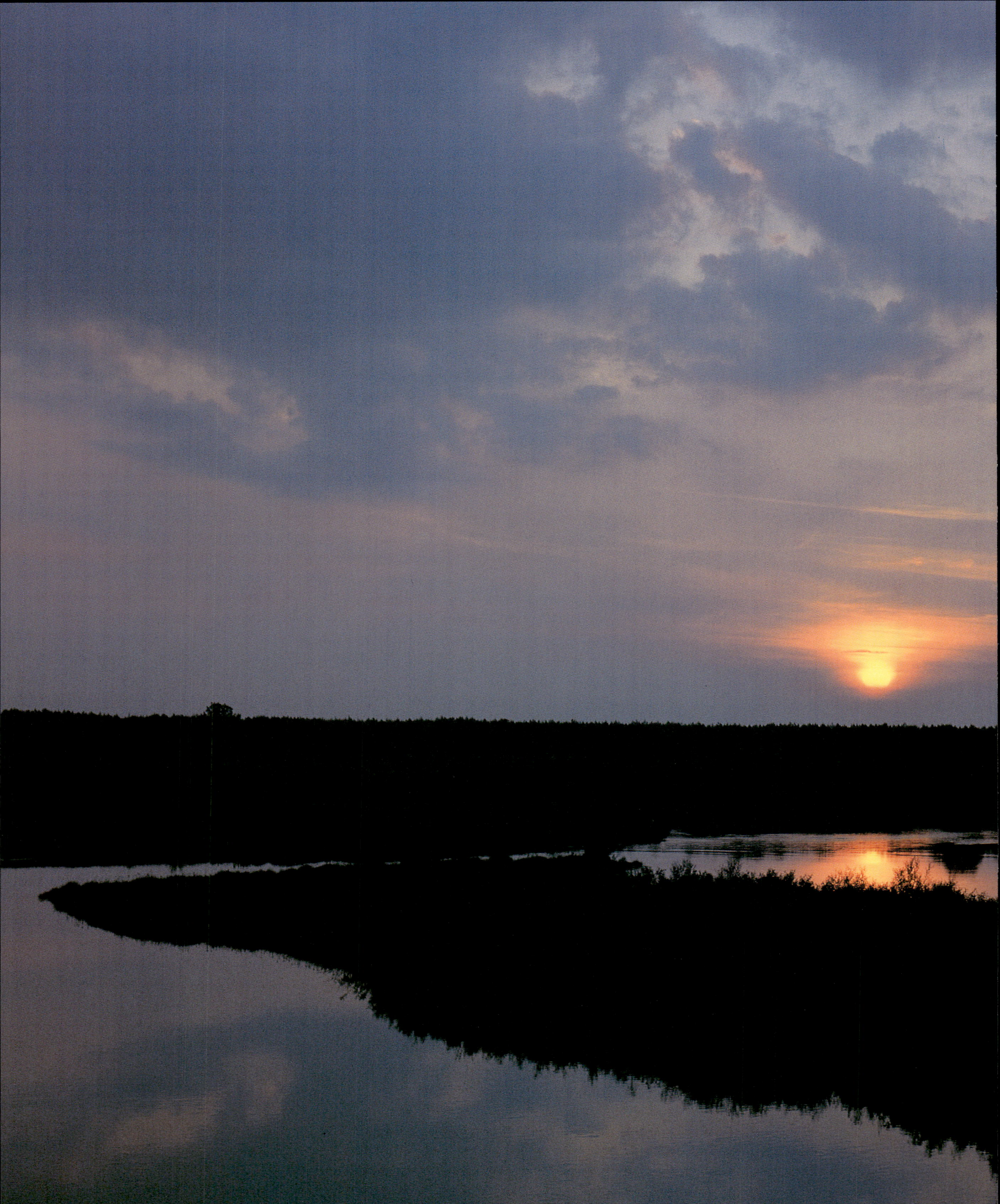

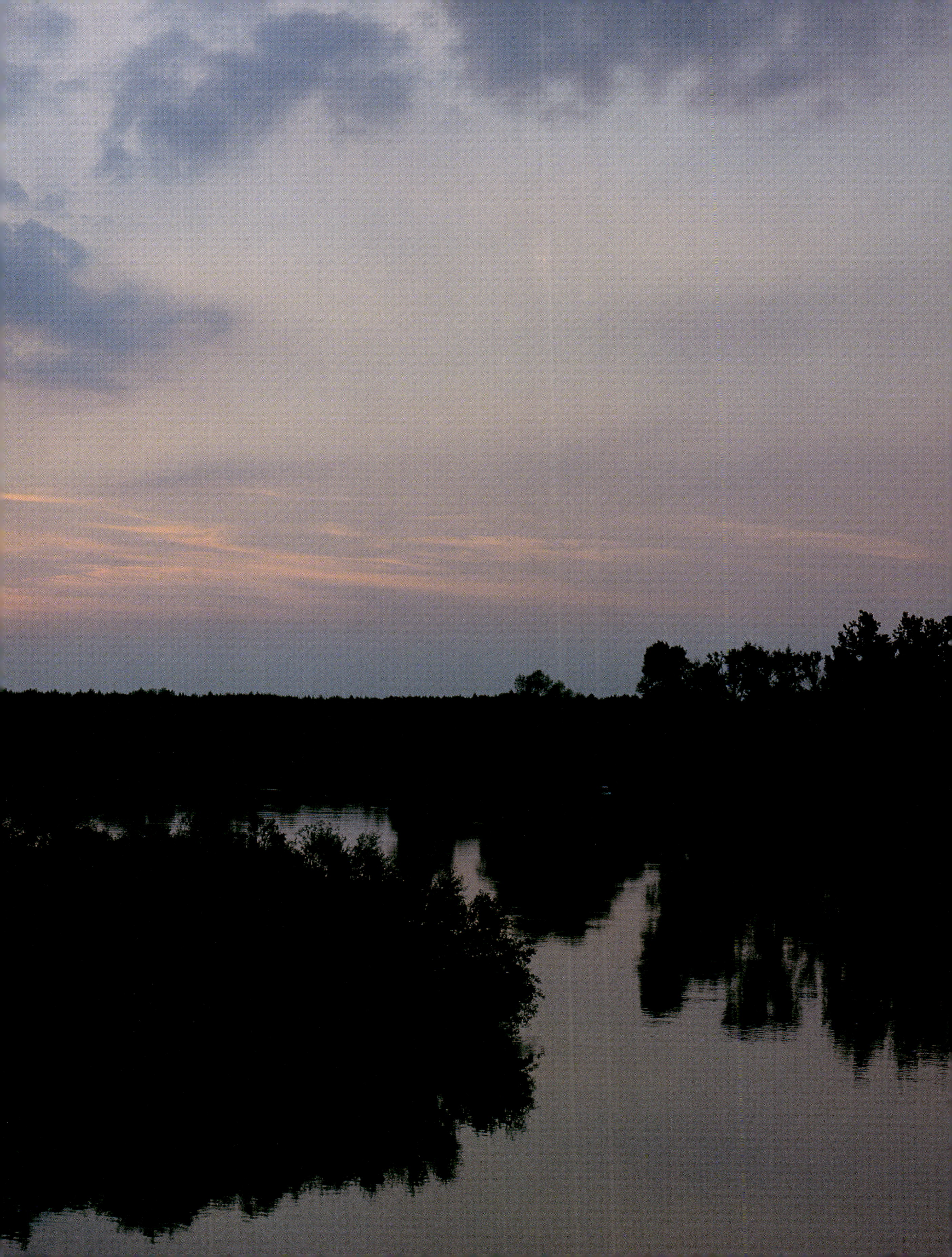

Der Biebrza-Nationalpark erstreckt sich über eine Fläche von 59 Tausend Hektar. Es ist wohl die einzige Landschaft dieser Art in Europa. In diesem Kessel des Biebrza-Tals verwandelt sie sich im Rhythmus der Jahreszeiten. Am schönsten ist hier im Frühling, wenn das Hochwasser die umliegenden Wiesen und Weiden überflutet. Die wilde Natur, nicht verseucht von der Industrie und frei von Eingriffen der Menschen, läßt der Entwicklung der ürsprünglichen Fauna und Flora freien Lauf. In den hiesigen Wäldern leben die meisten Elche in Polen. Das Wasser ist voller Fische und in den Sumpfgebieten gedeihen zahlreiche Arten von Torfpflanzen. Wenn im Frühjahr das Wasser zunimmt, erklingen die Wiesen im Vogelgesang: die hiesigen Überschwemmungsgebiete und Sümpfe bilden die größten Vogel-Brutkolonien in Europa. Am Tagesanbruch, zwischen den Gräsern kann man hier heute sehr seltene Vogelarten antreffen: Kampfläufer, Doppelschnepfe schwarzer Storch und Habicht.

Der Frühling – die schönste Jahreszeit am Fluss Biebrza. Die Wiesen kriegen intensive Farben, über der Grasdecke schweben Tausende von Vögeln, der über die Ufer getretene Fluss bildet unzählige Mäander bis hin zum Horizont.

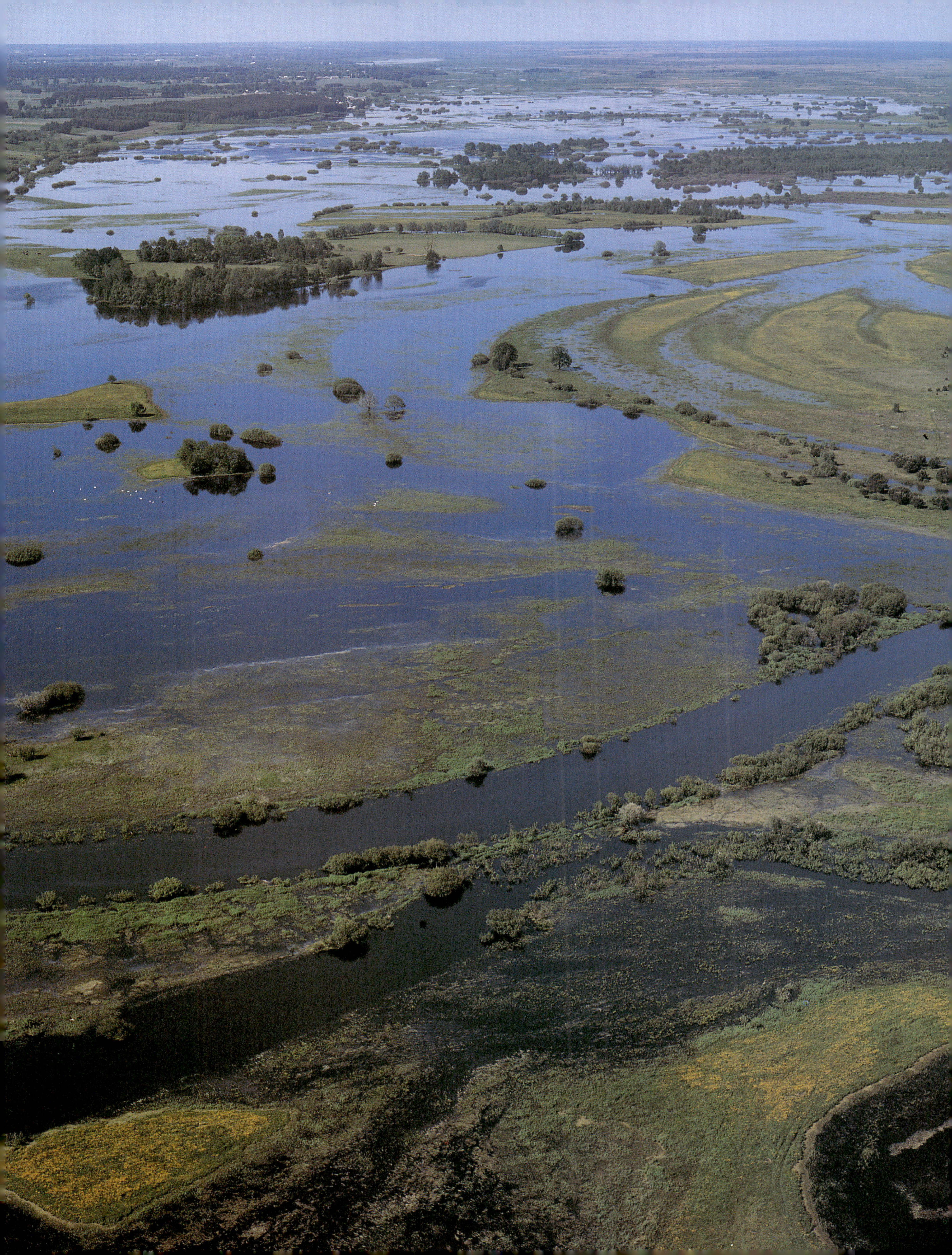

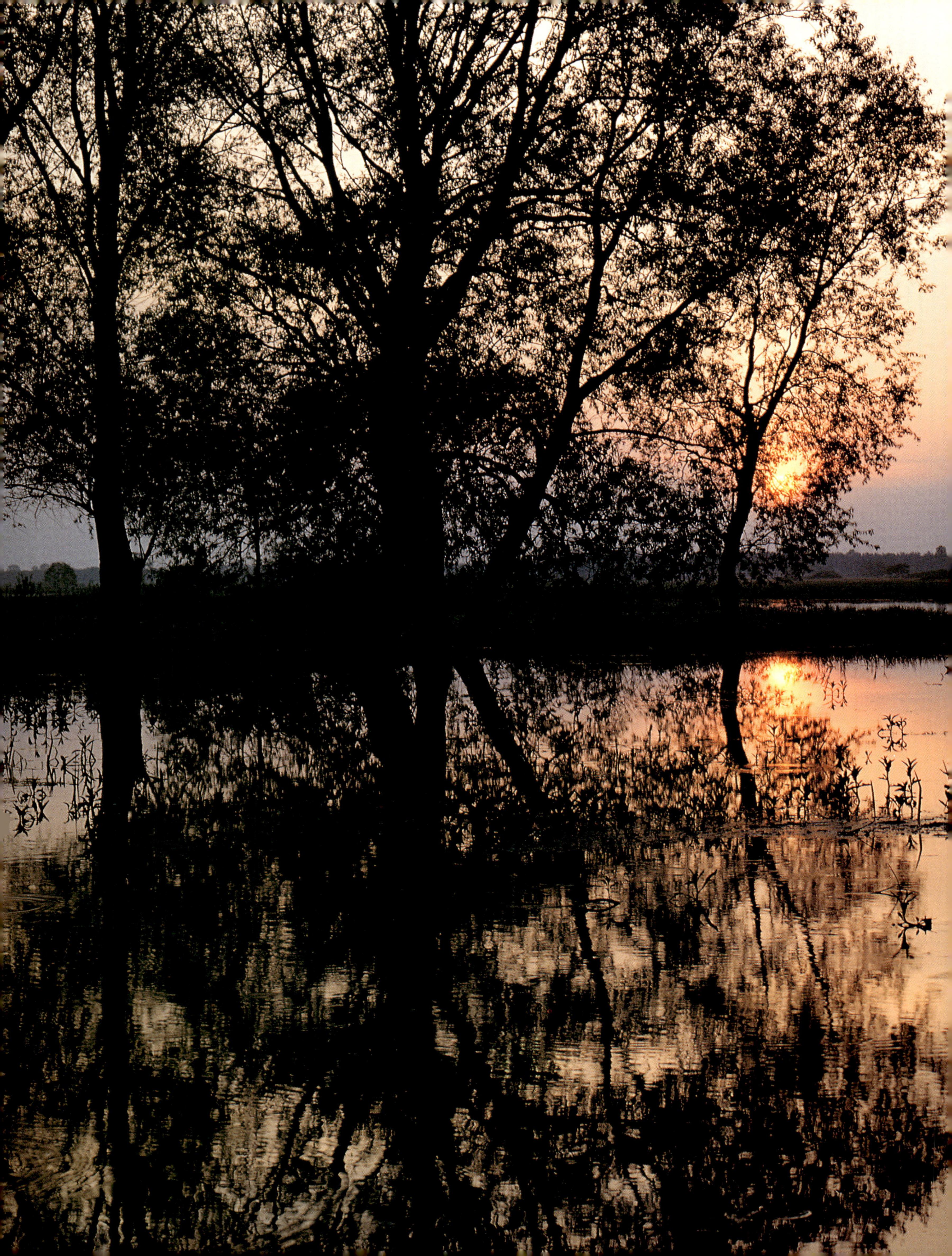

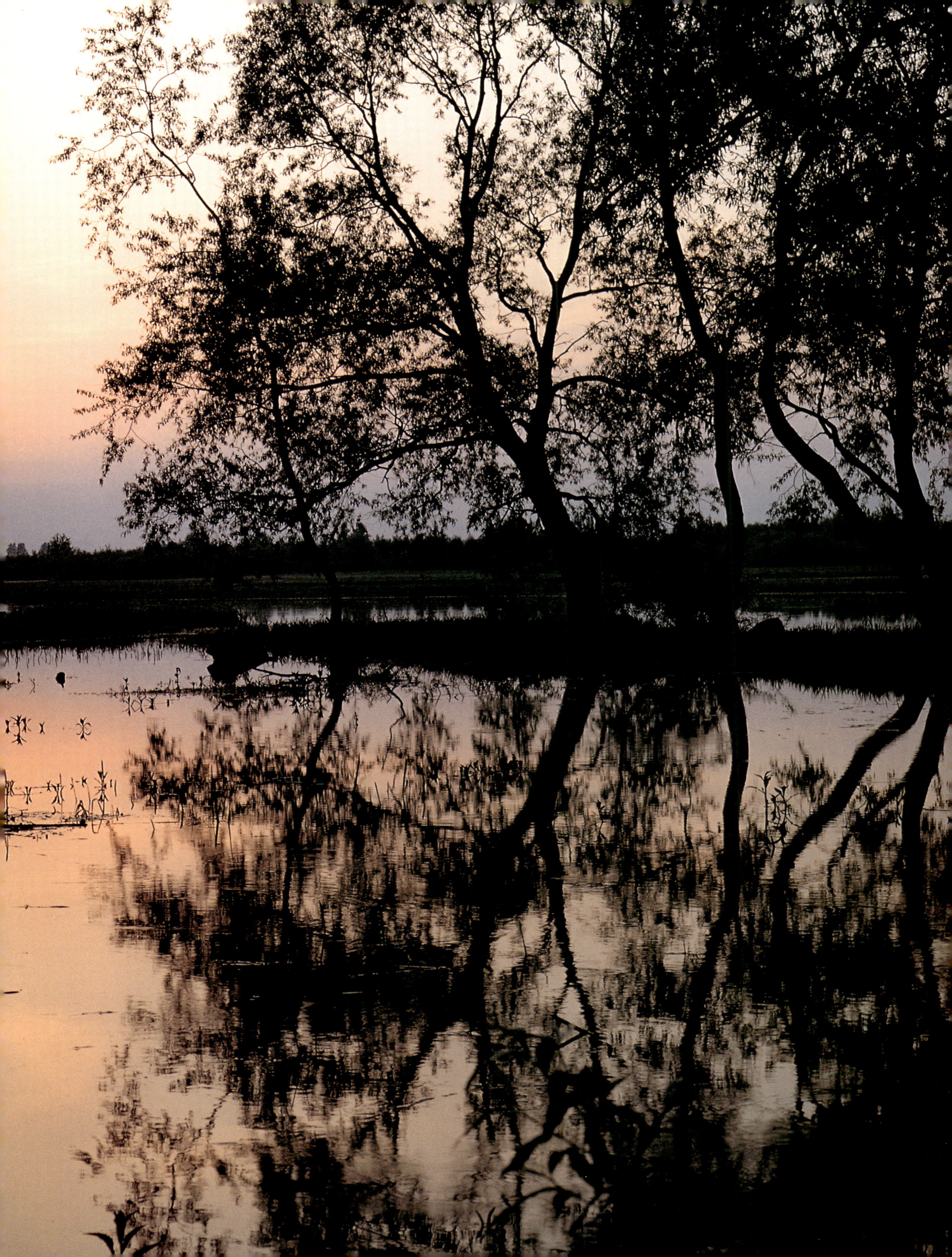

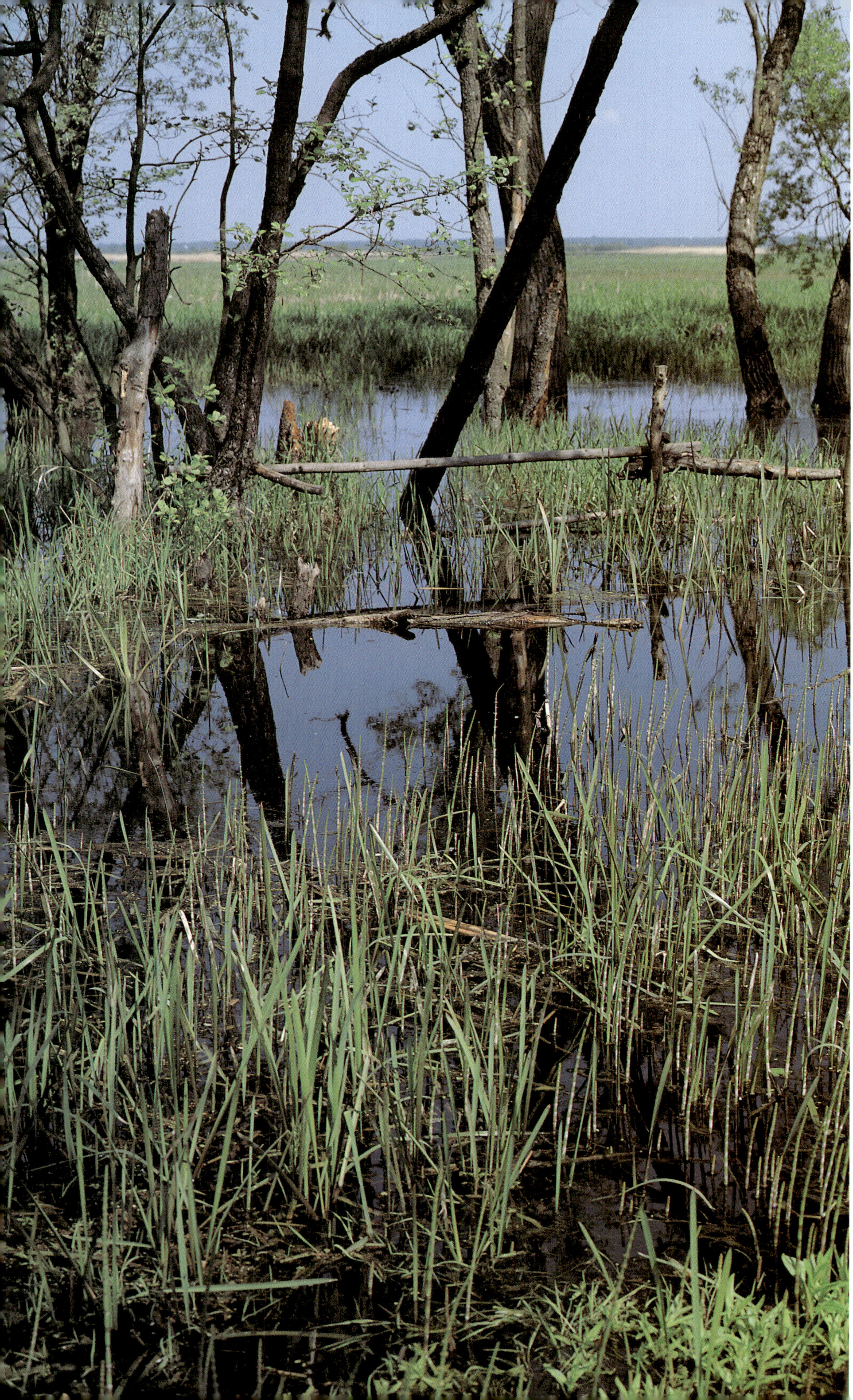

Der Fluss Biebrza im Biebrza-Nationalpark; seine Mäander und Altgewässer sind die natürlichen Zufluchtsorte der Biber. An den Ufern des Flusses neigen sich direkt über der Wasseroberfläche angeschnittene Bäume; ihre Äste und Zweige dienen den Tieren zum Bau ihrer Kolonien.

DER BIEBRZA-NATIONALPARK

Das Moorgebiet

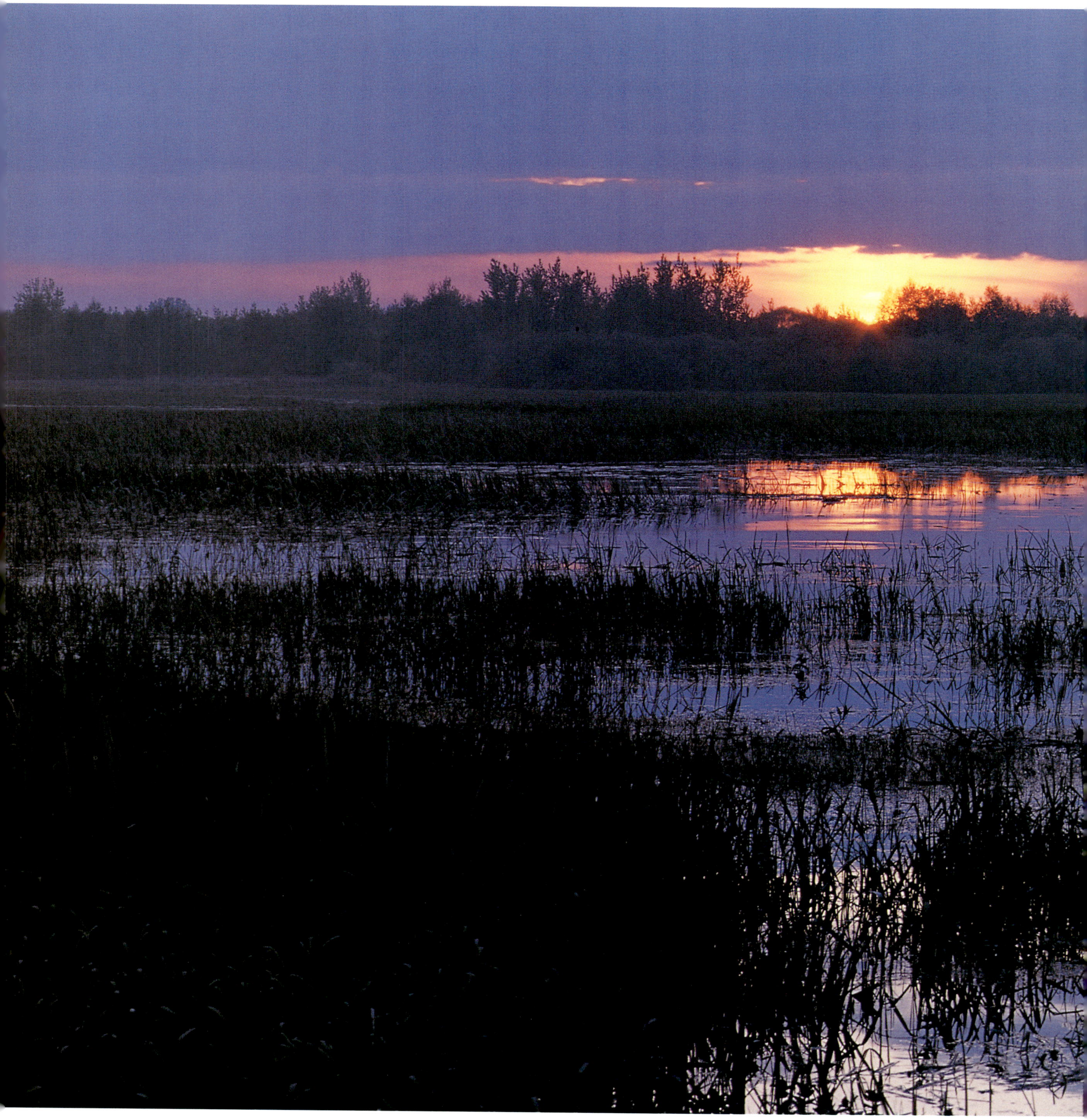

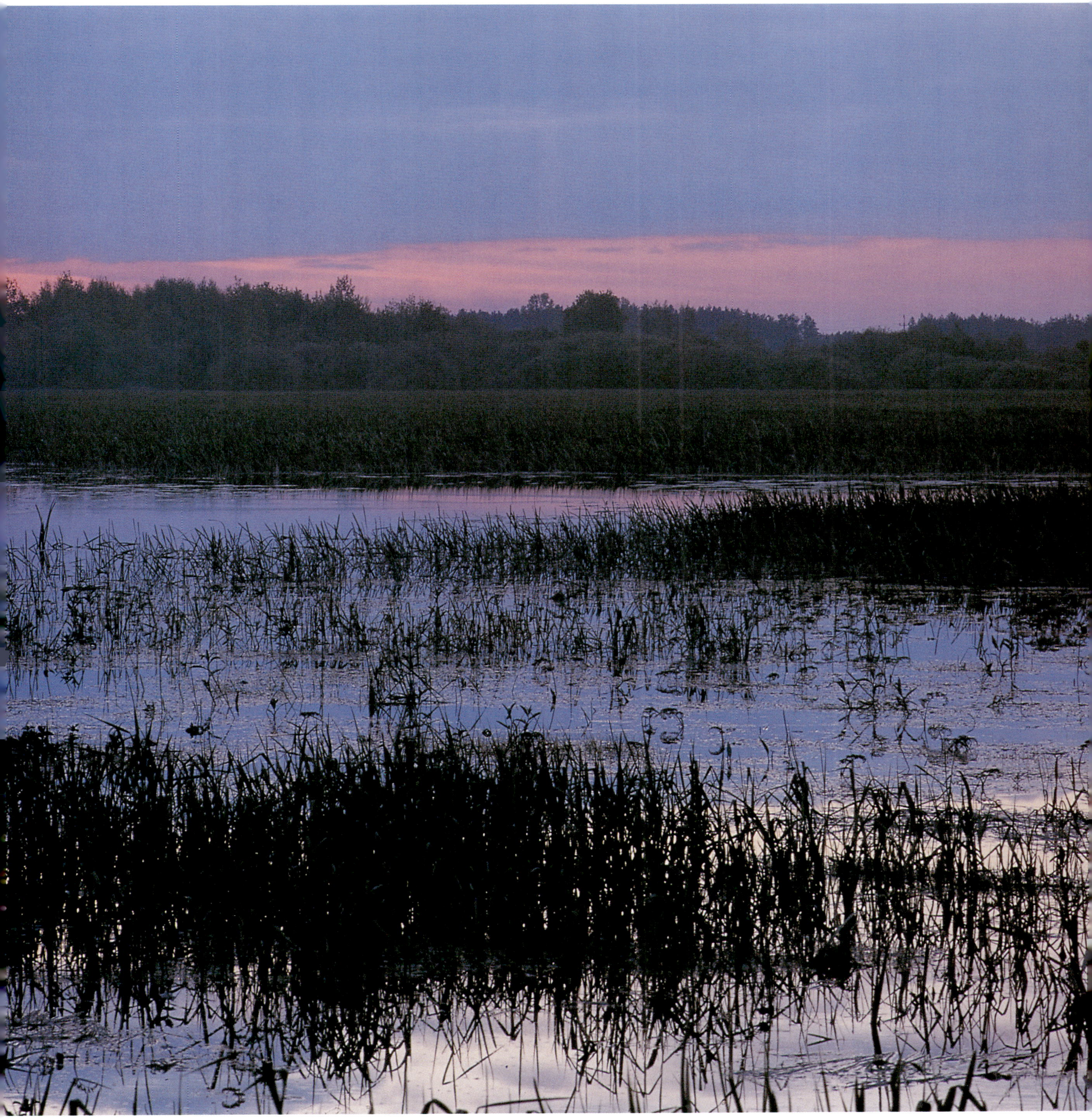

Die Region Suwalki – ein Land
schön wie im Märchen (mit
diesen Worten bezeichneten
viele Dichter und Schriftsteller diese nordöstliche Ecke
Polens). Die blauen Seenflä-

chen, verstreut zwischen bewaldeten Hügeln, das im Wind rauschende Schilf und die dichten Kiefernwälder sind schöne Bilder, die alle zusammen eine Landschaft bilden, als wäre sie mit dem Pinsel eines hervorragenden Künstlers geschaffen. Es ist lange her, als Aleksander Połujański die Suwalki-Region folgendermaßen beschrieben hat: „Es ist ein schönes Land... Es ist reich an Schätzen: Boden, Wasser, Wälder, schöne Landschaften, historische Denkmäler, alleine schon das Volk, die verschiedenen Volksstämme (...) Nimm die Schweiz und das Land am Rhein zusammen und du bekommst auch dann kaum ein Bild, das unserer Landschaft an den Ufern von Niemen und Hańcza, an den kleinen Flüssen Pisna und Szeszupa sowie der malerischen Gegend am Augustow-Kanal und der Umgebung von Suwalki ähneln könnte..."

Der Suwalki-Landschaftspark umfasst ein Gebiet von über 6000 ha Fläche mit ca. 20 Seen sowie den oberen Flussgebieten von Czarna Hańcza und Szeszupa. Das scheinbare Flachland bietet jedoch eine abwechslungsreiche Landschaft: Täler und Hügel, durchgeschnitten von Seenrinnen und kleinen Wasseraugen. Über dem Horizont erhebt sich der Gipfel von Cisowa Góra, wegen seiner Form auch „der Fudschijama von Suwalki" genannt. Dieser Reichtum an Landschaftsformen ist der Wanderung des Gletschers in diesem Gebiet zu verdanken – vor Jahrtausenden füllte das Wasser des schmelzenden Eises die Vertiefungen des Erdbodens. Das Land der Seen und Wälder, reichlich von der Natur beschenkt, war schon vor vielen Jahrhunderten besiedelt. Ein Relikt der Geschichte bildet die Burg des Volksstammes Jaćwing (Sudower) auf dem Berg Góra Zamkowa, datiert vom 6. bis zum 9. Jahrhundert. In jüngerer Zeit ist die Suwalki-Region die Heimat mehrerer Völker geworden: hier leben Polen und Litauer sowie die Nachkommen der Bekenner des alten Ritus aus Russland und der Tataren nebeneinander; vor dem letzten Krieg lebten hier sowohl Deutsche als auch Juden. In der jüngsten Zeit erfolgt die Annäherung von Polen und Litauen – Versuche, das gemeinsame Geschichts- und Kulturerbe wiederzufinden, unternimmt die Stiftung Pogranicze in Sejny, die in einer Synagoge aus dem 19. Jh. ihren Sitz hat.

An der Grenze des Landschaftsparks von Suwałki und des Romincka-Urwaldgebietes ragen in der Ortschaft Stańczyki riesige Joche der alten Eisenbahnbrücke empor. Das sind die Überreste der Eisenbahnstrecke, die von Gołdap aus um den Romincka-Urwald herum verlief. Das imposante Bauwerk preußischer Ingenieure stützt sich auf ein originelles Konzept: die Betonkonstruktion wird von einem Gerüst riesiger Holzstämme gestützt, die im Innern der monumentalen Pfeiler versenkt sind.

STAŃCZYKI

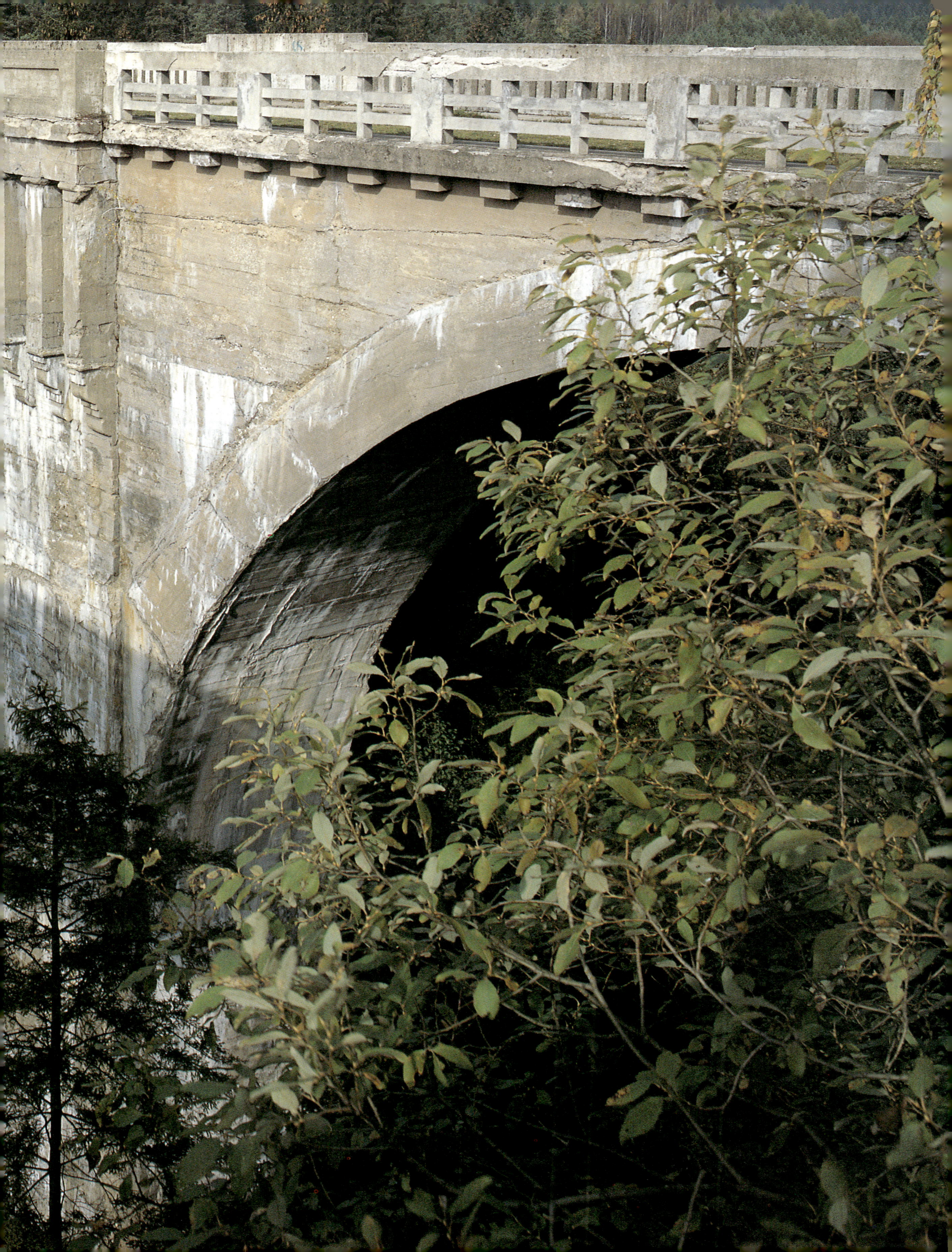

Der Sommerwind kräuselt die Oberfläche des Hołny-Sees; den Zutritt verbieten das grüne Schilf und das dichte Gebüsch, mit dem die Hänge bewachsen sind. Hinter einem Landhaus aus Lärchenholz, mit einem geräumigen Vorraum und einem mit Schindeln bedeckten Dach, stehen alte Bäume: Eschen, Linden und Ahorne – die Überreste einer ehemaligen prächtigen Parkanlage. Im Oktober 1989 kam zum Landhaus in Krasnogruda – dem alten Nest der Familie Eysymont – Czesław Miłosz, dem im Jahre 1980 den Nobelpreis für Literatur verliehen worden war, und der Polen nach vielen Jahren wieder besuchte. Im Landhaus Krasnogruda wohnten einst die Kusinen seiner Mutter, Gabriela Lipska und Janina Niemenowska; der künftige Autor des *familiären Europa* kam mehrmals hierher in den Ferien. In *Drei Wintern* (Wilna 1933), seiner ersten veröffentlichten Poesiesammlung, findet man zwei Gedichte, die „Krasnogruda" betitelt werden. Im Gedicht *Die Rückkehr* (1990) beschreibt er seine Eindrücke von Krasnogruda, das er nach vielen Jahren wieder gesehen hat; es ist einer der Orte, „durch die meine frühe Jugend einst irrte":

(...) Ich drängte mich durch das Dickicht, wo einst der Park war,
aber ich konnte keine Spuren der Allee wiederfinden.
Ich hielt am Wasser; der Wind kräuselte es wie damals.
Eine unbegreifliche Identität, eine unbegreifliche Trennung.

KRASNOGRUDA

Im Lande der Seen

Der Fluss Czarna Hańcza fließt in Mäandern durch die Wälder und Täler der Suwałki-Region, zwischen den Stämmen umgestürzter Bäume. Er ist für seine wilde und natürliche Schönheit und eine herrliche Strecke für Paddelbootflußfahrten bekannt. Ein wahres Wunder der Natur ist der Hańcza-See, das tiefste Wasserbecken Polens (108,5 m). Er ist 5 Kilometer lang und nur einige Hundert Meter breit. Seine steilen Ufer sind mit Felsblöcken bedeckt. Über seiner ruhigen, dunklen Wasseroberfläche neigen sich die Bäume. Die steinigen Ufer und gedämpften Farben der Umgebung erinnern an die Seelandschaft Nordeuropas.

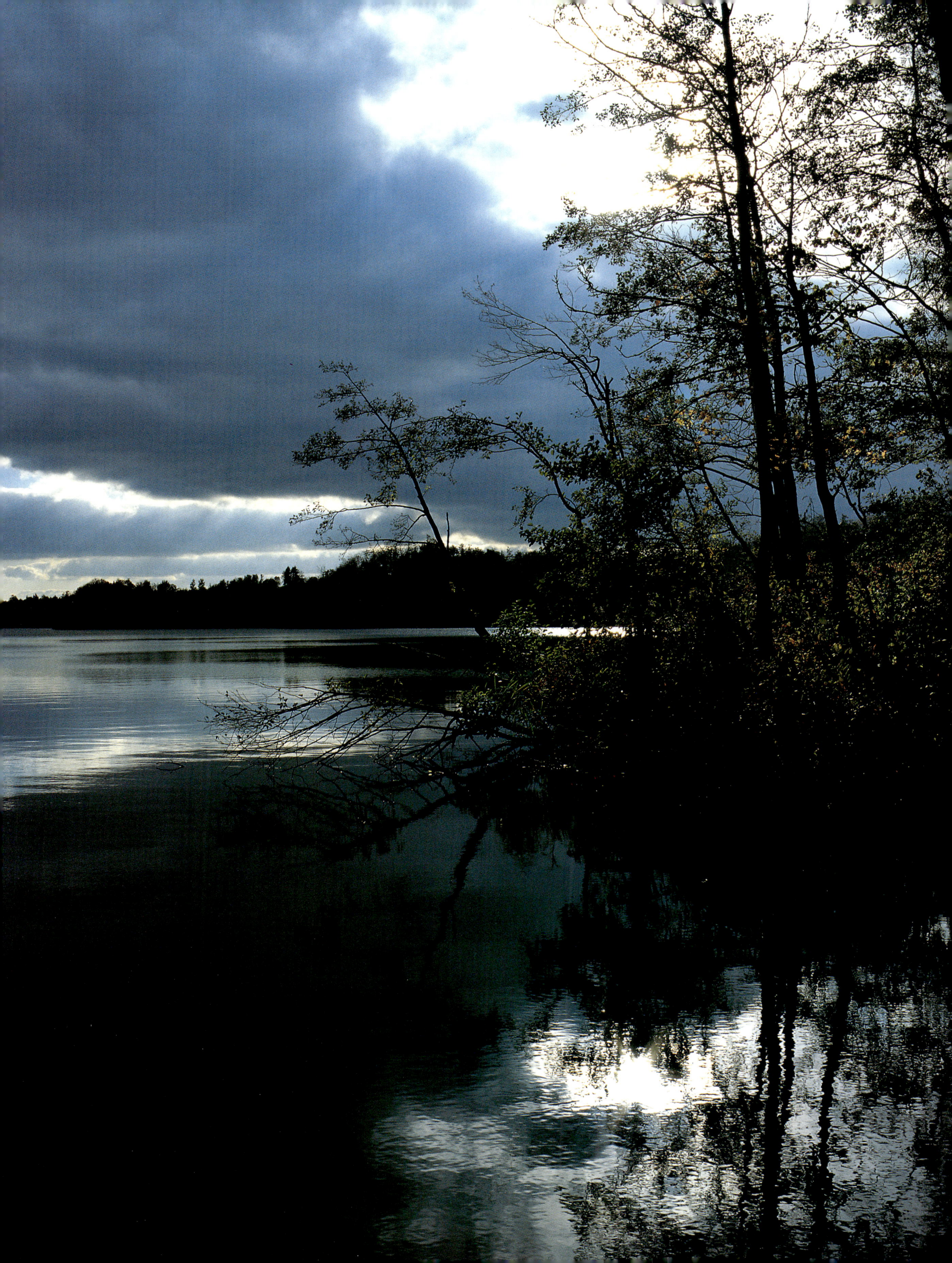

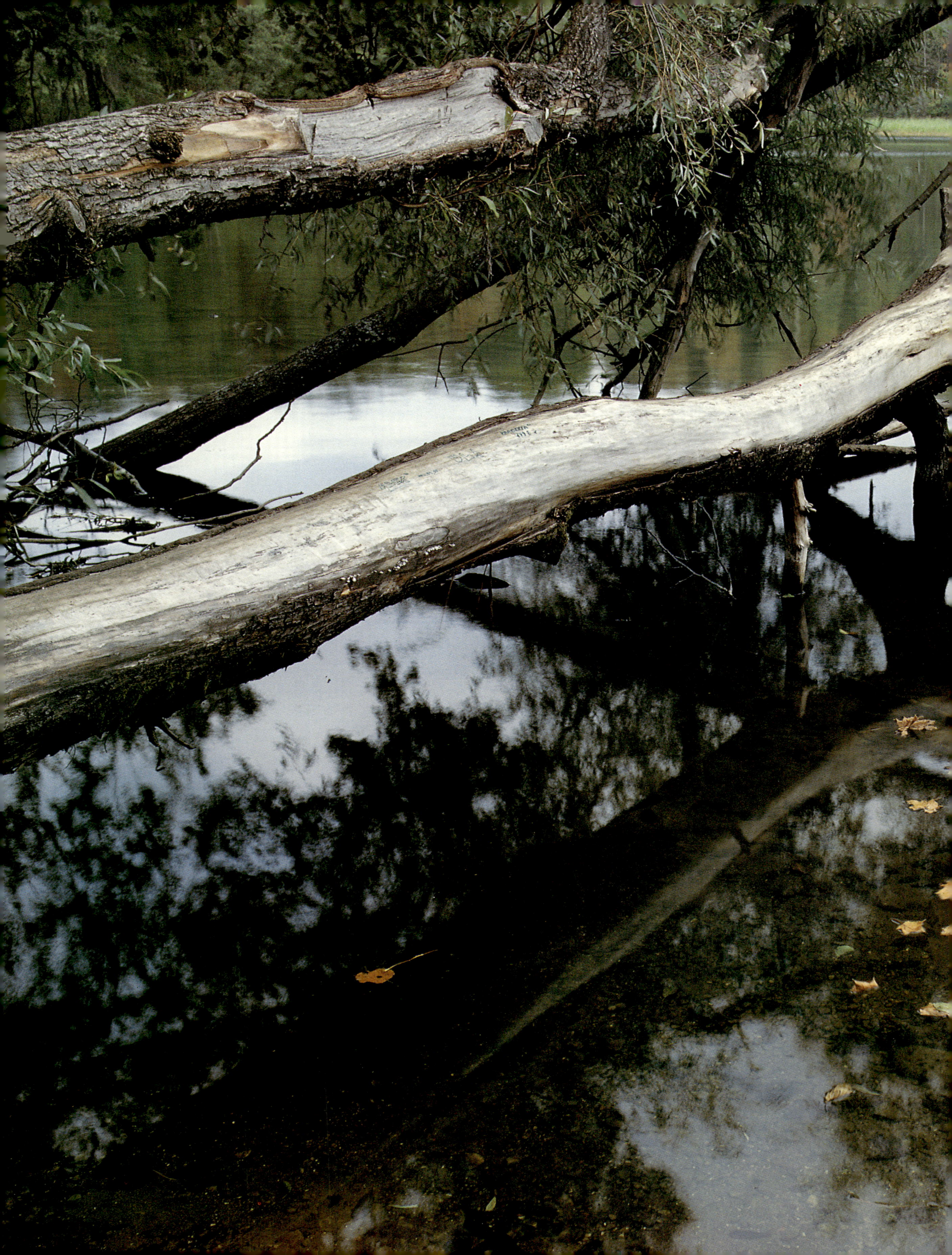

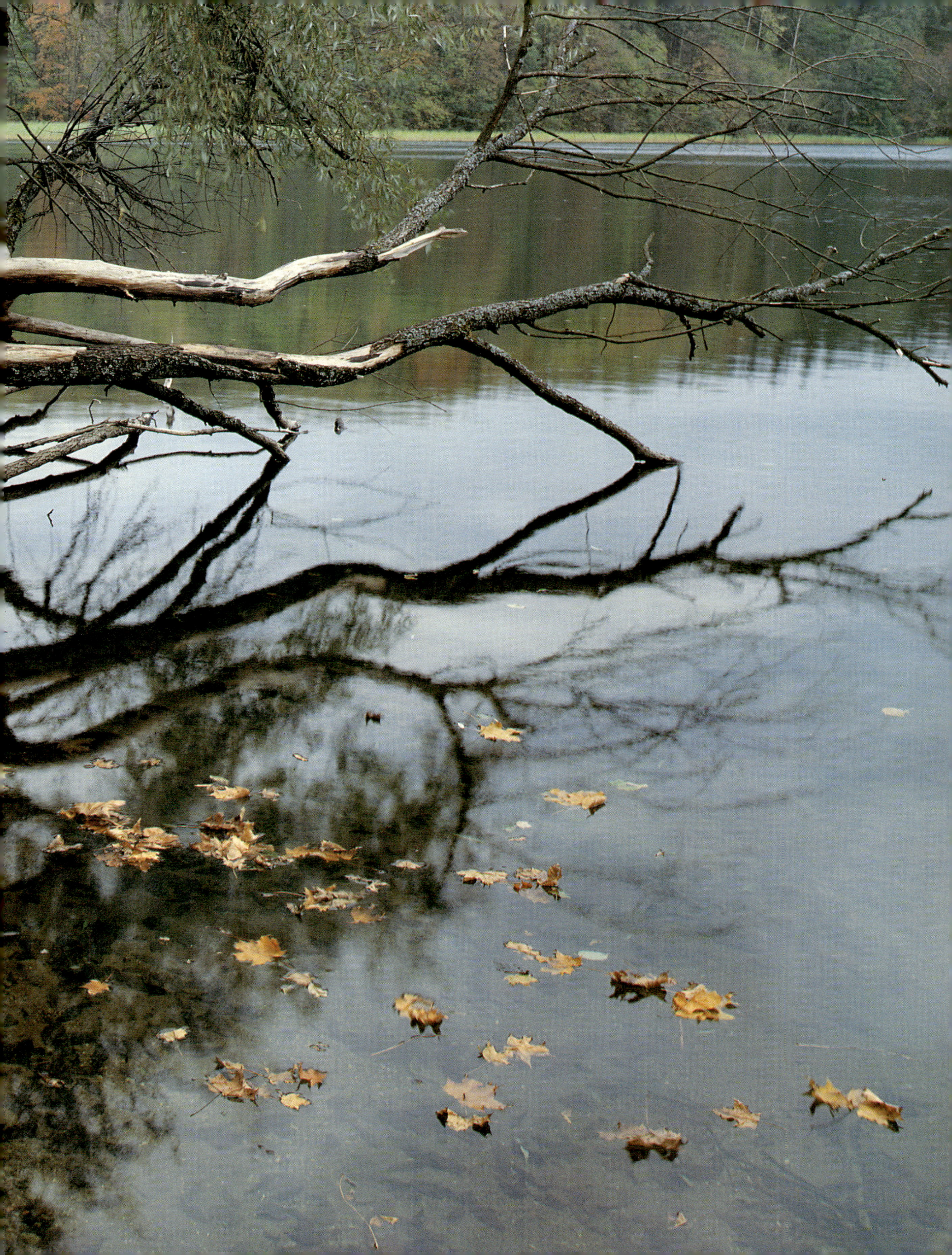

In der Nachbarschaft des Hańcza-Sees gibt es ein Naturphänomen: die Steinansammlung „Bachanowo", eine Anhäufung von einigen Tausend Findlingen aus der Eiszeit. Historische Ereignisse veranlaßten, dass sich in der Suwałki-Region die orthodoxe Kirche nach dem alten Ritus, eine Fraktion der orthodoxen Kirche, die in Polen seit dem 18. Jahrhundert anwesend war, erhalten hat. Die Geschichte dieser Gemeinschaft geht auf das Jahr 1654 zurück, als der Patriarch Nikon innerhalb der russisch-orthodoxen Kirche Reformen durchführte, wobei er die Gewalt des Zaren noch stärkte. Nicht alle Geistlichen waren mit den Änderungen einverstanden; sie flüchteten vor den Verfolgungen und kamen in die Nähe von Suwałki.

Hier haben sie die Siedlung Wodziłki gegründet, wo sie bis heute ihrem Glauben treu sind und ihre Sprache und Tradition pflegen. Sie vertreten die Ansicht, dass nach dem Tode der letzten Geistlichen aus der Zeit vor der Spaltung vor zwei Hundert Jahren keine Nachfolger mehr geweiht werden dürfen; sämtliche Zeremonien in der Kirche werden vom würdigsten Mitglied lokaler Gesellschaft, dem sogenannten „Nastawnik", geleitet. Es haben sich ebenfalls – leider nicht mehr viele – Friedhöfe der Anhänger des alten Ritus, die inmitten von Wäldern versteckt sind, erhalten.

Sejny – eine kleine, in der Nähe der litauischen Grenze gelegene Ortschaft, ist für ihre Klosteranlage der Dominikaner aus der Frührenaissance berühmt, mit deren Bau 1610 begonnen wurde. Den Mittelpunkt nimmt die St. Georg-Kirche ein, die im Renaissancestil in den Jahren 1610–1619 erbaut wurde. Der Innenraum der Basilika im Stil des Rokoko wird von 27 Gemälden aus der Wende des 17. Jh. geschmückt. Die Basilika von Sejny wurde dank der verherrlichten Holzfigur der Madonna mit dem Kinde zur Pilgerstätte. Die gotische auf ca. 1400 datierte Figur stellt eine interessante sakrale Form dar; sie wird die „Kasten-Madonna" genannt. Der Korpus der Figur läßt sich aufmachen – eine weitausgelegte Vorstellung eines „Schutzmantels" beinhaltet in ihrem Inneren das Abbild Gottes, der ein Kruzifix hält.

Am Wigry-See, auf einer herausragenden Halbinsel, hatten die Kamaldulenser einen Ort der Einsamkeit und des Gebets vor Jahrhunderten gefunden. Das Kloster wurde von König Władysław IV. gestiftet und auf dem Hügel der Halbinsel errichtet, von wo aus sich ein wundervolles Seepanorama erstreckt. Die Einsiedlerhäuschen – Eremе – sind auf Terrassenhängen gebaut, in der Mitte des Klosterkomplexes dominiert die Kirche zur Unbefleckten Empfängnis der Heiligsten Jungfrau Maria. In der Nachkriegszeit begannen die Klostergebäude die Funktion einer Stätte der geistigen Arbeit zu übernehmen. Die einzigen Stätten des Eremiten-Lebens der Kamaldulenser sind heute die Klosteranlagen in Bielany bei Krakau und in Bieniszewo.

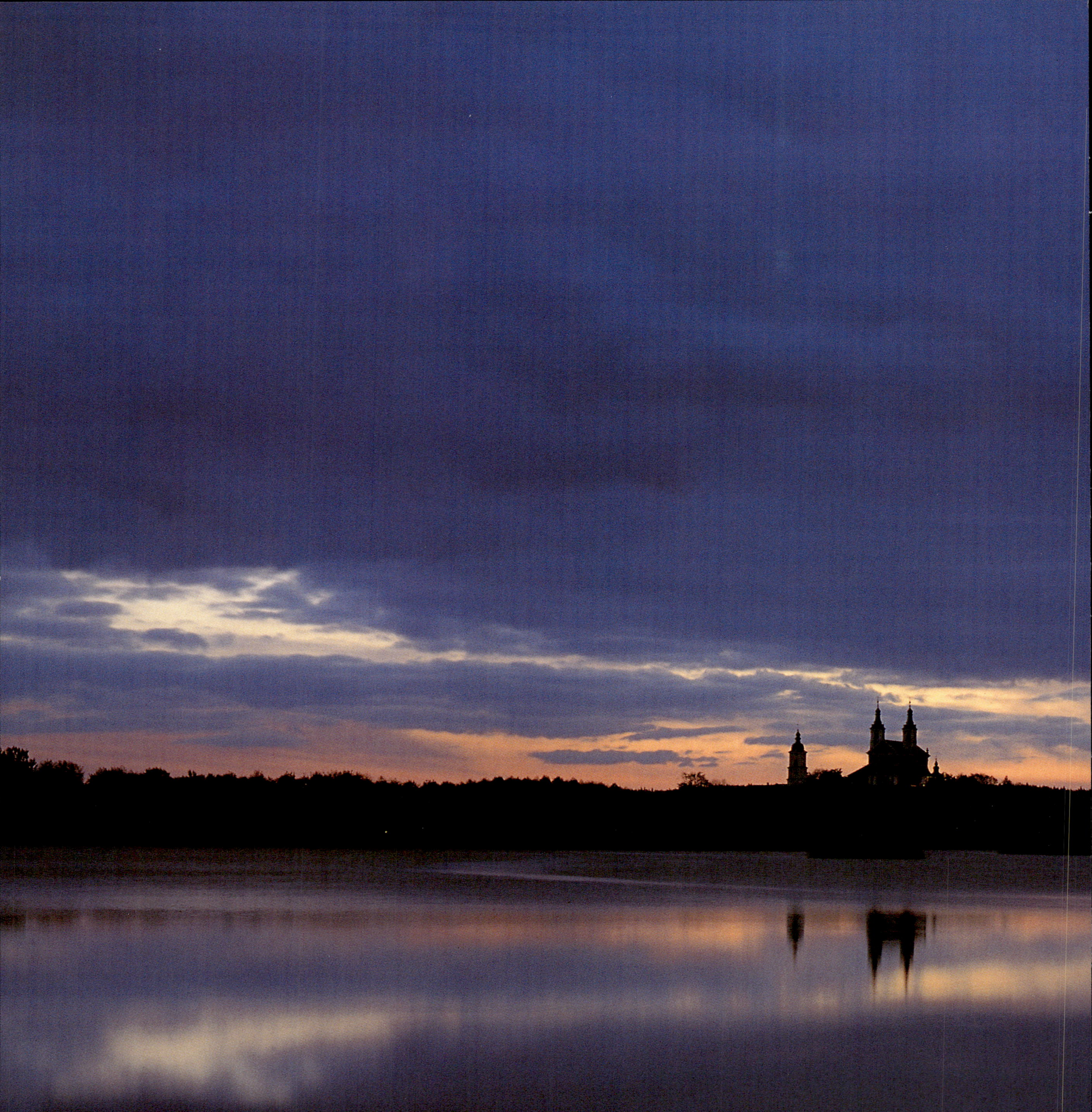

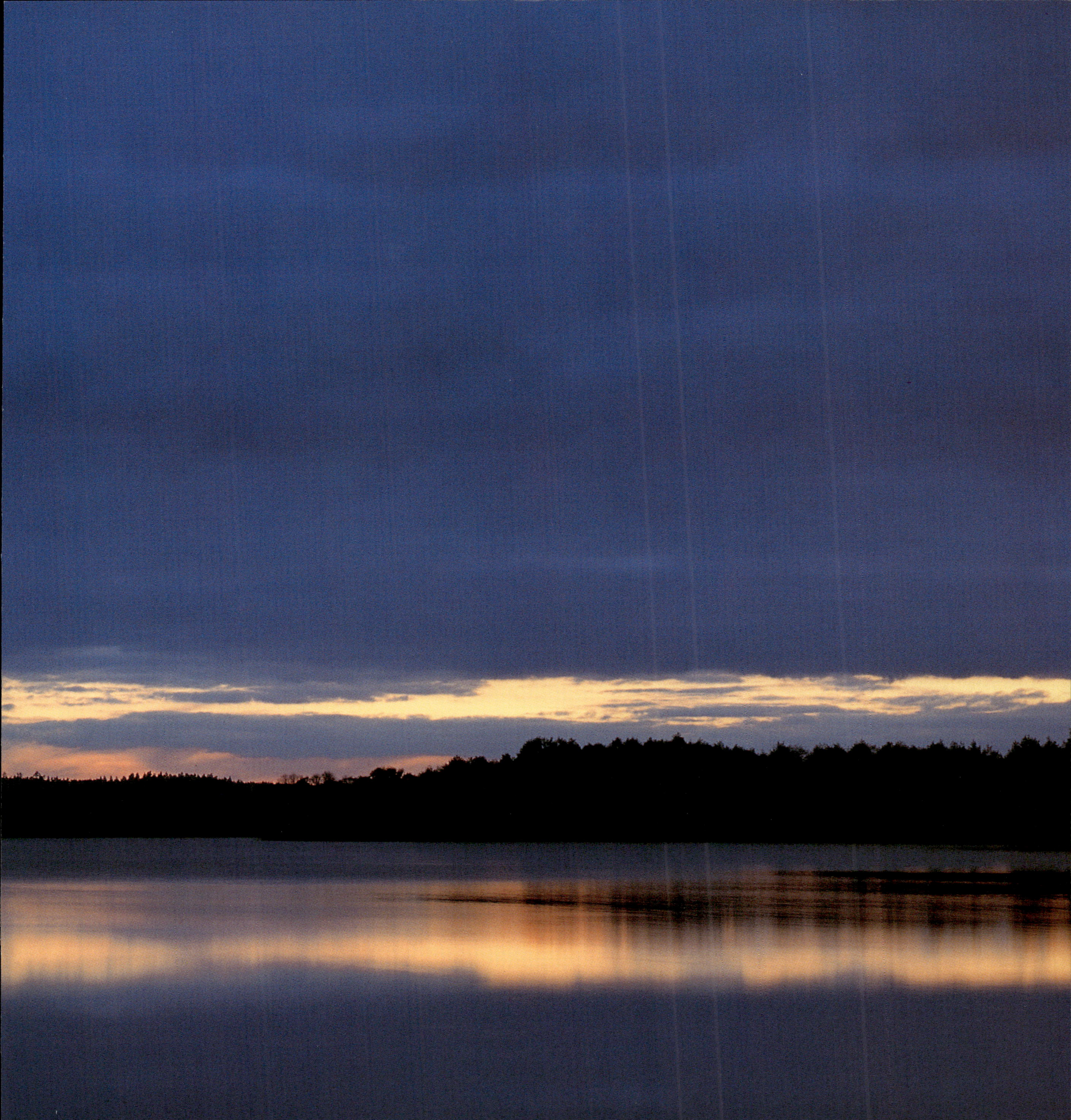

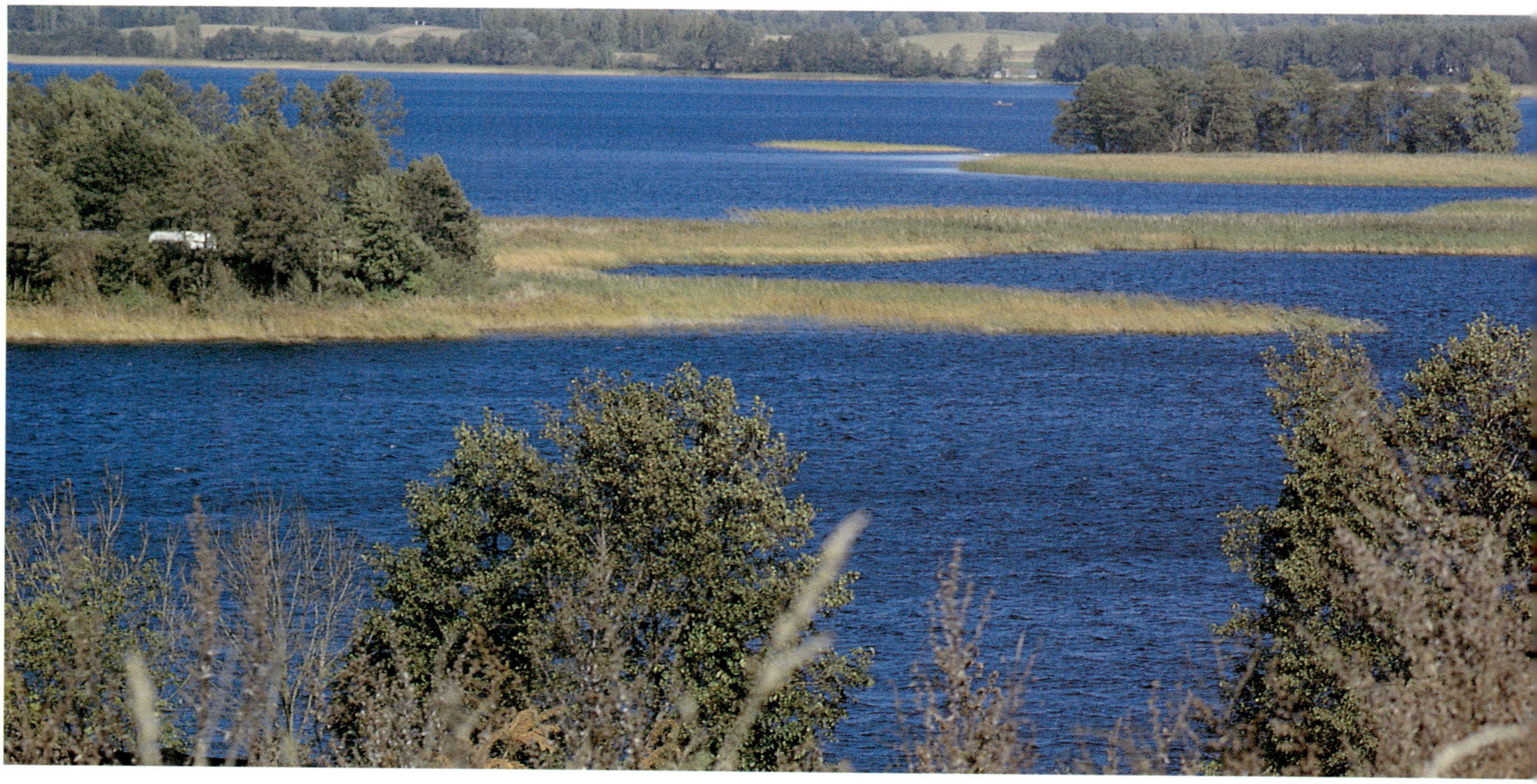

DIE SUWAŁKI-REGION

Im Lande der Seen

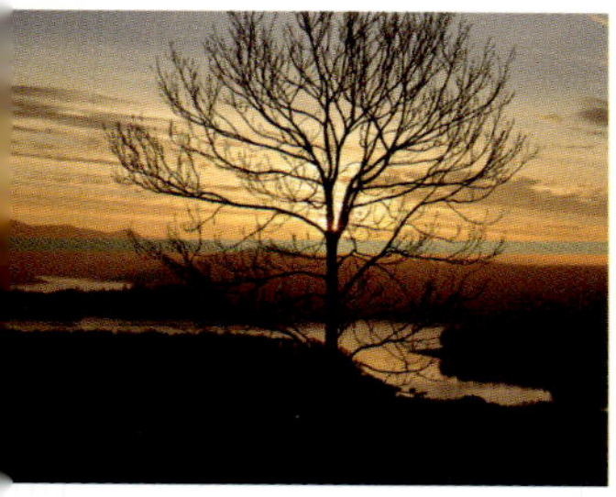
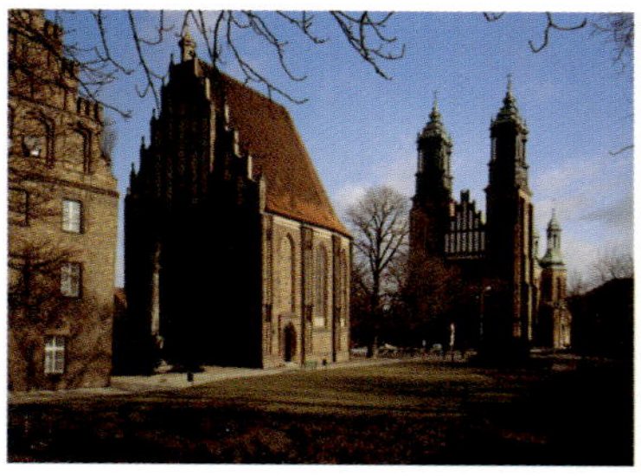
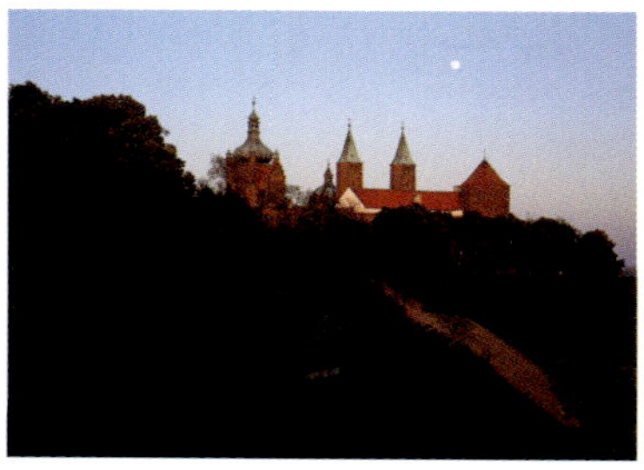
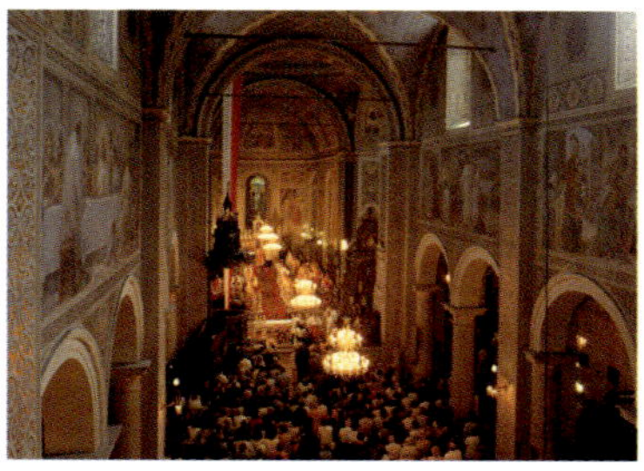
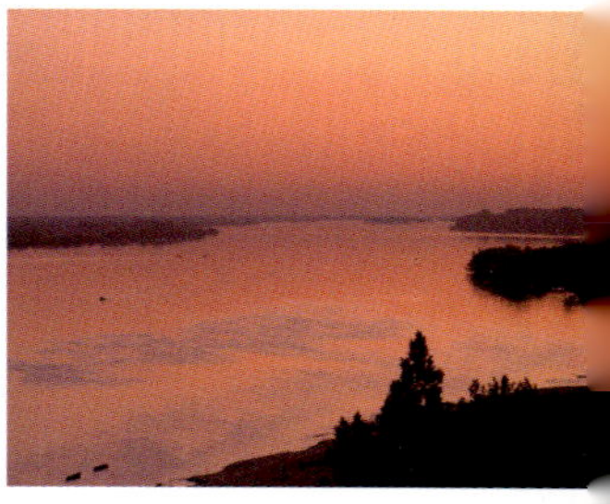
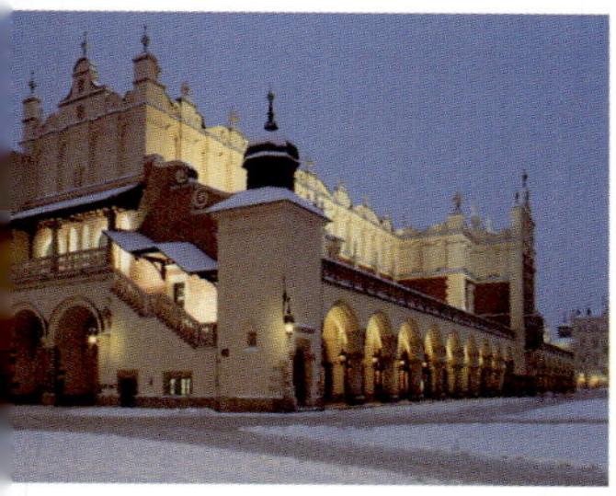
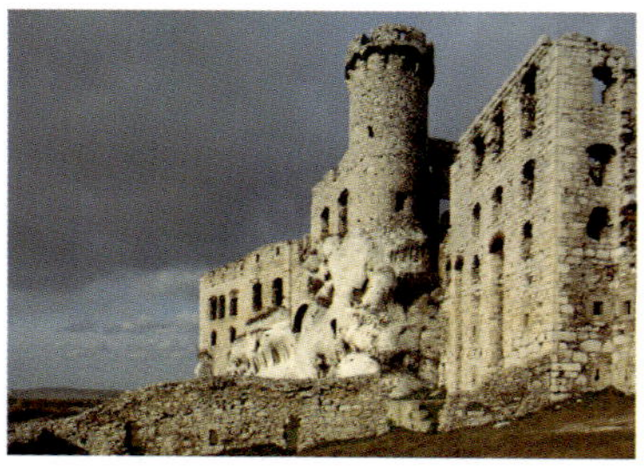
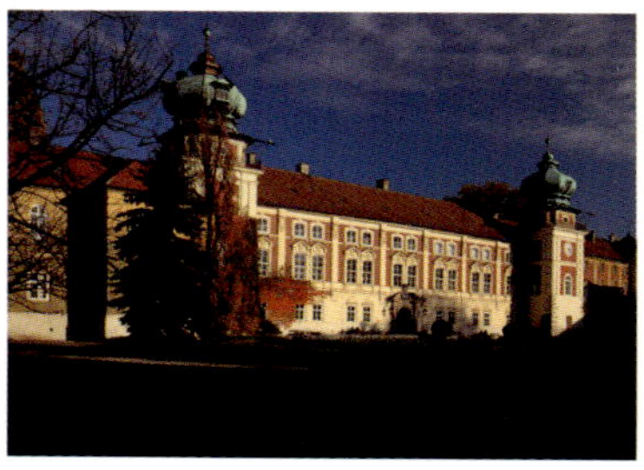
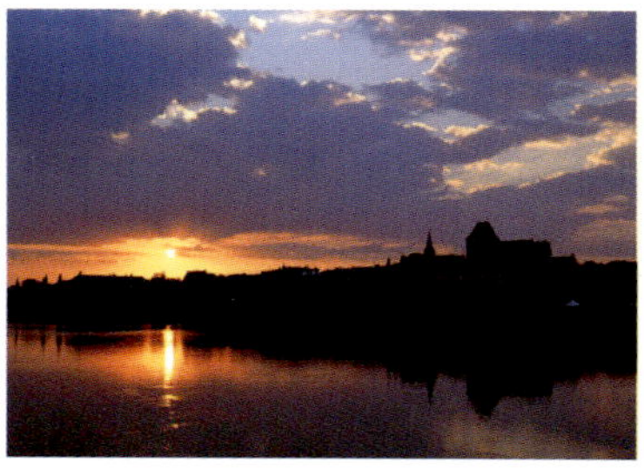
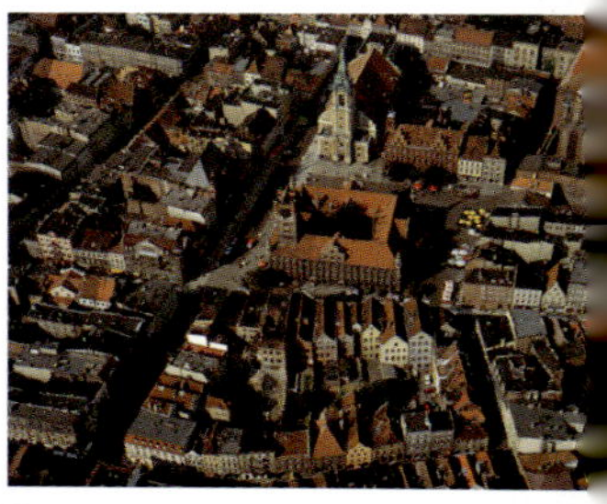
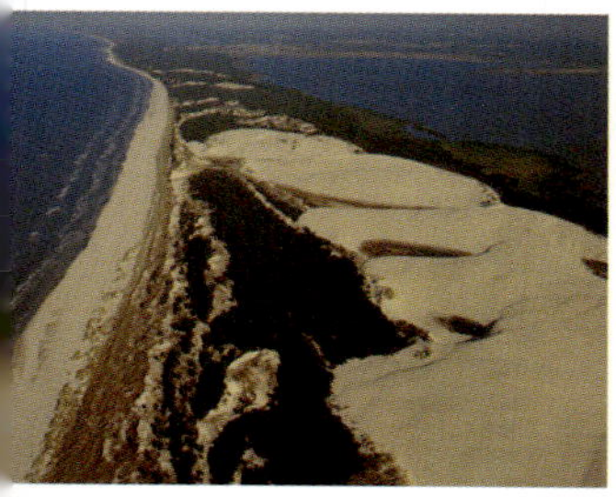
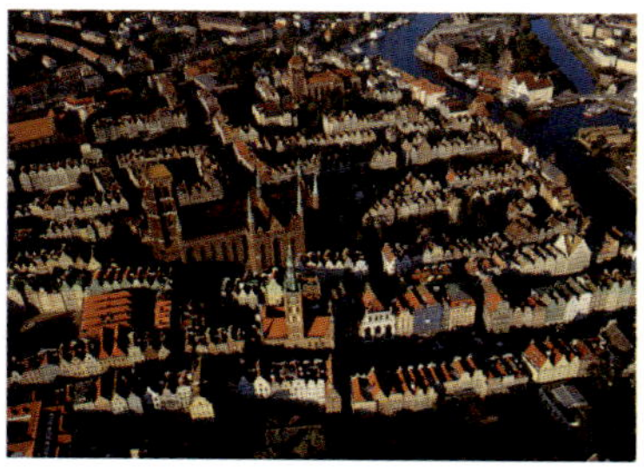
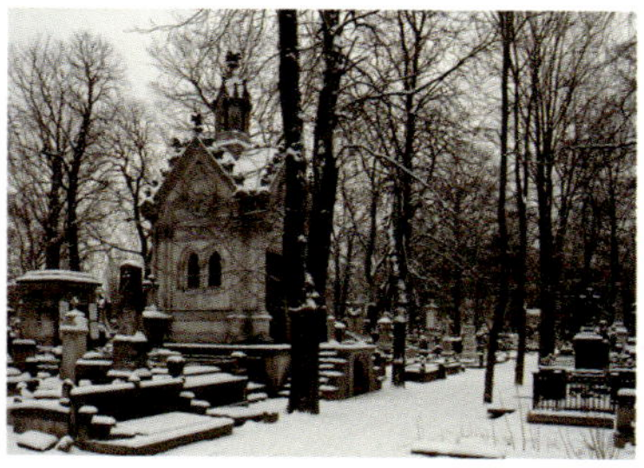
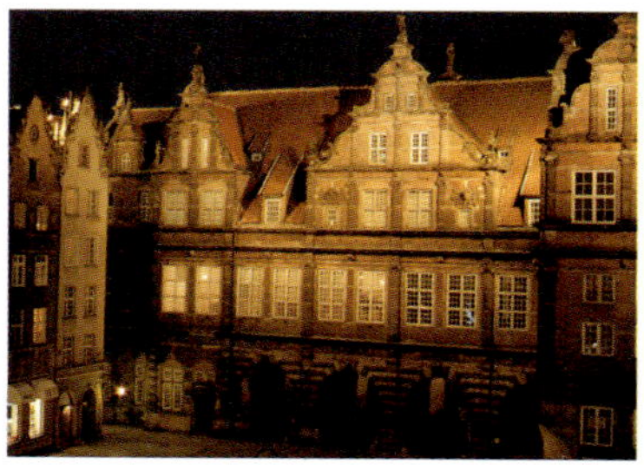
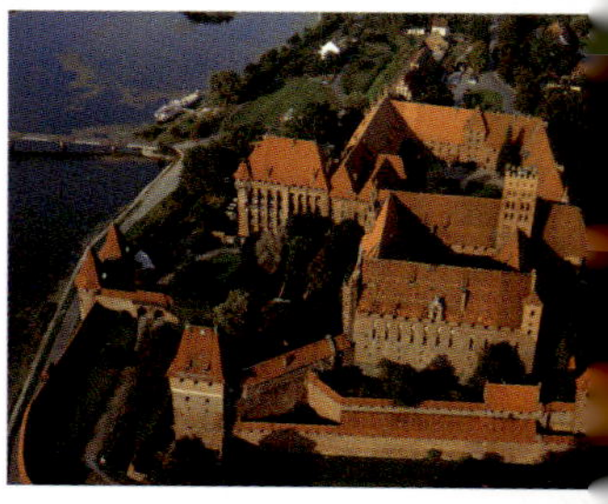
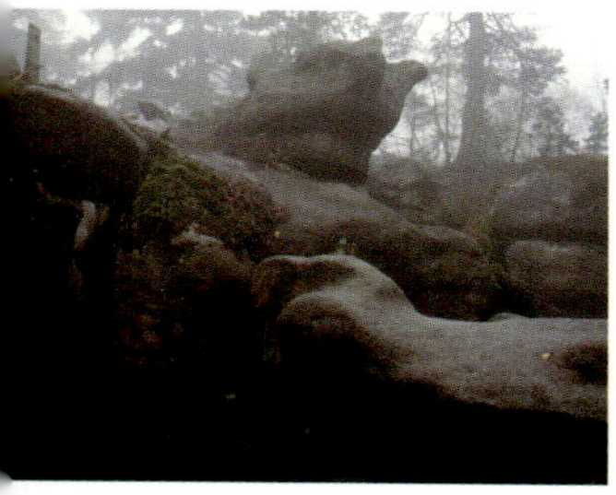
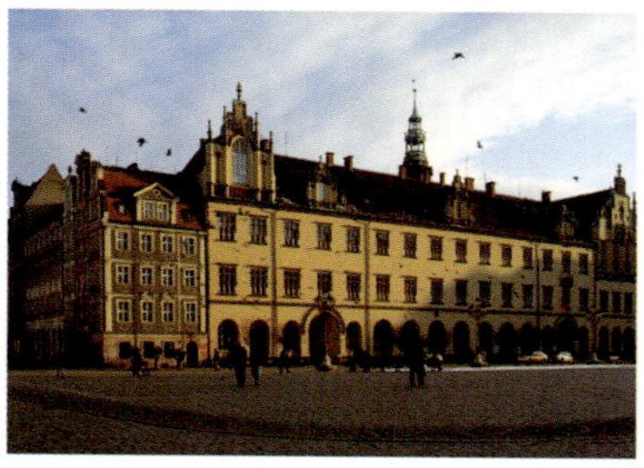
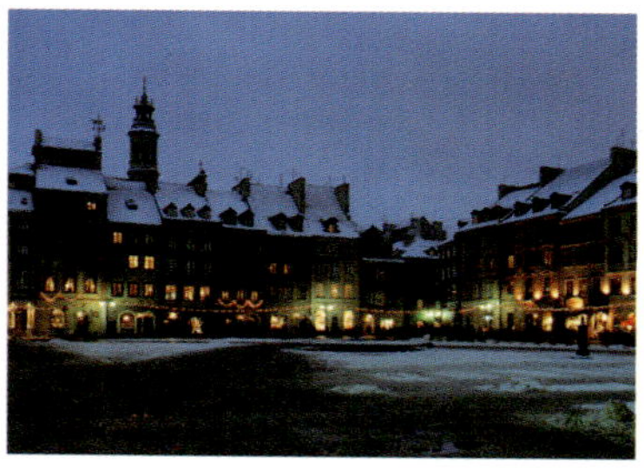
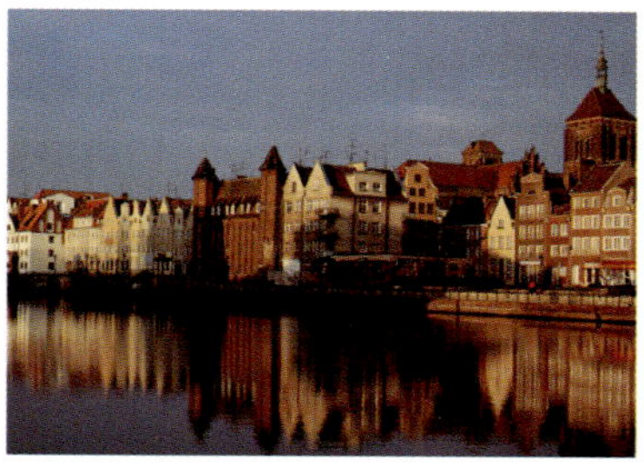
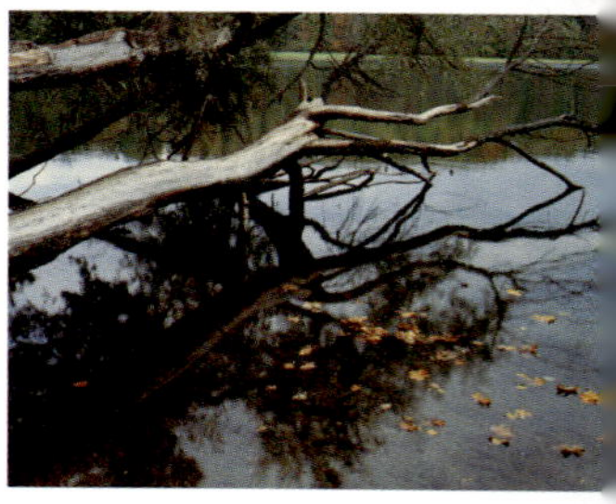
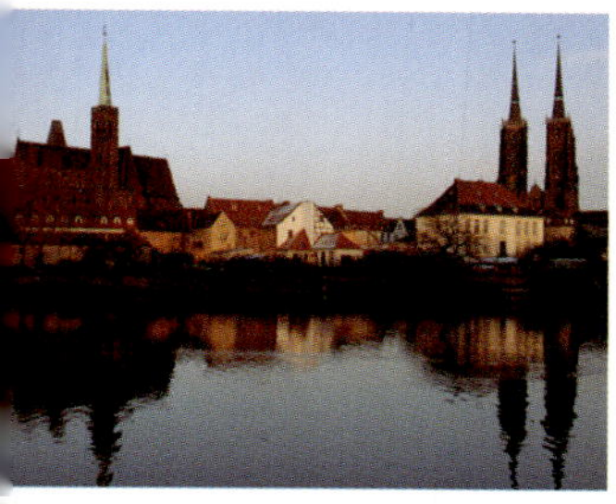
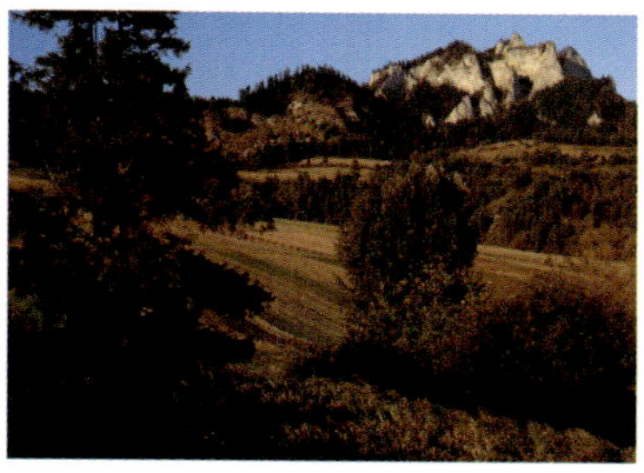
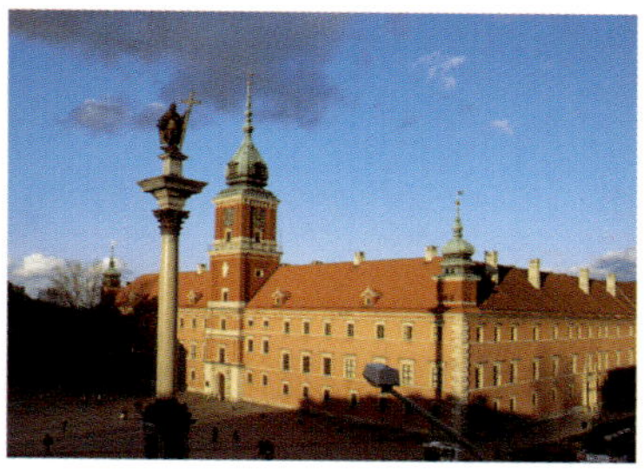
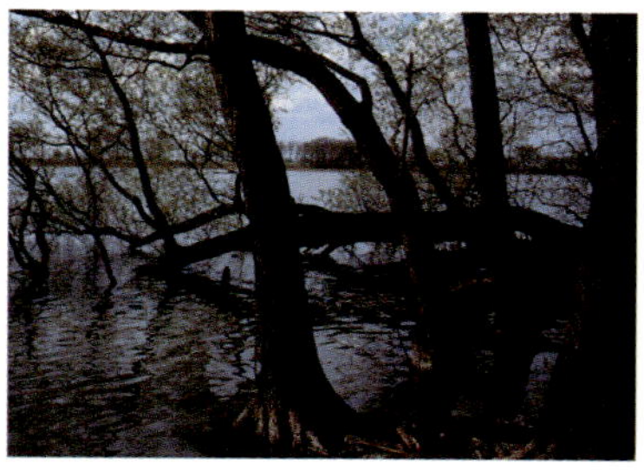
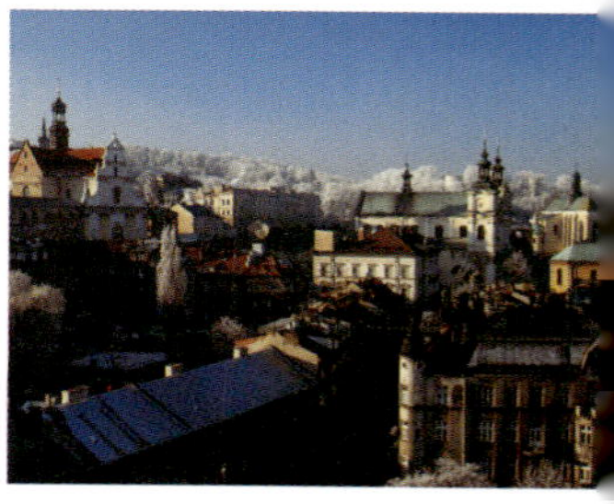
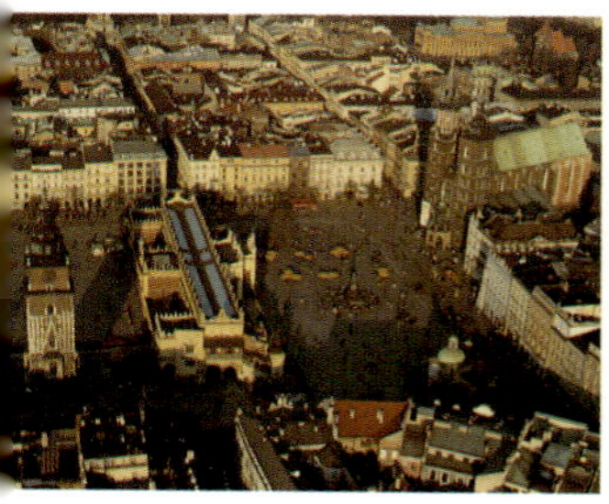
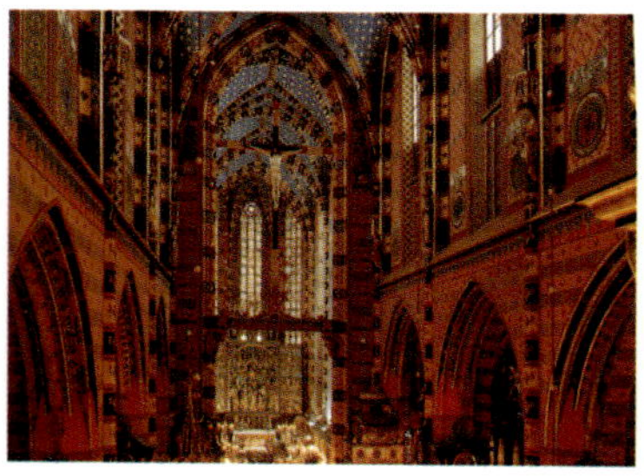
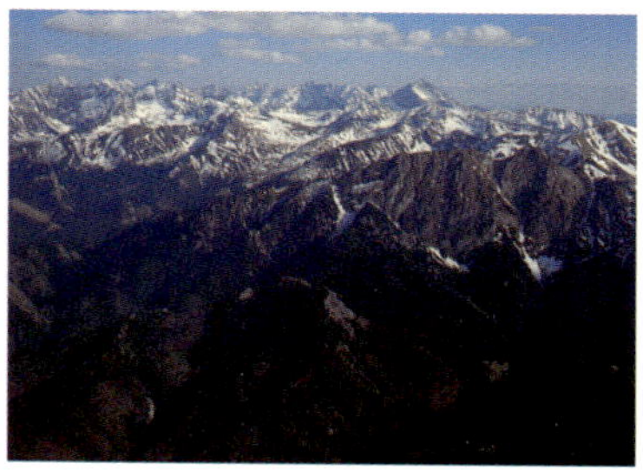
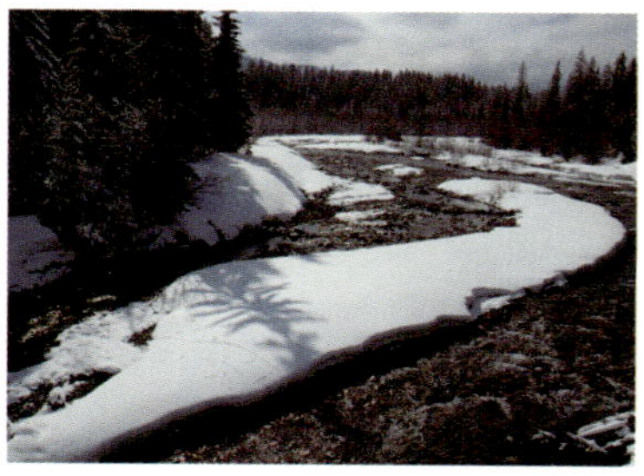
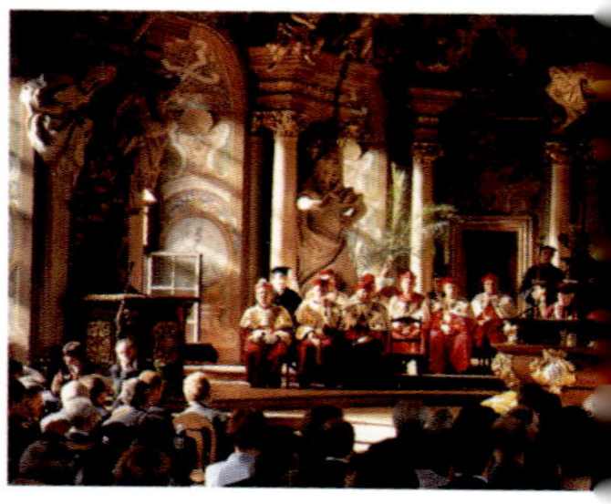

Lieber Leser:

Ich übergebe Dir einen Bildband mit meinen persönlichen Eindrücken über Polen – mein Heimatland – seine mehr oder weniger bekannten Ecken; es ist der Ausdruck meiner eigenen Beziehung zu diesem Land.

Die meisten Fotos für diesen Band sind innerhalb von nur zwei Jahren, 1998/1999, entstanden. Nur ein kleiner Teil stammte aus meinem Archiv, nur wenige Aufnahmen sind erst im Jahre 2000 gemacht worden.

Es ist eine sehr subjektive Auswahl – ich zeige darin nur das, was für die Geschichte Polens von besonderer Bedeutung ist; für Polen und für mich selbst...

Sie finden in diesem Bildband keine Darstellung Polens von heute. Es ist eher eine Impression über die Existenz dieses Landes in der Geschichte – auch in der Geschichte Europas.

Es sind über 1000 Jahre von der Annahme des Christentums durch Polen verlaufen, es sind Epochen und Generationen vergangen, die Kriegswirren haben den Menschen und der materiellen Substanz ein Brandmal gesetzt. In den abgeschliffenen Gesteinen, in mit Patin bedeckten Bildern dauert jedoch die Geschichte fort; es leben Menschen, die dieser Fortsetzung und Überlieferung bedürfen.

Ich habe versucht, diese Überlegungen und Eindrücke mit meinen Fotos zu veranschaulichen: die stille Schönheit von Kirchen und Friedhöfen, Schlösser, in denen keine Herrscher mehr leben, Zeremonien religiöser Minderheiten und der Reiz der Natur, die sich dem Drang der Zivilisation nur mit Mühe zu widersetzen versucht.

Ich fand Unterstützung bei hervorragenden Humanisten, die bei der Arbeit an diesem Band mitgewirkt haben, Menschen, die den Themen ihres Lebens völlig gewidmet waren. Jerzy Waldorff, der die Erinnerung an Warszawa aus der Vorkriegszeit Jahrzehnte lang überlieferte und die historischen Denkmäler auf dem Friedhof Powązki vor Zerfall mit großem Engagement rettete, hat uns paradoxerweise noch vor der Veröffentlichung dieses Buches verlassen. Er hat es noch geschafft, mir einige Briefe zu schreiben, die gewählten Fragmente seiner Texte zu übersenden und... ist dahingegangen – er wollte wohl im neuen Jahrtausend nicht mehr leben. Ich konnte nur noch Sein Grabmahl in Powązki fotografieren und das Denkmal von Ignacy Paderewski, das in Ujazdowski-Park steht, in diesen Bildband aufnehmen – weil Er sich das gewünscht hat.

Binnen zwei Jahren ist eine fotografische Aufzeichnung Polens „über Jahrhunderte ins neue Jahrtausend" entstanden. Ich danke meinem Verleger und Freund, Andrzej Frukacz, für seine Unterstützung und freundlichen Worte zur Ermunterung, was es möglich machte, diesen Bildband in einer so kurzen Zeit zu vorzubereiten.

Die Verwirklichung dieses Vorhabens wäre, ohne Wohlwollen und Mitwirken vieler Personen und Institutionen nicht möglich gewesen. Mein besonderer Dank für die freundliche Unterstützung gebührt allen auf dieser Seite genannten Personen sowie vielen anonymen, mir gegenüber wohlgesinnten Menschen.

Dir. Wit. K. Wójtowicz – Museum Schloß Łańcut; Dir. Henryk Paner – Archäologisches Museum Gdańsk; Piloten Mariusz Szymański, Edmund Janowski, Mieczysław Pobierajło, Stanisław Jurewicz, Wojciech Polewicz – polnischer Aeroklub; Pilot Henryk Serda – Einsatzgruppe der Sanitärflugzeuge, Kraków; Bernard Dąbrowski – Beratung in Fragen der Luftaufnahmen; Barbara und Tadeusz Owczuk – Direktion „Geburtshaus von Fryderyk Chopin in Żelazowa Wola".

Wydawnictwo Andrzej Frukacz

Exlibris

Galeria Polskiej Książki

00-499 Warszawa – Poland
Plac Trzech Krzyży 16
tel. (022) 628-31-07, fax (022) 628-31-55

Verleger:
ANDRZEJ FRUKACZ

Fotos und Konzeption des Bildbandes:
PAWEŁ JAROSZEWSKI

Texte:
KRZYSZTOF BUREK, PAWEŁ HUELLE
P. PROF. JÓZEF TISCHNER, JERZY WALDORFF
PROF. JACEK WOŹNIAKOWSKI

Übersetzung:
Letterman Kraków
HANNA GOŁĄB, MAURYCY MERUNOWICZ, JACEK PLEŚNIAROWICZ,
Uwe Schoor

Die von Jerzy Waldorff verfaßten Texte sind Zitate aus seinen früheren Publikationen
und wurden hier mit freundlicher Zustimmung des Autors und nach seiner Wahl veröffentlicht.
„Za bramą wielkiej ciszy" Wydawnictwo Interpress 1990

P. Prof. Józef Tischner verfaßte seinen Text
im Jahre 1989 auf Ersuchen des Autors dieses Bildbandes.

Grafische Gestaltung:
PaArt/**look** STUDIO

DTP:
look STUDIO
Kraków, ul. Wielopole 17
tel./fax (012) 429-18-31, e-mail look@kki.pl

Alle Rechte vorbehalten.
Kein Teil dieser Publikation darf, auch auszugsweise, ohne vorherige Zustimmung
von „Exlibris – Galeria Polskiej Książki" weder nachgedruckt oder in elektronischen DTV-Systemen gespeichert
noch in irgendwelcher Form übersetzt, übertragen, abgelichtet und öffentlich vorgetragen werden.

© Copyright: Wydawnictwo „EX LIBRIS"
Galeria Polskiej Książki
Warszawa 2000

© Copyright für Fotos: PAWEŁ JAROSZEWSKI

ISBN 83-88455-12-5